질적자료분석

파랑새 2.0 소프트웨어

질적자료분석

파랑새 2.0 소프트웨어

오영범 · 이현철 · 정상원 지음

아카데미프레스

서 문

연구방법론으로서의 질적연구의 위상은 과거와는 확연히 다르다. 1990년대 한국에서 질적연구가 보여주었던 이미지와는 다른 그야말로 지금은 질적연구의 시대라고 할 수 있다. 질적연구에 대한 관심은 가히 폭발적이며, 핵심적인 연구방법론으로서 질적연구는 양적연구와 대등한 위상을 차지하고 있다. 어떤 의미에서는 양적연구보다 더 강력한 매력을 발산한다고 할 수 있다. 우리나라 대학원에서 개설되고 있는 질적연구방법론 수업과 수많은 질적연구를 주제로 한 출판물들 그리고 질적연구를 자신의 키워드로 삼고 있는 전문적인 연구자들의 등장과 증가는 이를 분명하게 대변하고 있는 것이다. 그토록 고대하였던 질적연구의 시대가 도래한 것이다. 그리고 그 시대의 중심에 질적연구의 최신 동향으로서 질적연구의 장점을 극대화하고 있는 바로 CAQDAS(Computer-Aided Qualitative Data Analysis Software)가 있다.

CAQDAS는 질적자료 관리의 체계성, 코딩 과정의 투명성, 주제 도출의 인과성, 양적연구 결과와의 통합연구 가능성, 연구 전반의 타당성 증대 등과 같은 강력한 매력 요소들로 인해 엄청난 가능성과 기대를 받고 있는 분야이다. 우리나라에서는 2000년대에 들어오면서 CAQDAS의 존재와 연구에서의 적용 가능성이 논의되었으며, CAQDAS가 본격적으로 소개되어 학문적 논의가 시작된 지는 그 역사적인 여정으로 볼 때 그리 오래되지 않았다. 이는 외국도 마찬가지인데 대부분의 프로그램들이 2000년대를 전후하여 개발되었으며, 최근까지도 소프트웨어들이 개발되고 있는 실정이다.

외국의 CAQDAS들이 국내에도 소개되면서 질적연구를 좀 더 체계적으로 수행해보고자 하였던 연구자들에 의해 조심스럽게 연구가 이루어졌으며, CAQDAS

의 장점이 온전히 인식된 후에는 대학원생들과 질적연구를 통해 연구를 수행하고자 하는 다양한 수준의 연구자들에게 적극적으로 홍보되기 시작하였다.

하지만 문제는 외국의 CAQDAS들이 대학원생들과 연구자들이 학습하기에 굉장히 까다로웠으며, 해당 사항을 학습하는 과정에서 연구에 대한 열정이 식어버리는 아이러니한 상황이 연출되었다는 것이다. 이는 CAQDAS 자체가 지닌 태생적 어려움도 있었지만 한국 연구자들에게 친숙하게 설계되지 못한 상황적 어려움이 있었기 때문이다. 실제로 연구자들은 기존의 질적자료 분석 소프트웨어를 습득하면서 엄청난 시간과 노력을 소비하였으며 급기야 언어적인 문제로 습득과정을 포기해버리기도 하였다.

이와 같은 문제의식을 바탕으로 한국 연구자들에게 좀 더 친숙하고 쉬운 CAQDAS를 개발하여 제공하기 위한 순수한 마음으로 개발 작업을 시작한 것이다. 그리고 그 과정은 점점 힘을 받아 2년 여 간의 시간과 노력 끝에 2015년 파랑새1.0을 개발하였으며, 학계와 연구자들의 폭발적인 관심 속에서 최근에는 파랑새2.0을 개발하기에 이른 것이다. 이는 서구 중심의 학문성 탈피 그리고 한국 질적연구의 발전을 위한 연구자들의 열정이 빚어낸 작은 기적이었다.

이 책은 CAQDAS와 관련된 사항을 연구자들에게 소개하고 파랑새의 의미와 기능에 대해 상세하게 소개하는 데 목적이 있다. 더불어 질적자료 분석 방법을 심층적으로 소개하여 단순히 CAQDAS의 기능적 측면만을 다루는 것이 아니라 정련된 자료 분석 방법을 바탕으로 CAQDAS를 활용한 심도 있는 연구를 수행할 수 있도록 하였다. 이를 전제하며 파랑새2.0의 실제 활용법을 소개하고 있다. 파랑새2.0에는 1.0에 비하여 좀 더 사용자 중심의 인터페이스를 구축하였으며, 간편한 코드 생성, 전사-코딩-주제 생성-논문 작업으로 이어지는 원스톱 작업 과정, 분석적 메모를 통한 심층적인 자료 분석 등 한국의 질적연구자들이 편리하게 연구를 수행할 수 있도록 체계적으로 지원할 수 있는 시스템을 구축하였다. 이 모든 사항들은 파랑새1.0 개발 이후 지속적으로 수행된 워크숍을 통해 발견한 문제점과 사용자들의 의견을 종합적으로 고려하여 보완한 것이기도 하기에 더욱 수요자 중심적인 기능과 내용을 포함하게 된 것이다. 그러므로 파랑새2.0을 통해 한국의 연구자들이 질적연구 과정에서 경험하는 다양한 딜레마들이 해소될 수 있을 것이며, CAQDAS를 활용한 연구로의 손쉬운 접근이 가능해질 것이다.

CAQDAS의 개발 과정에서 많은 분들의 도움을 받았다. 먼저 진주교육대학교 김영천 교수님은 파랑새가 날아오를 수 있도록 모든 것을 마련해주었다고 해도 과언이 아니다. 실제로 김영천 교수님은 파랑새 작업의 시작을 주도하였으며, 파랑새 개발을 위한 핵심적인 아이디어를 제공해주었다. 한국의 불모지였던 CAQDAS 영역을 소개하여 한국형 CAQDAS가 실재할 수 있도록 한 장본인이라고도 할 수 있을 것이다. 그의 질적연구를 향한 열정과 든든한 지원 덕분에 파랑새가 의미 있게 만들어질 수 있었음에 깊은 감사의 마음을 전한다.

또한 순천대학교 전영국 교수님과 전주교육대학교 이동성 교수님의 지원도 잊지 못한다. 한국질적탐구학회의 회장과 학술대회 위원장으로서 한국형 CAQDAS의 의미와 가능성을 이해하고 한국질적탐구학회의 주요한 활동에 파랑새를 핵심 워크숍으로 소개해주었다. 파랑새를 한국 학계에 효과적으로 소개하고 연구자들이 손쉽게 활용할 수 있도록 가교 역할을 해준 두 분의 따뜻한 관심에 깊은 감사의 마음을 전한다.

전국의 많은 파랑새 워크숍 참여자들에게도 감사의 마음을 전한다. 2015년 파랑새가 개발되어 4월 한양대학교에서의 첫 워크숍 이후 전국의 많은 대학과 연구소에서 파랑새 워크숍이 개최되었는데, 그 과정에서 파랑새의 개선할 점과 더욱 성장할 수 있는 아이디어를 얻었으며, 실제로 그 모든 것은 기술적 측면이 허락하는 한 파랑새2.0에 반영되었다. 이를 통해 좀 더 사용자 중심의 CAQDAS로서의 면모를 갖추게 된 것이다.

또한 파랑새의 의미를 학자적 관점에서 이해하고 연구자들의 추상적 개념과 아이디어들을 현실적으로 풀어준 정유니브(JUNGUNIV)에게도 감사를 전한다. 정유니브에 소속된 많은 프로그래머와 개발자들이 아니었다면 파랑새는 이 세상의 빛을 보지 못하였을 것이다. 특히 프로그래밍 자체에 생소하여 연구자들이 요구한 엄청난 사항들에 하나하나 웃으며 응대해준 그들의 배려심은 지금 생각해도 감사하고 미안하다. 하지만 연구자들이 제시한 많은 아이디어와 요구들은 꼭 실현되어야 하니 앞으로도 잘 준비해주길 바란다.

마지막으로 아카데미프레스 홍진기 사장님에게도 감사의 마음을 전한다. 사장님은 어려운 출판 업계의 상황에도 불구하고 파랑새 개발을 위한 모든 연구비와 워크숍 지원을 아끼지 않았으며, 한국형 CAQDAS를 향한 질적연구자들의 소망과 기대를 이해하고 학자적 마음으로 파랑새 개발을 함께해주었다. 그의 아름다운 미소만큼이나 아카데미프레스의 사역이 더욱 풍성해지길 소망한다.

마지막으로, 파랑새는 한국 최초의 질적자료 분석 컴퓨터 소프트웨어이자, 비서구권 최초의 분석 시스템임을 다시 한 번 강조하고자 한다. 앞으로도 파랑새의 발전과 힘찬 날갯짓을 응원해주기 바란다. 연구자들 역시 한국의 질적연구 분야의 발전을 위해 더욱더 진력할 것을 다짐하며 파랑새를 크게 날려보낸다.

2016년 3월 봄

저자 일동

차 례

1부

2부

1부

제1장

질적자료 분석 그리고 CAQDAS (Computer-Aided Qualitative Data Analysis Software)

1. 문제의 시작: 우리도 양적연구의 길을 가려는가?

질적연구방법의 매력은 연구 문제에 대한 심층적이고 미시적인 접근을 통해 양적연구가 제시해줄 수 없고 분석해줄 수 없는 부분을 다루고 있다는 것이다. 이러한 매력적인 부분을 감당해주는 것이 바로 질적자료 분석의 핵심적인 사항이고 그 자리에서 질적연구의 정체성은 더욱 견고해진다고 볼 수 있다.

하지만 최근 질적자료 분석에 있어서도 그동안 양적연구에 보내었던 비난, 즉 연구방법과 접근법에 있어서 독창성과 특이성이 사라진 모습과 현상들을 그대로 답습하고 있는 모습이다. 예를 들어 질적연구방법의 전통들에서 대표적으로 볼 수 있는 현상학, 근거이론이라든지, 고유한 역사적 흐름과 독특한 뉘앙스들이 존재하고 있는데 어느 순간부터 국내의 석·박사 학위 논문들과 질적연구 학술자료들에서 그러한 각 접근법과 자료 분석의 특이성이 사라진 채 공장에서 생산되는 것처럼 천편일률적인 글들이 되고 있는 것이다. 다시 말하면 근거이론을 바탕으로 내러티브 접근으로 수행되었던 질적 논문의 색채와 향취가 동질화되고 있다는 것이다. 질적 논문은 결코 같은 색깔을 취할 수 없고 개성이 매우 강함에도 불구하고 말이다. 질적연구자들도 그토록 비난하였던 양적연구자들의 길로 가고 있는 것은 아닌가 하는 의구심마저 든다.

이러한 맥락은 질적연구자들이 가야 할 길은 아니며, 질적연구자들이 편하게 연구 업적만을 위해 어쩔 수 없이 취해야 할 처사도 아니다. 질적연구자들은 질적연구의 의미와 성격에 준하여 연구를 해야 하며 심도 있게, 개성 있게, 유별나게 연구를 수행해야 하는 것이다.

2. 새로운 변화의 시작: CAQDAS의 개발과 이를 통한 분석의 시도

전술한 맥락에서 새로운 변화는 예상치 못한 곳에서 발생하기 시작하였다. 기존의 질적자료 분석의 접근이 인간의 주관성에 준해 해석적이며 분석 도구로서의 인간의 자리만을 강조하였는데 그 자리에 유용한 도구로서 테크놀러지를 활용하기 시작한 것이다. 물론 테크놀러지 자체가 인공지능적으로 연구를 수행하는 것은 아니다. 만약 그렇게 된다면 그것은 이미 질적연구가 아닐 것이다. 하지만 질적연구의 전통적인 자료 분석의 과정을 체계적으로 잡아주고, 연구자의 분석 과정의 타당성을 확보할 수 있도록 유용하게 도움을 주는 매력적인 도구들이 나타난 것이다. 그야말로 박종원*의 표현처럼 '질적자료 분석의 혁명'이 시작된 것이다(박종원, 2005). 좀 더 역사적인 측면을 살펴본다면 이러한 접근의 시작은 개인용 컴퓨터의 보급과 맞닿아있다고 볼 수 있다.

개인용 컴퓨터의 보급은 그 개발자도 예상치 못한 엄청난 변화를 이끌었고 이제 세상은 과거 어떠한 시대보다 컴퓨터의 역할이 중요한 시점에 이르렀다. 특히 개인용 컴퓨터의 급속한 대중화로 질적연구를 위한 다양한 시도들이 가능해져 매우 기초적인 질적자료 정리에서부터 기본적인 코딩 분석에 이르기까지 다양한 시도들도 가능해졌다.

* 박종원은 초창기 국내에 컴퓨터 소프트웨어 특히 NVivo를 활용한 질적자료 분석을 소개하고 그와 관련된 논문과 저서들을 출간하였으며, 다양한 워크숍을 통해 컴퓨터 소프트웨어를 활용한 질적자료 분석 영역 확장에 이바지하였다.

특별히 기초적인 수준을 넘어 질적연구에 특화된 컴퓨터 소프트웨어들이 개발되기 시작하였으며, 지금의 관점에서 본다면 '원시적'이라고 볼 수 있는 1990년대 질적자료 분석 프로그램들이 세상에 소개되기 시작하였다. 이는 당시로서는 획기적인 도전이라 할 수 있었다. 대표적인 프로그램이 우리가 잘 알고 있는 1991년 독일 베를린 공대에서 개발한 컴퓨터 소프트웨어 ATLAS.ti이다. ATLAS.ti는 심리학, 컴퓨터과학, 언어학자들이 학제적으로 개발한 분석 소프트웨어(김영천, 김진희, 2008: 15)로서 시대의 상황을 고려할 때 매우 의미 있는 시도였던 것이 확실하다. 또한 이후 QSR 회사의 현재 NVivo의 원형격인 Nudist 같은 프로그램이 소개되었으며, NVivo로의 업그레이드와 발전을 이룩하였다. 최근 QSR은 NVivo 버전 11까지 출시한 상태이다. 이외에도 QDA MINER와 같은 매우 발전된 고급 소프트웨어나 Dedoose와 같이 웹기반으로 사용자들에게 저렴하고 친숙하게 다가가는 소프트웨어들도 등장하고 있다.

이러한 시도들은 시대의 정신과 소통함으로 대중들로부터 큰 환영을 받았으며, 질적연구의 확장과 연구방법으로서의 부상은 이를 더욱 확장시키는 계기가 되었다. 현재 질적자료 컴퓨터 소프트웨어들은 다양한 제품들이 출시되고 있으며, 이를 사용하는 연구자들이 자신들의 연구와 다른 분야에의 적용을 위해 편리성이라는 강점을 내세워 공격적으로 시장을 넓혀가고 있다. 이러한 맥락은 우리나라를 포함한 아시아에서도 예외가 아니며 주요한 서구의 질적자료 컴퓨터 소프트웨어 개발 회사들이 자사의 홈페이지를 한국어와 아시어 언어로 설명하는 등 언어 장벽을 허물고 아시아 시장에 발맞춰 다가오는 것을 통해 확인할 수 있다.

구체적으로 NVivo, QSR International의 홈페이지 http://www.qsrinternational.com, ATLAS.ti의 홈페이지 http://atlasti.com/, MAXQDA의 홈페이지 http://www.maxqda.com, Dedoose의 홈페이지 http://www.dedoose.com/, Provalis research의 QDA MINER의 홈페이지 http://provalisresearch.com 등을 확인해보길 바란다. 이들 회사에서는 각각 차이는 있지만 일정기간 무료로 체험할 수 있도록 체험판 소프트웨어를 제공하며, 오프라인 혹은 SNS를 통한 다양한 워크숍과 매뉴얼 자료 및 내용을 소개하고 있어

해당 분야의 관심자들과 초심자들은 흥미롭고 유익한 내용을 접할 수 있다.

3. 강력한 장점들: 왜 CAQDAS인가?

1) 질적자료 관리의 체계성

질적연구는 현장으로부터 수많은 자료들을 입수하게 된다. 면담을 통해 수행된 자료들은 전사과정을 거쳐서 구체적으로 자료화되며, 관찰을 통해 이루어진 자료들의 경우도 녹화에서부터 현장일지까지 다양하게 존재한다. 그 외 현장 사진, 연구자의 일기, 관련 문서 등 연구 주제와 관련된 모든 것이 넓은 의미에서 질적자료에 포함될 수 있을 것이다. 생애사 연구를 생각해보라. 한 사람의 생애사에 집중할 때 그와 관련된 모든 것이 질적자료가 아니겠는가. 그렇다면 현장에서 수집된 질적자료 관리는 연구의 핵심적인 요소로서 이에 대한 과정이 학술적인 수준에서 정련되게 이루어지지 못한다면 연구 전반에 치명적인 결과를 초래하는 것은 자연스러운 결과일 것이다.

이러한 맥락에서 CAQDAS의 활용은 질적자료 관리의 체계성을 담보할 수 있다. 자료의 저장에서부터 코딩 분석, 분석적 메모, 주제 도출에 이르기까지 창의적인 작업이 주를 이루는 질적자료 분석은 방대한 자료의 체계적인 관리가 전제되어야 한다. 예를 들어 국가 수준의 대형 프로젝트의 경우 전사 자료들만 수천 페이지에 이르며, 개인 학위논문의 경우도 연구참여자의 수에 따라 그 정도 수준에 이를 수 있을 것이다. 또한 현장에서 수집되는 자료들의 양식과 체제도 문서에 한정되는 것이 아니라 오디오 파일, 사진 파일, 비디오 파일, 인터넷 문서 등 다양하다. 따라서 그러한 방대한 연구들을 연구의 초기, 중기, 말기의 시점을 거치면서 어떻게 관리할 것인가에 대한 고민은 질적연구를 수행해본 연구자들이라면 모두 고민하였을 주제이다. 실제로 이런 고민을 해결하고자 NVivo, ATLAS.ti, MAXQDA 등 국외의 대표적인 CAQDAS들이 만들어진 것이다. 게다가 질적연구자의 점진적 주관성에 의해 지속적으로 현상과 개념에 대한 해석들이 생성될 때 연구의 초기 시점의 코딩 사항과 말기 시점의 코딩 사항이 달라질 수 있으며, 이러한 변화에 탄력적으로 대응해야 할 필요성이 있다. 만약 이를 수작업을 통해 수행하게 된다면 수천 페이지에 이르는 질적자료들을 어떠한 방식으로 처리할 것인가에 대한 문제는 질적연구자들을 딜레마에 빠지게 만드는 요소가 될 수 있을 것이다. 하지만 CAQDAS 내에서는 이에 대한 접근이 효율적으로 이루어져 질적자료 관리의 체계성을 확보할 수 있으며, 이는 궁극적으로 자료 분석과도 직접적으로 맞닿아있는 부분으로 연구 전반에 있어 주요한 요소로 볼 수 있다.

2) 코딩 과정의 투명성

질적연구를 통해 수행된 연구를 학술대회 발표나 학술지 논문에 투고할 때 토론자와 심사자들로부터 받는 가장 많은 질문은 단연 질적자료 분석 과정에 대한 사항이다. 예를 들어 해당 연구에서 수집된 질적자료들이 어떠한 코딩 과정을 거쳐 이루어졌는가? 해당 코딩 과정에 대한 구체적인 정보와 내용은 무엇인가? 최근 질적자료 분석 과정에 대한 학계의 관심 증대와 다양한 연구들의 소개로 인해 단순히 '○○코딩 방법' 혹은 특정 코딩 전략을 활용하였다고만 기술하여 한 문단으로 소개하는 것은 정련된 질적연구 논문으로 보기 어려운 실정이다. 이는 마치 '연구자가 열심히 연구했으니 당신들은 그저 믿어만 달라'와 같은 뉘앙스를 주기까지 한다. 이제는 연구자의 구체적인 코딩 과정이 세밀하게 소개되어야 하며, 이때 구체적인 자료들도 함께 공개되어야 한다.

그러나 CAQDAS를 활용하지 않은 질적자료 분석 접근법에서는 해당 과정을 구체적으로 정리하여 소개하기가 쉽지 않다. 물론 불가능한 것은 아니지만 코딩의 단계에 따른 구체적인 자료들을 시각적으로 보여주거나 실증적인 자료로 변환하여 소개하기가 녹록지 않다. 하지만 CAQDAS를 활용한다면 이야기는 달라진다. CAQDAS를 활용하여 코딩 과정의 빈도를 중심으로 다양한 코딩 전략에 따른 구체적인 자료들을 연구자의 개념 속에서 충실하게 소개할 수 있으며, 이는 코딩 과정의 투명성과도 직결되어 해당 연구를 접하게 되는 심사자들이나 독자들이 연구자의 코딩 과정과 단계를 구체적으로 확인할 수 있도록 한다.

CAQDAS는 기존의 'Black Box' 였던 코딩 과정을 투명하게 공개하기에 용이하다는 장점을 지닌다.

3) 주제 도출의 인과성

연구자는 현상에 대한 의미와 해석의 주요 개념들을 주제화와 연구 결과로 도출시킴으로써 학문성을 구성해나간다. 이 과정은 질적연구를 활용한 연구들에 있어 가장 핵심적인 과정이 될 수 있으며, 연구자가 설정한 문제의식이 표현되는 주요한 단계이다. 그런데 해당 연구를 접하는 이들, 특히 양적연구자들의 관점에서 보면 해당 주제들이 도출되는 과정이 연구자들의 일방적인 논리와 해석에 의해 이루어지는 듯한 인상을 준다. 예를 들어 주제 도출이 어떻게 이루어지며, 어떠한 과정으로 구성된 것인가에 대한 의문들이 제기되는 것이다. CAQDAS에서는 주제 도출의 인과성에 대해 구체적으로 설명할 수 있는데, 코딩 과정에서부터 축적된 자료들을 통해 연구자의 논리와 주제화 과정의 근거가 명확하게 제시되기 때문이다. 물론 해당 과정 자체가 연구자의 주관성과 질적연구 분석 과정을 통해 도출되는 내용이지만 해당 사항들이 빈도와 같은 명확한 요소들에 의해 기초적인 논리가 구성되기에 해당 주제들의 도출에 대한 연구자의 논리적 흐름을 파악하고 따라가기에 용이해지는 것이다. 이때 과연 질적자료 분석 과정에서 높은 빈도에 의한 개념 도출이 현상을 주요하게 혹은 핵심적으로서 설명해주는가에 대한 사항은 연구자들에게 쟁점이 될 만하다. 다시 말하면 빈도가 극히 낮게 나온 사항들에 대해 연구자가 관심을 가지지 않는 것이 질적연구에서 용납될 수 있는가에 대한 쟁점이 발생하는 것이다. 즉, 연구참여자가 언급하기 어려운 부분이나 현상에 대해 용기를 내어 언급한 부분들은 빈도 자체가 낮은데 과연 그것을 빈도가 낮다는 이유만으로 연구 결과로서 배제할 수 있는가 하는 것이다.* 이러한 쟁점에도 불구하고 주제 도출의 논리적인 흐름에 주목하여 본다

* 이러한 사항들에 대하여 연구자는 코딩 과정에서 의미와 해석적인 차원을 신중하게 고려하여 해당 개념과 주제들이 왜곡되지 않도록 민감하게 살펴보아야 할 것이며, 연구참여자들이 참여하는 멤버체크(member check)와 같은 연구의 타당도 증진 과정을 통해 분석이 정밀하게 이루어져야 할 것이다.

면 연구자가 도출한 주제들 혹은 연구 결과들이 어떠한 과정에서 구성된 것인가에 대한 논리적인 흐름들을 높은 인과성 속에서 설명해줄 수 있음은 자명한 것이다.

4) 양적연구 결과와의 통합연구 가능성

통합연구방법은 질적연구 패러다임에 있어 최근 각광을 받고 있는 영역이며, 그 자체로서도 질적연구와 양적연구에 이어 제3의 연구방법으로서 자리를 잡아가고 있다. 통합연구방법은 단일 연구에서 질적접근과 양적접근을 모두 활용하는 것이며, 양측의 양립 가능성과 실용적 접근을 고수하는 방식으로 정의 내릴 수 있고, 질적접근과 양적접근이 가진 한계점을 극복한 채 각 접근법의 장점을 제공하여 연구 문제에 대한 보다 '온전한' 그리고 '광범위'한 답변을 줄 수 있는 방법으로 볼 수 있다(이현철 외, 2013). CAQDAS는 이러한 통합연구방법을 적용한 연구 수행을 용이하게 하는데, 양적연구 결과와의 통합 가능성을 열어주는 것이다. CAQDAS는 기본적으로 코딩 과정에 있어 빈도에 근거한 작업을 많이 수행할 수 있다. 즉, 질적자료의 계량적인 변화가 용이한 것이다. 예를 들어 연구참여자들의 특성에 따른 다양한 요소들을 분류하고 해당 분류 사항을 중심으로 코딩을 수행하여 각각의 요소들을 빈도표로 CAQDAS 내에서 작성한 뒤 그것을 양적연구 통계 프로그램에 투입하여 다양한 통계 분석 방법을 시도할 수 있는 것이다. 또한 코딩 분석에 있어 빈도 분석 자체로서의 의미를 강조하여 연구를 수행할 수도 있으며, 그 자체가 계량적인 자료로서의 의미를 강하게 지닌다. 그러므로 CAQDAS를 활용한 연구는 정통적인 질적자료 분석의 수행으로서의 의미도 온전히 획득할 수 있으며, 연구자의 연구 아이디어와 창의성을 바탕으로 양적연구로의 발전과 양적연구 결과와의 통합 가능성의 의미도 지닐 수 있는 것이다. 실제로 CAQDAS를 활용한 논문들의 상당수에서 질적자료의 계량화 작업을 통한 연구자들의 다양한 해석이 주를 이루고 있음을 확인할 수 있다.

5) 연구 전반의 타당성

CAQDAS의 활용은 질적연구의 타당성을 증진시키는 전략으로서 효과적으로 사용될 수 있다. 질적연구에 있어서 타당성 증진은 연구 자체의 질적인 수준을 결정하게 하며 만약 타당성 있게 연구가 수행되지 못하였다면 연구의 학문적 사항들이 담보되지 못한 것으로 이해할 수 있다. 이러한 연구 자체의 타당성은 구체적으로 전술한 CAQDAS를 활용한 질적자료 관리의 체계성, 코딩 과정의 투명성, 주제 도출의 인과성, 양적연구 결과와의 통합 가능성 등에 의해 확보될 수 있는 것이다.

주지하고 있듯이 질적연구는 연구자에 의해 모든 연구 과정이 수행된다. 여기에서 '연구 도구로서의 연구자'의 의미를 확인할 수 있으며, 양적연구와 달리 모든 연구 단계와 과정에서 연구자가 이를 수행하는 것이다. 이러한 과정에서 연구자의 질적자료의 관리, 연구자의 질적자료의 코딩 과정, 연구자의 주제 도출 혹은 연구 결과 도출, 연구자가 도출한 양적연구 결과와의 통합 등을 체계적으로 지원해주는 것은 해당 연구 전반의 타당성을 잡아주는 과정이 되며 이것을 CAQDAS가 담당할 수 있는 것이다. 만약 연구자가 자신의 질적자료 관리에 실패하거나, 질적자료 코딩 과정이 정련되게 이루어지지 못하거나, 주제 도출 혹은 연구 결과 도출이 논리적이지 못하게 구성된 연구물이 있다면 그러한 연구를 타당성 있게 볼 수는 없을 것이다.

제2장

대표적인 질적자료 소프트웨어의 종류와 특징

1. 질적자료 소프트웨어의 일반적인 기능

질적연구에 있어 테크놀러지의 활용은 독일, 미국, 영국, 호주 등 각국에서 다양한 CAQDAS(Computer-Aided Qualitative Data Analysis Software)가 개발되면서부터 새로운 국면으로 발전하고 있다. 이러한 대표적인 질적자료 분석 프로그램으로는 NVivo, MAXQDA, ATLAS.ti, Dedoose, The Ethnograph, QDA MINER 등이 있으며, 최근 SNS에서와 다양한 온라인 포럼 및 세미나를 통해 CAQDAS를 사용하고자 하는 연구자들에게 실제적인 활용방법을 제공하고 있다. 다음은 질적연구 과정에서 CAQDAS를 통해 수행할 수 있는 일반적인 내용들이다(Weitzman, 2000; 이현철, 2009: 57 재인용).

① 현장 노트 만들기(making notes in the field)
② 자료 제작(writing up or transcribing field notes)
③ 편집(editing)
④ 코딩(coding)
⑤ 저장(storage)
⑥ 검색(search & retrieval)

⑦ 자료 연결(data linking)

⑧ 메모하기(memoing)

⑨ 내용 분석(content analysis)

⑩ 자료 디스플레이(data display)

⑪ 결과 제시 및 확인(conclusion drawing and verification)

⑫ 이론 개발(theory building)

⑬ 개념지도 제시(graphic mappping)

⑭ 연구 자료 기술(report writing)

CAQDAS의 기본적인 14가지 기능들은 일반적인 한글 프로그램이나 Microsoft Word에서도 일정 부분 작업이 가능하지만 현재 CAQDAS 프로그램들의 경우 질적연구 과정에서 수집되는 방대한 자료들의 체계적인 관리와 코드 지정, 시각화 작업 등을 포함하면서 좀 더 연구 주제에 부합하고, 연구 과정을 논리적으로 구성할 수 있도록 쉽고 간편하게 진행하는 방향으로 개발되고 있다. 그러한 과정을 통해 질적연구자가 겪게 되는 연구 과정에서의 부담과 딜레마를 덜어주고, 더욱 강력한 질적자료 분석 과정을 가능하게끔 새로운 가능성을 만들어주고 있다는 것은 분명한 사실이다(이현철, 2009).

2. 대표적인 질적자료 소프트웨어의 장점과 특징

1) NVivo

질적자료 분석 소프트웨어 시장의 강자이며, 공격적인 마케팅을 수행하고 있는 QSR International의 NVivo는 여러 CAQDAS 프로그램들 중 가장 강력하고 사용자 중심의 인터페이스와 기능을 보유하고 있다. 기존 Nudist의 업그레이드 버전으로 2002년도에 NVivo2를 런칭하여 2016년 현재는 NVivo 11버전까지 출시되었다. QSR International의 NVivo의 공격적인 마케팅과 기술 개발은 자사에서 제공하는 다양한 프로그램 트림에서도 확인할 수 있는데, 현재 NVivo 11은 NVivo 11 Starter for Windows, NVivo 11 Pror for Windows, NVivo 11 Plus for Windows로 구성되며, 각 프로그램의 연구 적용 수준과 역량에도 차이가 있을 정도이다.

기본적으로 NVivo는 문서에서부터 오디오, 비디오, 인터넷 자료에 이르기까지 연구자가 연구 수행과 관련하여 수집할 수 있는 대부분의 형식들을 모두 호환하여 분석할 수 있으며, 해당 자료들을 바탕으로 코드와 속성을 지정하여 분석하여 질적연구의 본질적인 특이성을 의미 있게 살려주고 있다. NVivo에서 흥미로운 사항은 바로 노드 만들기와 노드를 중심으로 한 근거이론적인 접근이다. 과거 NVivo 버전의 경우 노드 만들기로 입력된 자료가 유형별로 편집되어 자유(free)노드와 트리(tree)노드로 구성되었으며, 자유노드와 트리노드의 수가 분석의 진행에 따라 증가하게 되면 자연스럽게 코딩이 진행되고 연구의 주제 관련 심층적 수준과 내용을 파악할 수 있었다.

최근의 NVivo 버전에서는 이러한 노드의 사항을 좀 더 간략하게 구성하였으며, 좀 더 연구자 중심적인 인터페이스 구성과 기능을 효율적으로 배치하여 작업할 수 있도록 하고 있다. 이를 테면 메인 화면에 노드와 함께 Classification, Collections, Queries, Report, Models, Folders 등을 배치하여 연구의 효율성을 극대화하고 있는데, Classification은 속성을 부여하여 연구참여자의 특성들을 정리하고, Collections는 그룹 통합, 메모, 링크 작업 등을 수행하게 하며, Queries는 부호화와 속성을 지정한 후 원 자료를 지원하는 기능을 수행하여 연구자들을 지원한다. 또한 Report는 다양한 자료들의 요약본을 확인할 수 있으며, Models에서는 연구자가 수행한 자료들을 그림을 통해 표현하게끔 구성해주고 있다. 특별히 Models에서는 자료를 근거로 하여 연구자의 해석을 효과적으로 지원할 수 있다. 마지막으로 Folders는 프로그램 내의 모든 폴더를 확인할 수 있게 하여 종합적인 방향성을 파악하게 하고 있다.

이러한 NVivo는 국내에서도 많이 소개되어 다양한 전공 영역에서 활발하게 사용되고 있다. 하지만 한국 연구자들이 해당 소프트웨어의 기능을 학습함에 있어서 다소 어려움이 있는 것은 안타까운 현실이다.

2) MAXQDA

QSR International의 NVivo와 함께 CAQDAS 시장을 주도하고 있는 소프트웨어는 VERBI GmbH의 MAXQDA이다. MAXQDA는 세련된 그래픽과 다양한 분석 가능성을 효과적으로 제시하고 있어 매우 흥미로우며, 질적연구의 전문적인 소프트웨어이지만 통합연구를 위한 자료 구성을 표방하기까지 하고 있다. 이는 MAXQDA가 질적연구 영역에서 계량적인 자료 구성과 통계연구와의 상호작용을 위한 기능들을 탑재하고 있음도 시사하는 것이다. 2016년 현재 MAXQDA 12버전을 Window와 Mac용으로 출시하였으며, 1989년부터 출시되어 전 세계에서 활용되고 있다. http://www.maxqda.com/에서는 30일 무료 체험판을 제공한다.

인터뷰 분석, FGI 분석, 비디오 분석, 오디오 파일 분석, 문서 및 사진 분석, 온라인 설문에 이르기까지 MAXQDA를 통해 연구자는 자신의 문제의식을 체계적으로 분석하고 발전시킬 수 있는 기능들을 효과적으로 배치하고 있다. NVivo와 마찬가지로 전문적인 수준의 연구를 위한 MAXQDA+(plus)도 제공하고 있다. MAXQDA+(plus)는 MAXQDA보다 양적자료 분석의 가능성을 좀 더 강화하여 운용되고 있는 특징을 지닌다.

특히 MAXQDA는 비구조화된 자료들과 특정한 이론들의 조직 및 검증에 있어 독보적 위치에 있는데, MAXQDA의 메모 기능을 통해 각각의 자료들, 코드들을 첨부하여 해당 사항에 대한 근거들을 설정할 수 있으며, 자료 전체의 필터를 통해 내용들을 분류할 수 있으며, 질적자료 자체에서도 연구자의 메모들을 삽입할 수 있는 기능을 탑재하고 있다.

또한 MAXQDA는 양적연구와의 통합연구를 구체적으로 기술하고 있어 다른 소프트웨어와 차별성을 지닌다. MAXQDA에서는 설문조사와 SPSS와 같은 통계 분석 소프트웨어로부터 자료를 가져와 분석할 수 있으며, 빈도 분석, 교차 분석의 수준을 수행하여 자료에 대한 결과 해석을 풍성하게 창출할 수 있는 기능이 있다. 게다가 질적 결과를 양화시켜 표현하여 기술통계의 정보들을 표로 작성하여 연구 결과로서 제시할 수 있다. 이는 질적자료와 양적자료를 매우 손쉽게 이어주는 효율적인 기능들로서 질적연구자들뿐 아니라 양적연구자들에게도 그 활용의 가치가 크다고 할 수 있다.

그 외에도 MAXQDA는 질적연구에 있어 공동 연구의 편리성도 열어주고 있는데, 각기 독립적으로 수행된 두 개의 프로젝트를 병합할 수 있으며, 특정 프로젝트에서 수행된 자료와 코드 체계들을 다른 프로젝트로 이양할 수 있도록 하여 공동 연구자들의 자료 관리와 연구 수행의 효율성을 극대화하였다.

최근 MAXQDA에서는 스마트폰을 활용한 애플리케이션도 제공하고 있어 질적연구의 현장성을 극대화해주고 있다. MAXQDA의 애플리케이션에서는 기본적인 스마트폰의 기능들, 이를테면 워드 작업, 사진촬영, 녹음을 바탕으로 코드 지정, MAXQDA 체제로의 자료 전송, 이모티 코드를 활용한 코드화 등을 탄력적으로 시도하고 있어 주목할 만하다.

http://www.maxqda.com/products/maxqda-app를 통해 MAXQDA의 애플리케이션을 구체적으로 확인하기 바라며, 구글 플레이(Google Play)와 앱 스토어(App Store)에서도 확인할 수 있다.

3) ATLAS.ti

1992년 독일에서 개발된 ATLAS.ti는 2016년 현재 ATLAS.ti 7버전까지 출시되었으며, 다양한 형태의 자료들을 종합적으로 활용할 수 있는 장점을 지니고 있다. ATLAS.ti에서는 Text 문서, PDF 문서, 사진, 오디오 파일, 비디오 파일, 구글의 Geo 자료까지 활용할 수 있다. 영어, 독일어, 스페인어를 통해 운용되며 개인적인 취향과 지정에 따라 색상과 다양한 글자 폰트 및 사이즈를 조정할 수 있다.

특히 ATLAS.ti의 개발 초기 특성이 매우 학제적이었던 소프트웨어로서 Text 문서, PDF 문서, 사진, 오디오 파일, 비디오 파일, 구글의 Geo 자료를 통한 다양한 분석 파일의 구성과 실제 연구에의 적용은 ATLAS.ti의 강점으로 볼 수 있다. 이 과정에서 핵심적인 코드 지정과 코딩 작업이 수행되는데, ATLAS.ti에서는 다른 프로그램들과 유사하게 Free codes, Open coding, In-Vivo coding, Quuik coding, Coding via drag and drop, Merge codes, Autocoding이 수행된다.

한편 ATLAS.ti 7에서 주목할 만한 인터페이스 기능은 바로 내비게이터 기능과 시각화 기능인데, 내비게이터 기능은 ATLAS.ti의 주요한 기능들을 신속하게 활용하되 연구자의 작업조건과 맥락에 따라 조정하면서 해당 기능들을 수행해 나갈 수 있다는 편리성이 있다. 또한 ATLAS.ti는 효과적인 시각화 자료들을 제공하고 있는데, 대표적으로 'Network Views'의 경우 그래픽을 통해 복잡한 정보들의 맥락적인 관계성과 구조들을 한눈에 파악할 수 있도록 자료를 제공하고 있다.

4) Dedoose

Dedoose는 국내에 잘 알려지지 않은 질적자료 컴퓨터 분석 소프트웨어로서 1990년대 말에 개발되었다. Dedoose의 가장 큰 특징은 웹 기반의 접속과 활용이다. 이는 질적자료 분석이 특정 장소에 구애받지 않고 연구자가 연구를 수행할 수 있는 기기만 있다면 작업이 신속하게 수행될 수 있음을 의미한다. 그리고 자료 관리에 있어서도 웹 기반으로 수행되기에 안정성이 높으며, 자유롭게 자료를 내려받거나 자료를 발전시켜 나갈 수 있는 장점이 있다. 이외에도 Dedoose는 기본적으로 CAQDAS들이 수행하고 있는 대표적이며 일반적인 기능을 수행하고 있으며, 코드가 Root codes, Child codes, Grandchild codes로 구성되어 있다. 자료 분석에 있어서도 다양한 차트와 그래프들을 제시하여 시각화를 도모하고 있다. 기능적인 측면에서 추가적으로 주목할 만한 사항은 최근 질적자료 분석의 동향으로 자리잡고 있는 양적연구와의 통합 기능을 탑재하고 있다는 것이다.

이는 최근의 CAQDAS들이 관심을 기울이고 있는 대표적인 기능과 영역으로 볼 수 있으며, 과거 CAQDAS 버전들과 달리 양적연구와의 연결 기능에 대한 연구자들의 요구를 반영하기 위해 노력하고 있음을 확인할 수 있는 대목이다. Dedoose 역시 이러한 변화에 발 빠르게 대처하고 있는데, 이는 Dedoose와 같은 CAQDAS 프로그램이 연구자들에게 제공해야 할 핵심적인 기능 중의 하나가 바로 질적자료의 계량화임을 시사한다.

이외에도 Dedoose는 다른 CAQDAS에 비해 가격 경쟁력이 매우 높은 편이어서 개인 연구자의 경우 한 달 사용료가 12.95달러에 불과하며 학생의 경우 10.95달러로 책정되어 있으며, 단체로 사용할 경우 할인을 제공한다. 이는 수백 달러에 이르는 기존의 CAQDAS들에 비해 매우 저렴한 가격이다. Dedoose에 대한 좀 더 구체적인 자료와 정보는 http://www.dedoose.com/을 참고하기 바란다.

5) The Ethnograph

The Ethnograph는 1984년에 개발되어 2016년 현재 The Ethnograph 6버전까지 출시되어 있다. The Ethnograph는 프로젝트 매니저, 코드 데이터 파일, 데이터 검색, 메모 작업 등을 수행할 수 있도록 기능이 배치되어 있으며, 해당 요소들을 클릭하면 하위 작업 기능들을 수행할 수 있다.

The Ethnograph에 있어 연구 작업 수행에 효과적인 사항은 바로 메모 영역이다. The Ethnograph는 Write Memos 섹션을 통해 연구자가 연구 현장 및 자료 수집 과정에서 특정 자료에 대한 사항들을 의미 있게 정리하고, 발전시킬 사항들을 기술하고 체크할 수 있도록 하고 있다.

그리고 Memo List를 통해 연구자가 수행한 모든 메모를 한눈에 볼 수 있도록 리스트를 제공하며, 메모의 성격에 따라 분류할 수 있는 기능을 탑재하고 있다. 이러한 연구 현장 및 자료에 대한 연구자의 메모 기능의 지원은 실제 질적연구 작업에서 매우 흥미로운 자료를 구성하게 하며, 연구자의 해석적 의미들을 생생하게 잡아주어 연구 현장으로부터 수집된 질적자료의 가치를 증진시키는 기능을 한다. The Ethnograph 6버전에 대한 좀 더 구체적인 정보는 http://www.qualisresearch.com을 참고하기 바란다.

6) QDA MINER

Provalis Research의 QDA MINER는 2004년에 개발되어 현재는 QDA MINER 4버전까지 출시되었다. 그 기능과 활용 영역이 단순 개인 연구의 차원을 넘는 매우 발전된 소프트웨어로서, 교육 영역을 넘어 마케팅 분약, 통계 전문 업체, 정부, 범죄 전문가 영역에 이르는 다양한 분야에서 활발하게 사용되고 있다. 기본적으로 최근의 CAQDAS의 동향과 마찬가지로 인터뷰, 사진, 동영상 자료들은 물론 인터넷 자료들과 페이스북 및 트위터와 같은 소셜미디어의 분석에 이르기까지 다양한 분석 범주와 호환될 수 있으며, SPSS와 같은 파일 형식과도 함께 작업을 수행할 수 있어 양적연구 결과와의 통합 및 연결도 가능하다.

특히 QDA MINER 코드 지정과 코딩에 있어 다양한 기법들이 적용되어 분석의 수준을 심화시키고 있는데, 코드 빈도를 포함한 코드의 발생 영역, 코드가 나타나는 현상에 대한 위치와 정보에 이르기까지 특정 현상에서 나타나는 코드에 대한 종합적인 정보들을 제공하며 이 과정에서 방대한 자료들을 수치화하거나 시각화하여 제시한다. QDA MINER에 대한 좀 더 구체적인 정보는 http://provalisresearch.com을 참고하기 바란다.

제3장

CAQDAS 활용을 위한 질적자료 분석 전략(코딩을 중심으로)

질적자료 분석 프로그램(CAQDAS)은 연구자의 분석을 도와주는 프로그램이지 분석을 대신해주는 프로그램이 아니다. 따라서 연구자는 프로그램을 사용하기에 앞서 기본적인 질적자료 분석의 과정과 방법에 대해 알고 있어야 한다. 하지만 많은 질적연구자들, 특히 질적연구를 처음으로 시도하는 초보 연구자들의 경우 질적자료 분석에 대해 혼란스러워한다. 왜냐하면 질적자료 분석은 통계적 분석과 같이 분명한 과정과 절차를 지닌 분석이라기보다는 자료에 대한 해석적, 기술적 분석의 과정이기 때문이다.

더불어, 질적연구방법의 범주 안에 속해 있는 많은 방법론적 접근들이 그들 각자의 철학적 기반에 따라 상이한 방법으로 자료 분석에 접근하고 있어 이것 또한 연구자들을 혼란스럽게 만든다(Charmaz, 2006; Spredley, 1980; Strauss & Corbin, 1998; van Manen, 1990, 2014). 결국, 질적자료 분석을 익힌다는 것은 절차나 방법에 대한 숙련화라기보다는 질적연구방법론을 철학적 수준에서 체계적으로 이해하는 것이라 하겠다. 따라서 이러한 질적자료 분석의 습득은 초보 연구자들에게 힘들고 고통스러운 과정이다.

이에 이 장에서는 질적자료 분석에 대해 초보 연구자들이 이해하고 활용할 수 있는 수준의 논의를 제공하여 파랑새2.0을 통한 질적자료 분석을 효과적으로 할 수 있는 기초적인 질적 분석의 정보를 제공하고자 한다.

이를 위해 우선 질적자료와 질적자료 분석의 의미에 대해 살펴보고 다양한 학자들의 논의를 기반으로 하여 질적자료 분석의 보편적 절차를 규명해보고자 한다. 이와 더불어 질적자료 분석에 효과적으로 적용될 수 있는 다양한 코딩 전략에 대해서도 살펴보기로 한다.

1. 질적자료와 질적자료 분석의 개념

1) 질적자료의 개념

질적자료는 인간의 경험을 담고 있는 일체의 인공물이라 할 수 있다. 많은 질적 연구 전문서적들이 이러한 질적자료의 종류에 대해 다루고 있는데, 가장 대표적으로는 심층면담과 참여관찰을 통해 수집한 자료 등이 있고, 이와 더불어 각종 문서, 미디어, 예술작품, 심지어 구체적인 사물 등도 질적자료로 언급되고 있다(김영천, 2011; Gaillet, 2010). 예를 들어, Gaillet(2010)은 정보의 원천으로 편지, 일기, 저널, 학생 노트, 메모, 온라인 자료, 오디오와 비디오테이프, 고고학적 유물이나 발견을 언급하고 있으며, van Manen(1990)은 질적자료의 종류로 개인적 경험, 어원, 관용적 표현, 문학작품, 예술작품 등을 언급하고 있다. 이러한 학자들의 논의를 살펴보면 결국 질적자료라는 것은 인간의 경험을 담고 있는 모든 형태의 인공물이라 논의해볼 수 있다.

따라서 어떠한 자료가 질적인지 아닌지를 구분 짓는 것은 자료의 형태가 아닌 그것에 어떻게 접근하는가에 중점이 있다 하겠다. 예를 들어, 내용 분석의 경우 같은 자료라도 그것에 대해 어떤 태도로 접근하느냐에 따라 양적 내용 분석이 될 수도 있고 질적 내용 분석이 될 수도 있다. 하나의 문서에 대해 그 속에 등장하는 단어나 개념의 수에 집중하여 이를 수치화하고 그것에 대해 통계적으로 접근한다면 양적 접근이 되는 것이고, 반면 그 문서에 대해 해석적, 기술적으로 접근하며 그것 속에 내포되어 있는 의미를 찾기 위한 접근을 취한다면 질적 접근이 되는 것이다. 실제로 Eurkheim(1897)은 유럽의 자살률과 관련된 통계 자료에 대한 질적 분석을 통해 자살의 사회학적 원인과 유형을 논의한 바 있는데, 이는 자료의 형태보다 자료에 다가가는 연구자의 입장이 자료의 성격을 구분 짓는 결정적인 요소라는 것을 확인할 수 있는 예라 하겠다. 따라서, 질적자료란 하나의 특정한 형식을 가진 특별한 자료라는 의미보다는 그것에 대해 어떻게 접근하느냐에 따라 의미가 결정되는 자료라 할 수 있다.

2) 질적자료 분석의 개념

질적자료 분석은 자료로부터 해석적, 기술적 분석을 통해 주제, 패턴, 이론 등을 이끌어내는 작업을 의미한다. 실제 많은 학자들이 질적자료 분석의 의미에 대해 논의한 바 있는데, Dey(1993; 김영천, 2011에서 재인용)는 '자료가 가지고 있는 특징적인 주제와 의미를 잘 규명하고 도출하기 위하여 주제적 요소를 중심으로 자료를 줄여가면서 분석적 범주를 규명하고 관련시키는 작업'이라 하였고, Lather는 수집된 자료를 가지고서 이야기를 만드는 작업이라고 설명하였다(김영천, 2011). 이러한 학자들의 논의를 종합해보면 결국 질적자료 분석이란 자료로부터 주제, 패턴, 이론, 이야기를 이끌어내는 일련의 과정이라 할 수 있다.

실제 많은 학자들이 자료의 분석을 통해 연구와 관련된 주제를 도출하였다. 대표적으로 Thomas와 Znaniecski(1958)는 미국 내 폴란드계 이주민들에 대한 연구를 수행하였는데, 그들은 이 연구에서 편지, 연구참여자들 중 일부의 자전적 기술, 신문 등의 자료를 분석하였다. 그리고 이를 통해 미국 내 폴란드계 이주민들이 미국인도 폴란드인도 아닌 제3의 인류학적 공동체를 발전시켜 나가고 있음을 밝힌 바 있다. 또한 Benedict(2005)는 2차 세계대전 중 일본인의 국민성에 대한 인류학적 연구를 수행한 바 있는데, 당시 전쟁이라는 특수한 상황으로 인해 일본을 방문할 수 없었던 그녀는 미국 내 일본인들과의 인터뷰, 문서, 사진, 영상자료 등의 자료에 대한 분석을 통해 연구를 수행하였다. 이러한 분석의 결과로 그녀는 일본 국민성에 대해 '억압성'과 '폭력성'이라는 두 개의 큰 주제를 도출하였고 이를 '국화'와 '칼'이라는 은유로 표현한 바 있다.

3) 질적자료 수집과 분석의 순환적 과정

이러한 질적자료 분석은 자료 수집 이후의 단계로 존재한다기보다는 수집과 분석이 반복적으로 교차되는 순환적 과정으로 이해해야 한다. 왜냐하면 연구 중의 자료 분석은 연구를 심화시키고 연구의 방향을 설정하는 중요한 과정이기 때문이다. 따라서 연구자들이 연구를 수행함에 있어 심층면담 등의 방법으로 자료를 수집하면, 또 다른 자료 수집에 나서기 전에 그것에 대한 분석이 이루어져야 한다. 따라서 여기서는 자료 수집과 분석의 순환적 관계에 대해 좀 더 살펴보도록 하자. 구체적인 이해를 위해 연구 사례를 통해 살펴보도록 하겠다.

정상원(2014)은 교사들의 학생 평가와 생활기록부 작성에 대한 연구에서 이러한 자료 수집과 자료 분석의 순환적 관계에 대해 보여주고 있다. 이 연구에서 연구자는 먼저 1차 면담을 위한 인터뷰 가이드를 구성하였는데 그것의 일부는 다음과 같다(표 3.1).

이 인터뷰 가이드를 살펴보면 다음과 같은 특징을 알 수 있다. 첫째, 질문이 일반적이다. 즉, 질문이 특정 주제에 초점이 맞추어져 있다기보다는 주제와 관련된 전반적인 내용을 다루고 있다. 이러한 질문들은 연구 주제와 관련된 현상을 전반적으로 조망하는 데는 도움이 되겠지만 현상 속의 깊은 의미에 대한 심층적 접근을 도모하기 힘들다. 둘째, 질문이 연구참여자의 맥락과는 동떨어져 있다. 즉, 위의 질문들은 특정인이 아닌 연구 주제와 관련된 전체적인 연구참여자들을 위한 질문이다. 따라서 연구참여자는 질문에 대해 자신의 맥락 속에서 받아들여 응답하기보다는 보편적 수준에서 응답하게 된다.

이러한 1차 인터뷰를 통해 수집된 자료에 대한 분석이 이루어졌는데, 연구자는 이 분석을 통해 그 안에 포함되어 있는 몇 가지의 가설적인 주제들을 추출할 수 있었다. 그것들은 교사들이 수행평가의 의미에 대해 혼란을 겪고 있다는 점, 평가와 평가 기록과 관련하여 다양한 감정적인 경험이 나타난다는 점, 교사들이 생활기록부에 대해 다양한 관점을 가지고 있다는 점이었다. 이러한 자료에 대한 분석 결과를 통해 연구자는 새로운 질문들을 생성할 수 있었고 이를 통해 2차 인터뷰를 준비할 수 있었다.

표 3.1_ 1차 인터뷰 가이드

1차 인터뷰 가이드
1. 학교생활기록부 작성의 실제와 관련된 질문 1) 생활기록부를 작성하기 위해서는 어떠한 작업을 거치게 됩니까? 순서대로 이야기해주세요. 각 단계가 어떤 단계인지 설명해주세요. 2) 각 작업에서 선생님이 하시는 일은 구체적으로 무엇입니까? 3) 각 작업을 하는 과정에서 선생님이 겪으신 일화 중 기억에 남는 것을 이야기해주세요. 4) 각 단계 중 선생님께서 가장 중요시하는 단계는 무엇이며 왜 그렇게 중요시하시나요? 5) 각 단계에서 선생님께서 가장 중요하게 생각하는 특별한 일(작업) 등이 있나요? 그것이 무엇인가요? 6) 각 단계를 진행시키는 데 겪는 곤란한 점 등을 이야기해주세요. 그리고 이와 관련된 일화도 있으면 알려주세요. 7) 각 단계를 진행시키는 데 겪는 수월한 점 등을 이야기해주세요. 그리고 이와 관련된 일화도 있으면 알려주세요. 8) 각 단계를 진행시키는 데 가지는 부정적인 생각을 이야기해주세요. 그리고 그 이유와 관련된 일화를 이야기해주세요. 9) 각 단계를 진행시키는 데 가지는 긍정적인 생각을 이야기해주세요. 그리고 그 이유와 관련된 일화를 이야기해주세요. 10) 각 단계의 필요성에 대한 자신의 생각을 이야기해주세요. 필요성의 정도와 왜 그렇게 생각하는지 이야기해주세요.
2. 학교생활기록부 작성에 관한 경험에 대한 질문 1) 생활기록부 작성에서 가장 힘든 부분은 무엇인가요? 2) 생활기록부 작성에서 가장 쉬운 부분은 무엇인가요? 3) 생활통지표와 생활기록부의 차이점과 공통점은 무엇인가요? 4) 생활기록부(생활통지표)와 관련된 학부모와의 관계에 대한 이야기를 좀 해주세요.(자신의 생각, 일화, 감정) 5) 생활기록부(생활통지표)와 관련된 학생과의 관계에 대한 이야기를 좀 해주세요.(자신의 생각, 일화, 감정) 6) 생활기록부에 기재하는 교과 평가와 관련하여 자신의 평가에 대한 만족도는 어느 정도입니까? 6-1) 왜 그렇게 생각하시지요? 6-2) 생활기록부에 교과 평가를 기재할 때 무엇을 기준으로 기재합니까? 7) 생활기록부에 기재하는 행동특성 및 종합의견과 관련하여 자신의 평가에 대한 만족도는 어느 정도입니까? 7-1) 왜 그렇게 생각하시지요? 8) 생활기록부에 행동특성 및 종합의견을 기재할 때 무엇을 기준으로 기재합니까? 9) 생활기록부 작성과정 중 느끼는 감정들은 어떤 것인가요? 9-1) 왜 그런 감정을 느끼나요? 관련된 일화를 이야기해주세요. 10) 생활기록부 작성과정 중 가장 많이 하는 행동은 어떤 것인가요? 11) 생활기록부 작성 중 떠오르는 생각들은 어떤 것인가요? 11-1) 왜 그런 생각을 하나요? 관련된 일화를 이야기해주세요.

다음은 1차 인터뷰 이후에 자료에 대한 분석과 수집을 반복하는 동안 생성된 인터뷰 질문의 예이다(표 3.2).

표 3.2_ 1차 인터뷰 이후의 인터뷰 가이드

1차 인터뷰 이후의 인터뷰 가이드
1-1) 수행평가 계획을 세우는 것이 얼마나 중요한가? 1-2) 그것을 잘 세우면 과연 평가와 생활기록부 작성이 교사가 만족할 정도 수준에서 이루어질 것이라 생각하는가? 1-3) 왜 그런가? 1-4) 만족할 만한 결과를 가져올 수 있는 계획은 어떤 식으로 혹은 얼마나, 어느 정도 수준까지 계획되어야 하는가? 1-5) 수행평가는 어느 정도 범위와 양에서 이루어져야 하는가?
2-1) 수행평가를 하다 보면 시험을 포기하거나, 거의 백지를 내거나, 실기 같은 것에 거의 참여하지 않는 수준의 학생은 없는가? 그런 학생에 대해서는 어떻게 처리하는가? 2-2) 못하는 것과 안하는 것은 어떻게 구분지어 기재할 수 있는가? 2-3) 본인은 수행평가 결과를 낼 때 상대적인 준거에 의하는가, 절대적인 준거에 의하는가?
3-1) 수행평가 이외에 공식, 비공식의 평가가 이루어지는가? 3-2) 만약 그렇다면 언제, 어떤 형식으로 이루어지는가? 3-3) 그러한 것들이 생활기록부를 작성하는 데 많이 포함되는가?
4-1) 아이들의 표현하는 어휘에 대해서 어떻게 생각하는가? 4-2) 생활기록부를 작성하는 데 공식적인 언어가 있다고 생각하는가? 4-3) 그러한 언어를 사용하여 생활기록부를 작성하는 데 도움이 되는가?
5-1) 학생들에 대한 평가를 순화해서 넣는 경우가 있다고 하였는데, 그렇다면 그런 구체적인 예를 설명해준다면 무엇이 있는가? 5-2) 부정적인 평가를 어떻게 순화시키는가? 5-3) 그러한 순화가 아이들이 어떤지를 나타내는 데 영향을 미치지 않는가? 5-4) 그것을 보는 사람들이 그 순화된 표현을 어떻게 받아들일 거라고 생각하는가?
6-1) 학생의 전 담임 선생님이 쓰신 것을 보고 자신의 평가와 비교해 보신다 했는데. 그렇다면 아이에 대한 평가를 하는 데 전 담임의 평가가 영향을 미치는가? 6-2) 미친다면 어떤 식으로 미치는가?
7-1) 생활기록부를 작성하는 데 영향을 미치는 다른 사람은 없는가? 7-2) 그런 사람들은 어떻게 영향을 미치는가?
8-1) 생활기록부 평가내용을 수정하는 경우가 있는가? 8-2) 그렇게 평가내용을 기재한 것이 약간은 후회되거나 그걸 '적을 걸, 적지 말 걸' 하고 생각되는 경우는 어떤 경우인가?

앞선 인터뷰 질문들(표 3.2)을 1차 인터뷰 질문들(표 3.1)과 비교해보면 질문들이 1차에 비해 좀 더 구체적이고 연구참여자의 맥락과 관련되어 있음을 확인할 수 있다. 그리고 이러한 구체적이고 맥락적인 질문을 통해 좀 더 심층적이고 구체적인 연구참여자의 경험을 이끌어낼 수 있다. 또한 연구자는 위와 같은 과정을 통해 자신이 수집해야 할 자료가 무엇인지 그리고 그 과정에서 자신이 무엇에 초점을 맞추어야 하는지를 확인할 수 있다. 따라서 자료의 수집과 분석은 순차적으로 이루어지는 일련의 과정이 아니라 수집과 분석이 반복적으로 순환되면서 찾아야 할 자료와 분석의 초점이 결정되는 과정이며 또 이를 통해 연구의 올바른 방향이 결정되고 이를 따라 연구가 진행되는 과정이다. 이를 그림으로 나타내면 다음과 같다(그림 3.1).

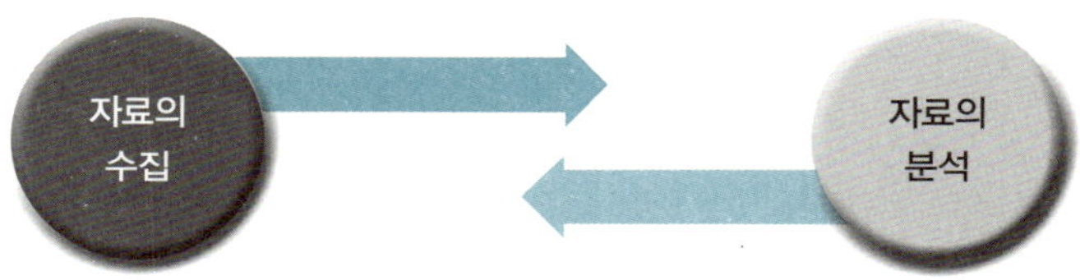

그림 3.1_ 자료 수집과 자료 분석의 순환적 관계

2. 질적자료 분석의 보편적 절차

앞서 언급하였지만 질적자료 분석을 일련의 단계로 규정하는 것은 다양한 연구방법론적인 측면에서 부적절할 수도 있다. 하지만 질적자료 분석을 시도하려는 초보 연구자들에게는 분석에 대한 방법론적 논의보다 좀 더 구체적이고 실용적인 정보가 도움이 될 것이다. 따라서 여기서는 다양한 질적 방법론들의 분석에 대한 논의를 살펴보고 이를 기반으로 하여 질적자료 분석의 보편적 절차를 도출해보고자 한다.

1) 질적자료 분석 절차에 대한 학자들의 논의

질적자료 분석에 대한 논의는 각 방법론적 전통에 따라, 또한 그것을 논의한 학자들에 따라 초점과 논의가 다소 다르게 나타난다(Spradley, 1980; Strauss & Corbin, 1998; van Manen, 1990). 실제, 상대적으로 분석의 방법과 과정이 다른 연구 전통들에 비해 구체적이고 절차화되어 있는 근거이론에서조차 학자들에 따라 그 논의가 다른 것을 확인할 수 있다(Charmaz, 2006; Glaser, 1978; Strauss & Corbin, 1998). 따라서 여기서는 대표적으로 잘 알려져 있는 방법론인 근거이론, 문화기술지, 현상학적 질적연구를 살펴보도록 하겠다.

(1) 근거이론의 분석 절차

Strauss와 Glaser(1999)의 죽음에 대한 연구 과정에서 개발된 근거이론은 그 방법적 절차의 명료함으로 인해 질적연구 전통 중에서 가장 강력한 영향을 미쳐왔다. 이러한 근거이론의 분석 절차를 논의한 대표적 학자로는 Strauss와 Corbin, Glaser, Charmaz 등이 있는데 이들의 논의를 살펴보며 근거이론 분석의 대략적 절차를 알아보도록 하자.

Strauss와 Corbin(1998)은 자신들의 저서 『Basics of Qualitative Research: Techniques and Procedures for Developing Grounded Theory』를 통해 분석 절차를 크게 '개방 코딩(open coding)', '축 코딩(axial coding)', '선택 코딩(selective coding)'으로 이어지는 일련의 과정으로 제시하고 있다. '개방 코딩'은 자료를 '해체, 검사, 비교, 개념화, 범주화'하는 단계로, 이 단계에서 연구자는 자료를 읽고 그 속에 내재되어 있는 개념을 도출하여 그 개념에 '코드(code)', 즉 이름을 붙인다. 그리고 이러한 개념들을 묶어 하나의 '범주(category)'를 도출하게 된다. 예를 통해 살펴보도록 하자. 다음은 학원을 다니고 있는 학생들의 학습에 대한 연구에서 수집된 자료 중 일부분이다(표 3.3).

표 3.3_ 학원 학습 경험에 대한 인터뷰 자료

> **연구자:** 다른 친구들이 앞에서 문제를 풀 때 틀린 부분을 발견하면 이야기하나요? 재미있나요?
> **참여자:** 네. 재미있어요. 친구의 결점을 찾아내면, 내 실력이 더 뛰어난 걸 확인하는 게 기쁘고 결점을 찾았다는 데 성취감을 느껴요. 결점을 찾아내기 위해서 더 눈에 불을 켜고 살펴요. 그래서 하나 발견하면 기쁘고. 발견당하면 기분 나쁘고.

발췌한 짧은 인터뷰에서 우리는 몇몇의 주제들을 확인할 수 있다. 예를 들어 학원 학생들에게 학원 수업 중 학습은 단순한 공부라기보다 하나의 게임처럼 느껴질 수 있다는 것, 승리감을 느꼈을 때 더욱 집중하게 된다는 점 등이 그것이다. 그렇다면 이러한 것에 대한 개념화가 이루어지고 그것에 합당한 이름을 붙일 수 있다. 이러한 과정을 시각화하면 다음과 같이 나타낼 수 있다(표 3.4).

표 3.4_ 개념화와 코드 부여

자료	코드
연구자: 다른 친구들이 앞에서 문제를 풀 때 틀린 부분을 발견하면 이야기하나요? 재미있나요? **참여자:** 네. 재미있어요. 친구의 결점을 찾아내면, 내 실력이 더 뛰어난 걸 확인하는 게 기쁘고 결점을 찾았다는 데 성취감을 느껴요.	학습이 게임이 됨
결점을 찾아내기 위해서 더 눈에 불을 켜고 살펴요. 그래서 하나 발견하면 기쁘고. 발견당하면 기분 나쁘고.	동기가 되는 성취감

이와 같은 과정을 통해 코드들이 확보되면 코드들의 속성과 개념을 고려하여 이를 묶어 하나의 범주를 형성해야 한다. 이러한 범주의 형성은 단순히 코드의 이름만을 고려하여 이루어지는 것이 아니라 코드를 부여하는 과정에서의 자료에 대한 연구자의 성찰과 반성이 기반이 된다. 다음의 예를 살펴보자. 만약 연구자가 가정불화를 겪는 가정의 아이들의 경험에 대한 연구를 한다면 연구자는 자료에 대한 분석을 통해 다음과 같은 유형의 코드들을 도출할 수 있을 것이다(표 3.5).

표 3.5_ 불화 가정의 아이들의 경험에서 도출 가능한 코드의 예

부부의 갈등	가정 폭력	현실에 대한 고민	우울한 가족 구성원들
조력자의 도움	경제적 곤란	구체적 도움	친구들의 지지
자신이 할 수 있는 일	이웃과의 갈등	상황을 받아들임	

연구자가 이러한 코드들을 도출하였다면 이러한 코드들을 그 관련성을 고려하여 묶을 수 있다. 위의 코드들 같은 경우는 다음과 같이 묶을 수 있을 것이다(표 3.6).

표 3.6_ 유사한 코드들의 묶음

부부의 갈등	우울한	조력자의 도움	자신이 할 수 있는 일
가정 폭력	가족 구성원들	구체적 도움	상황을 받아들임
경제적 곤란	이웃과의 갈등	친구들의 지지	현실에 대한 고민

이렇게 개념별로 묶이면 그 개념들을 포괄할 수 있는 상위의 부호로서 범주의 이름을 지정할 수 있을 것이다. 위의 코드 묶음들의 경우는 다음과 같이 범주명을 부여할 수 있을 것이다(표 3.7).

표 3.7_ 코드와 범주

가정불화의 원인	가정불화의 결과	주변의 도움	상황 극복의 노력
부부의 갈등	우울한 가족 구성원들	조력자의 도움	자신이 할 수 있는 것
가정 폭력	이웃과의 갈등	구체적 도움	상황을 받아들임
경제적 곤란		친구들의 지지	현실에 대한 고민

Strauss와 Corbin(1998)은 이러한 '개념(concept)'과 '범주(category)'에 대해 각각 개념은 '개별 사건들과 그 밖의 현상들에 붙여진 개념적 호칭', 범주는 '개념들의 분류'라고 논의하고 있다. 결국 이를 종합해보면 자료 분석을 통해 개념

을 도출하고, 개념에 코드를 부여하고, 코드를 분류하여 범주를 형성하는 과정이 바로 '개방 코딩'에서 이루어져야 하는 과업이라 할 수 있다.

'축 코딩'은 '범주들 사이에 서로 연합관계'를 만드는 과정이다(Strauss & Corbin, 1998). 쉽게 말해, '개방 코딩'을 통해 도출된 범주들을 서로 연관 짓는 과정이라 할 수 있다. 위의 예로 돌아가보자. 앞의 예를 통해 우리는 4개의 범주를 도출할 수 있었다. 그렇다면 이제 이러한 범주들을 서로 관련지어 각 범주들이 서로 어떠한 관계를 가지는지 확인하고 이를 기반으로 그것들을 연결해야 한다. 위의 4개의 범주 '가정불화의 원인', '가정불화의 결과', '주변의 도움', '상황 극복의 노력'은 그 관계를 고려하였을 때 다음과 같이 연결됨을 추론할 수 있다(그림 3.2).

그림 3.2_ 범주들의 관계

Strauss와 Corbin(1998)은 이러한 '축 코딩'에 도움을 줄 수 있는 도구로 '패러다임 모형'을 제시하고 있는데, '패러다임 모형'은 '인과적 상황', '현상', '전후관계', '중재적 상황', '작용/상호작용 전략', '결과'를 중심으로 하여 해당 범주를 이러한 틀에 맞추어 관계를 확인하는 것이다. 그리고 연구자는 이러한 패러다임 모형에 기반하여 범주들을 연결할 수 있다. 패러다임 모형에 따라 위의 범주들을 연결한다면 다음과 같이 나타낼 수 있을 것이다(그림 3.3).

'선택 코딩'은 '핵심 범주를 선택'하고 이를 중심으로 다른 범주를 체계적으로 연결시키며 이야기의 윤곽을 구성하는 단계이다(Strauss & Corbin, 1998). 다

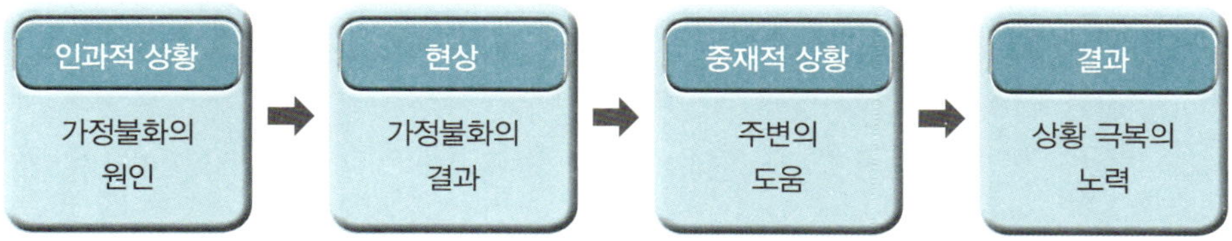

그림 3.3_ 패러다임 모형에 따른 범주의 관계

시 말해, 이 단계에서 연구자는 앞선 수행하였던 분석을 기반으로 하여 여러 범주 중 핵심 범주를 확인하고 그것을 중심으로 다른 범주들을 연결하여 이야기의 윤곽을 구성한다. 그리고 이를 통해 패턴, 이론 등을 도출하게 된다.

이러한 Strauss와 Corbin(1998)의 근거이론 분석 절차는, 1단계, 자료를 해체, 검사, 비교, 개념화, 범주화하는 '개방 코딩', 2단계, 범주들 사이에 서로 연합관계를 만들면서 다시 조합하는 '축 코딩', 3단계, 범주 중 핵심 범주를 선택하고 이를 중심으로 다른 범주들을 체계적으로 연결하면서 이야기 윤곽을 형성하는 '선택 코딩'으로 정리할 수 있다.

이제 근거이론의 또 다른 대가들인 Glaser(1978)와 Charmaz(2006)의 분석 절차에 대해서도 살펴보도록 하자. 우선 Glaser(1978)는 그의 저서 『Theoretical Sensitivity』에서 근거이론의 방법론적 개념과 분석에 대해 심도 깊게 논의한 바 있는데, 여기서는 절차와 관련하여 살펴보도록 하자.

Glaser(1978)는 근거이론의 분석 절차를 크게 '독립적 코딩(substantive coding)'과 '이론적 코딩(theoretic coding)'으로 제시하고 있는데, '독립적 코딩'은 다시 '개방 코딩'과 '선택 코딩'으로 나누어 제시하고 있다. '개방 코딩'은 '가능한 모든' 코드를 부여하는 단계이며, '선택 코딩'은 핵심 범주를 선택하는 단계, '이론적 코딩'은 코드들을 서로 연결하여 통합하며 이론을 발전시키는 단계이다. 이러한 Glaser(1978)의 분석 단계는 다소의 차이는 있으나 Strauss와 Corbin(1998)의 분석 단계와 유사한 논의를 포함하고 있는 것을 확인할 수 있다.

Glaser(1978)의 분석 절차 논의에서 특징적인 점은 Strauss와 Corbin(1987)의 '패러다임 모형'과 마찬가지로 '이론적 코딩'을 도울 수 있는 몇몇의 도구를

'코딩 집단(coding family)' 18가지로 제시하고 있다는 점인데, 연구자들은 이러한 '코딩 집단'을 염두에 두며 범주들의 관계를 살펴볼 수 있다. 그 중 몇 가지를 살펴보도록 하자. 먼저 'The Six C's'는 원인(Causes), 맥락(Contexts), 우발적 사건(Contingencies), 결과(Consequences), 공변수(Covariances), 조건(Conditions)의 관점에서 자료를 바라보는 것이다. 앞서 살펴보면 Strauss와 Corbin(1998)의 패러다임 모형과 유사하다 할 수 있다. '과정(process) 집단'은 자료를 단계(stages), 국면(phases), 발달(progressions), 경로(passages) 등의 관점에서 바라보는 것이고, '차원(dimensions) 집단'은 차원(dimension), 요소(elements), 분할(division), 부분(piece of), 속성(properties of) 등의 관점에서, '형식(type) 집단'은 형식(type), 형태(form), 종류(kind), 부류(class), 장르(genre) 등의 관점에서, '전략(strategies) 집단'은 전략(strategies), 전술(tactics), 체계(mechanisms), 방법(way), 조작(manipulations) 등의 관점에서 자료를 바라보는 것이다(Glaser, 1978). 연구자는 이러한 코딩 집단을 분석의 틀로 활용함으로써 좀 더 체계적이고 효율적인 분석을 도모할 수 있을 것이다.

또 다른 근거이론 학자인 Charmaz(2006)는 근거이론의 코딩이란 '분석의 뼈대를 만드는 작업'이라 언급하며 그 중요성을 강조하고 있다. 이와 더불어 일련의 코딩 절차로서 '초기 코딩(initial coding)', '초점 코딩(focus coding)', '축 코딩', '이론적 코딩'을 제시하고 있다.

'초기 코딩'은 앞서 살펴본 '개방 코딩'과 유사한 단계로 자료로부터 범주를 도출하는 과정으로 '가장 의미 있고 빈번'한 초기 코드를 중심으로 자료를 검토하며 분석적으로 의미 있는 초기 코드를 결정하는 단계이다. 이후 '축 코딩'을 통해 범주를 연결하고 '이론적 코딩'을 통해 범주가 맺어지는 관계를 식별한다. 하지만 Chamarz(2006)는 앞의 두 학자들과는 달리 코딩 과정에서 특별한 모델이나 개념틀의 사용에 대해서는 조심스러운 입장을 취한다.

(2) 문화기술지의 분석 절차

문화기술지는 질적연구 전통들 중 상대적으로 잘 알려져 있고 오랜 역사를 가진 질적연구 전통이다(김영천, 2013). 많은 학자들이 이러한 문화기술지 연구에서의 절차나 방법에 대해 논의하고 있지만 여기서는 Spradley(1980)의 분석 절차를 중심으로 살펴보도록 하자. Spradley(1980)는 그의 저서 『Participant Observation』을 통해 문화기술지의 분석 절차에 대해 논의한 바 있는데, 그 절차는 크게 '영역 분석', '분류 분석', '성분 분석', '주제 분석'으로 나타낼 수 있다.

'영역 분석'은 '문화적 영역'을 도출하는 과정으로 개념들 사이의 '의미론적 관계'를 중심으로 하여 '문화적 영역'을 확인하는 단계이다. 이때 '의미론적 관계'란 'A는 B의 한 종류이다.' 혹은 'A는 B를 위한 수단이다.' 등과 같은 관계를 말한다. 다음의 예를 통해 그 과정을 살펴보자. 이동수단에 대한 자료를 수집하였다면 연구자는 다음과 같은 개념들을 발견할 수 있을 것이다(표 3.8).

표 3.8_ 이동 수단과 관련된 개념의 예

자동차	배	비행기	트럭	택시	요트	버스	승용차	유람선

이와 같은 개념을 확인하였을 때, 이러한 개념들 사이의 의미론적 관계를 살펴 'A는 B의 한 종류이다.'를 기본으로 A, B에 해당하는 개념을 배치하면 다음과 같이 영역을 확인할 수 있다(표 3.9).

표 3.9_ 의미론적 관계에 따른 영역의 확인 1

A	의미론적 관계	B
트럭 택시 버스 승용차	부분 – 전체 'A는 B의 한 종류이다.'	자동차

또한 지속적으로 이러한 영역 분석을 계속하면 또 다른 상위 영역을 확인할 수 있을 것이다. 다음의 예를 살펴보자(표 3.10).

표 3.10_ 의미론적 관계에 따른 영역의 확인 2

A	의미론적 관계	B
자동차 배 비행기	'A는 B의 한 종류이다.'	이동 수단

이처럼 '영역 분석'에서는 '의미론적 관계'를 중심으로 개념 사이의 관계를 확인하는 과정을 통해 '문화적 영역'인 B를 발견한다.

'분류 분석'은 '영역 분석'을 통해 발견한 문화적 영역의 하위 범주 혹은 하위 용어를 분류하는 단계이다. 예로 돌아가보자. 우리는 '영역 분석'에서 '이동 수단'이라는 '문화적 영역'을 확인하였다. 그렇다면 '분류 분석'을 통해 이러한 영역에 해당하는 하위 범주 및 용어를 그 관계에 따라 분류할 수 있다.

그림 3.4를 살펴보자. 그림의 분류 분석을 통해 이동 수단이라는 문화적 범주가 배, 자동차, 비행기라는 하위 범주로, 또다시 요트, 유람선, 트럭, 택시, 버스와 같은 하위 개념으로 분류될 수 있음을 확인할 수 있다.

문화적 영역의 하위 범주와 용어를 분류한 후에는 '성분 분석'이 이어진다. '성분 분석'은 영역의 속성을 분석하는 단계이다. 범주나 용어는 그 속에 속성을 포

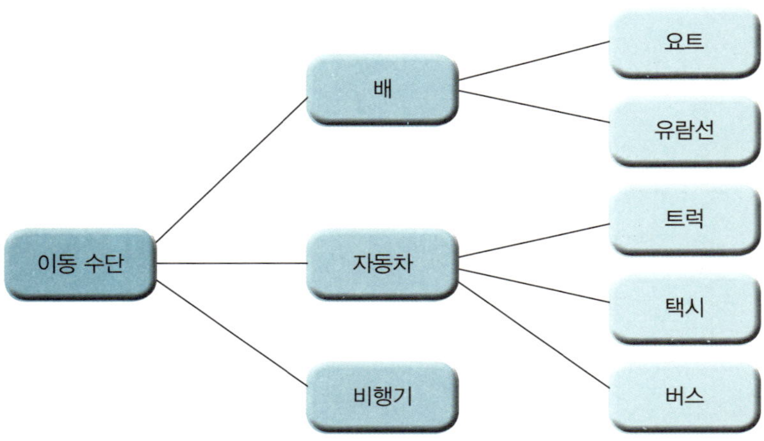

그림 3.4_ 문화적 영역에 대한 분류 분석

함하게 되는데 이 단계에서는 그 속성을 파악하고 정도를 확인한다. 위의 예를 다시 살펴보면 '자동차'라는 영역은 그 속성으로 '편리함', '비용' 등의 속성을 가지게 된다. 또한 그 속성의 정도도 '편함', '비쌈'과 같이 표시할 수 있다. 이를 다음과 같이 나타낼 수 있겠다(표 3.11).

표 3.11_ 영역의 성분 분석 예시

영역	하위 범주	용어	성분		
			편리성	비용	이동 시간
이동 수단	배	요트	편리함	매우 비쌈	느림
		유람선	다소 편리함	비쌈	느림
	자동차	트럭	불편함	보통	빠름
		택시	편리함	다소 비쌈	빠름
		버스	다소 편리함	저렴함	느림
	비행기		다소 불편함	비쌈	매우 빠름

이와 같은 단계를 거쳐 분석을 지속하는 과정에서 연구자는 문화적 영역을 포괄하는 문화적 주제를 발견하게 되는데 이것이 바로 '주제 분석'이다. 위의 예에서는 '사람들은 자신의 필요에 맞추어 이동 수단을 선택한다.'와 같은 주제가 도출될 수 있을 것이다.

(3) 현상학적 분석 절차

현상학적 질적연구는 철학의 한 사조인 현상학의 영향을 받아 발전한 질적연구 전통이다(이근호, 2001; Dowing, 2005). 이 전통은 방법론적으로 현상학의 영향을 직접적으로 받아 앞의 두 전통들과는 사뭇 다른 분석 방법을 취하는데, 우선 현상학적 질적연구 학자들이 논의하는 분석 절차를 살펴보고 그것에 대해 좀 더 이야기해보도록 하자.

Crotty(1996)는 학자별로 그들이 논의하는 현상학적 분석 절차를 논의한 바 있는데, 그에 따르면 우선 Giorgi는 다음과 같은 일련의 단계를 현상학적 분석 단계로 제시하였다. '녹음된 자료를 들으며 전체적인 내용을 이해하며 필사본 읽기', '각각의 필사본에 대해 직관적으로 파악하며 반성하기', '각각의 필사본 속에 있는 의미 단위들 파악하기', '필사본에 있는 각각의 의미 단위와 관련된 진술들을 다시 묶고 재기술하기', '주제들을 밝히기 위해서 모든 참여자들 전반에 걸쳐서 각 의미에 관해 직관적으로 파악하고 반성하기', '각각의 불변의 주제를 명시하기 위한 전형적 담화 쓰기', '유효성 확인하기', '진술 종합하기'.

Colaizzi는 Giorgi의 논의와 유사한 분석 단계들을 제시하고 있는데, 그것은 '기술들 읽기', '의미 있는 진술들 이끌어내기', '명확하게 밝힌 의미 있는 주제들을 무리들로 묶기', '조사된 현상을 철저하게 기술하기', '각각의 응답자가 제시한 철저한 기술의 유효성 확인하기'의 일련의 단계이다.

van Kaam 또한 현상학적 분석 절차에 대해 논의하고 있는데 그것은 '기술적인 표현들의 목록을 만들고 범주들로 묶으며, 발생 빈도에 따라 범주들의 순위 매기기', '기술적인 표현들을 좀 더 정확한 용어들로 환원하기', '관련성이 없는 표현들이나 요인들 제거하기', '그 현상에 대한 가설적 파악 내용 공식화하기', '가설에 근거한 기술을 임의로 선택한 표본 사례들에 적용하고 이러한 검사에 비추어 가설에 근거한 기술을 수정하며 그 이후의 표본들에 대해 재검사하기', '기술 내용 확인하기'의 단계들이다.

위에서 드러나는 현상학적 분석 절차의 특징은 앞에서 언급한 근거이론이나 문화기술지의 분석 절차에 비해 구체적이지 않다는 점이다. 그것에는 특별한 이유가 있는데, 현상학적 질적연구는 자료를 쪼개고 범주화하기보다는 연구자의 지속적인 읽기와 반성 속에서 얻게 되는 직관적(intuition) 성찰을 중요시하기 때문이다(Moustakas, 1994; Wertz, 2011). 즉, 현상학적 분석의 핵심은 자료에 대한 읽기와 반성적 글쓰기를 지속하는 과정에서 연구자의 직관을 통해 주제를 획득하는 것이다. 이와 관련해서 Teddlie와 Tashakkori(2008)는 질적 분석의 주요한 전략을 범주화 전략(categorical strategies)과 맥락화/전체적 전략(contextualizing/holistic strategies)으로 구분하고 범주화 전략의 대표적 분석

방법으로 근거이론을, 맥락화/전체적 전략의 대표적 분석 방법으로 현상학적 분석을 제시하고 있다.

이러한 직관에 의한 주제 획득을 가능하게 하는 핵심적 과업은 '글쓰기'이다. van Manen(1990, 2011)은 특히 연구 과정 속에서 연구자의 글쓰기 작업을 강조하며 글쓰기가 연구의 핵심(heart)이라 언급한 바 있다. 이러한 논의들을 종합해보면 결국 현상학적 질적연구 분석의 핵심은 자료를 지속적으로 읽고 그것에 대해 연구자가 지속적으로 반성적 글쓰기를 하는 과정에서 직관적으로 주제를 획득하는 과정이라 하겠다. 그렇다면 여기서는 Wertz(2011)의 현상학적 분석 절차를 중심으로 논의해보도록 하자. Wertz(2011)의 분석 절차는 크게 '데이터를 반복적으로 읽으며 의미 단위 파악하기', '의미 단위에 따라 데이터를 분류 병합하기', '각 의미 단위에 대해 성찰하며 기술하기', '의미 단위에 대한 주제 기술하기', '주제들 사이에 구조적 관계 파악하기' 이다.

현상학적 분석은 데이터를 반복적으로 읽으며 그 속에 담겨있는 의미를 파악하는 것으로 시작된다. 앞에서 언급한 바와 같이 현상학적 분석의 과정은 읽기와 성찰의 반성이다. 따라서 현상학적 분석의 첫 번째 단계는 데이터를 반복적으로 읽으며 그 속에 들어있는 의미를 파악하는 것이다. Smith, Flowers, Larkin(2009)은 이러한 현상학적 분석의 첫 번째 단계로서의 읽기를 연구자가 자기 자신을 원 자료 속으로 몰입시키는 과정이라 논의한 바 있으며, 만약 자료가 인터뷰 자료의 전사본인 경우 녹음한 자료를 함께 들으며 읽는 것을 제안한 바 있다. 이 단계에서 연구자는 자료를 반복적으로 읽고 몰입하며 자료 안에 담긴 의미를 파악한다.

이후에는 텍스트를 의미 단위별로 묶어주는 과정이 이어진다. 이 단계와 관련하여 Wertz(2011)의 논의를 좀 더 살펴보면, 그는 단순히 텍스트를 의미 단위별로 잘라 붙이기보다는 각각의 텍스트의 의미가 자연스럽게 연결될 수 있도록 재기술하는 과정을 첨가할 것을 제안한 바 있는데, 그는 이러한 과정을 통해 텍스트에 대한 성찰이 좀 더 자연스럽게 일어날 수 있다고 하였다. 또한 그는 각각의 의미에 개념이나 의미를 나타내는 구나 절을 사용하기보다는, '의미 단위 1',

'의미 단위 2'와 같은 중립적인 언어를 사용하였는데, 이는 '개념'이나 '주제'가 먼저 주어지는 것이 아니라 그러한 의미 단위에 대한 성찰을 통해 그것들이 도출되어야 함을 보여주는 것이라 볼 수 있겠다. 예를 살펴보자. Wertz(2011)는 갑상선 암에 걸린 적이 있는 Teresa라는 여인의 인터뷰 자료와 자전적 글쓰기 자료를 반복적으로 읽고 이를 의미 단위별로 재기술하였는데, 그 중 그녀의 민족적, 종교적 배경을 담고 있는 기술들을 묶어 분류, 병합하여 다음과 같이 재기술하였다.

> 의미 단위 1. 우리 어머니는 천성적으로 걱정이 많은 사람이었어요. 어머니는 언제나 소심하고 겁이 많았어요. 내 생각에는 폭군 같은 우리 아버지가 어머니를 그렇게 항상 초초하게 만든 것 같아요. 내 기억에 어머니는 무엇이든 잘못되면 항상 고민했어요. 커피가 너무 뜨겁거나 너무 차가울 때도 그랬어요. 그런 바보 같은 것으로도 말이에요. 그래서 내가 보는 어머니는 항상 이렇게 위축되어 있는 사람이었어요. 어머니는 사실은 개인적으로 보면 굉장히 강한 사람이었어요. 그럼에도 불구하고 내 어린 시절 보아왔던 어머니의 모습은 아버지의 폭압적인 모습의 그늘아래서 떨고 있는 모습이었어요. 어머니는 자신의 그러한 태도를 인종적인 배경 탓으로 돌렸지요. 필리핀인이었거든요. 그리고 매우 엄격한 종교적인 분위기 속에서 자란 탓으로 돌리기도 했어요. 남편에 대한 아내의 의무로서의 가톨릭적인 이해 같은 것이지요. 착하고 순종적인 아내요. 그리고 그러한 아내의 의무는 남편이 먼저고 그 다음이 아이들이었어요. 어머니는 그러한 것들을 나에게 아주 많이 말했지요. 그래서 말할 것도 없이, 그런 것은 나의 아버지를 향한 적개심에 있어서 그렇게 좋은 것이 되지는 못했어요. 나의 신앙심 측면에서도 그랬지요. 여성의 위치라는 것이 아마도 내가 가톨릭 교회에 대해 가지고 있는 것 중 가장 큰 것일 거에요. (Werlz, 2011)

분석의 세 번째 단계는 각각의 의미 단위에 대한 성찰 글쓰기를 수행하는 것이다. 앞에서 언급한 바 있지만 van Manen(2011)은 현상학적 질적연구는 글쓰기를 통해 이루어진다고 강조하며 글쓰기를 현상학적 질적연구의 심장이라 논의한 바 있다. 그에 따르면, 우리는 우리가 알게 된 의미를 글쓰기를 통해 나타내는 것이 아니라 글쓰기를 통해 그 의미를 알게 된다. 이러한 그의 논의는 현상학적 질적연구에서의 글쓰기, 특히 성찰 글쓰기의 강조로 받아들일 수 있다. 성찰 글쓰기란 자료에 대한 기술적 분석이며, 연구자는 이러한 기술적 분석을 통해 텍스트에 담긴 의미를 도출한다. 따라서 연구자는 지속적으로 자료에 대한 분석적 글쓰기를 수행해야 할 것이다.

그렇다면 여기서는 이러한 성찰적 글쓰기의 다양한 예들을 살펴보는 것이 도움이 될 것이다. 우선 van Manen(2002)은 『The Tone of Teaching』에서 체험의 의미에 대해 다음과 같은 성찰적 글쓰기를 수행하였는데, 이 글쓰기에서 그는 '아이'가 가진 의미와 '교사', '부모'가 아이와 어떠한 관계를 맺어야 하는지에 대한 성찰을 기술하고 있다.

> 우리에게 아이는 우선이 아니지만, 아이에게 우리는 우선이다. 아이는 우리에게 하나의 선물이다. 가능성을 경험하게 하는 선물 말이다. 아이는 아이다. 왜냐하면 아이는 자라는 과정에 있기 때문이다. 따라서 아이는 인생을 가능성으로 경험한다. 부모나 교사가 아이를 가르친다는 것은 가능한 존재 방식을 의도적으로 보여주는 것이다. 이렇게 어른들이 아이를 가르칠 수 있는 것은 어른의 삶이란 끝이 없는 과정이라는 것을 알기 때문이다.'어떻게 살아야 하는가?'라는 질문은 인간이 영원히 풀지 못하는 숙제다. '이것이 내 인생인가?', '나는 잘 살고 있는가?' 우리 안의 이런 질문을 다시 끌어내는 가장 영향력 있는 사람은 바로 아이다. 우리가 해야 할 일은 아이에게 귀 기울이고, 아이에게서 배우는 것이다. 이런 면에서 아이는 우리의 스승이다.
>
> 우리는 아이에게 교사와 부모로서 우리 자신을 기꺼이 보여준다. 이것이 아이에게 사는 법을 이해시키는 가장 좋은 방법이다. 더 자세히 말하면, 우리는 아이가 처한 상황을 이해시키기 위해 최선을 다해야 한다. 아이는 복잡한 삶을 어떻게 경험하는가?
>
> 아이 곁에 있다는 것은 매우 개인적인 행위이며, 뭐라고 단정하기 힘든 행위다.

> 우진이와 그의 할아버지, 할머니의 경우를 보자, 우진이는 네 살이고, 할아버지, 할머니와 따로 산다. 당연히 할아버지, 할머니는 우진이를 보고 싶어 한다. 그래서 그들은 틈나는 대로. 그들의 차를 가지고 우진이의 집으로 가서 우진이를 그들의 차에 태워 어디로 가곤 한다. 이럴 때면 우진이는 매우 들떠 있다. 자동차 안의 여러 종류의 계기판이나 버튼들, 또는 바깥의 풍경은 우진이에게 새로운 호기심을 불러일으킨다. (van Manen, 2002)

또 다른 예를 살펴보자. Boger(2011)는 컴퓨터 프로그램으로 학생을 관찰하는 교사의 행위와 그것들이 어떻게 일어나는지에 대한 기술적 분석 글쓰기를 다음과 같이 보여주고 있다.

> 교사들은 희망을 가지고 학생들의 온라인 경험에 대한 통찰력을 얻기 위해 학생 추적 보고서를 검토하지만 곧, 교사가 할 수 있는 일에 대한 한계를 깨닫게 된다. 교사가 온라인 교실의 공간에서 만든 매 순간의 움직임을 추적할 순 있지만 학생이 주어진 내용을 읽는 데 방해를 받고 있는지 아닌지에 대해 알 방법은 없다. 학생들이 온라인에 언제, 얼마나 오래, 얼마나 자주 접속하는지를 확인하는 것은 이러한 측면에서 도움이 되지 않는다.
>
> 교사가 추적소프트웨어가 내장된 학습관리도구(LMS)를 사용하여 전자적으로 학생들을 감시할 때, 보이는 학생들의 경험은 1차원적인 것이다. 보거나 목소리를 들을 사람이 없다. 대신에 교사들은 학생들의 온라인 경험의 특정한 차원을 대표하리라 생각되는 숫자들에 의존할 뿐이다. 몇 가지 미리 정해진 변수로 학생들의 경험을 한정하는 것은 교사들이 보는 것을 제한한다. 이것으로 교사들이 그녀의 학생들이 그들이 접근한 댓글과 어떻게 소통하는지 아는 것은 불가능하다. 그리고 그녀는 그녀가 차지해서 읽고 있는 것의 깊이에 대해 궁금한 채로 있게 될 것이다. 그녀는 그것이 이해가능한지, 피상적 읽기인지 전혀 읽을 수 없는 것인지 말할 수 없을 것이다. 마우스 클릭 횟수를 세거나 온라인상에 접속하는 시간을 계산하는 알고리즘은 온라인상에서 어떤 일이 일어나고 있는지 전체적인 개요를 제공할 수 있

> 다. 하지만 그것은 학생들의 삶의 경험이나 일어난 상황에 대한 묘사에 대해서는 설명해줄 수 없다. 이와 같이, 학생들의 경험을 나타내는 숫자들은 독특함이나 학생들의 경험의 주관적인 복잡함은 설명할 수 없다는 것이다.
>
> 물론 교사가 학생을 관찰하는 것만으로 학생의 경험이 진짜 무엇인지에 대해 정확한 그림을 얻는 것은 결코 쉽지 않다. 학생들이 창밖을 내다볼 때, 교사는 정말 학생이 무엇을 하는지 확실하게 알 수 없다. 우리는 학생이 공상을 하거나 외부의 무언가를 보고 있다고 상상할 수 있지만 우리 모두가 생각하듯이 학생은 다음에 무엇을 쓸지, 머릿속으로 암산을 하고 있을 수 있다. 그래서 관찰자가 학생으로서 같은 물리적 공간을 공유할 때, 학생의 경험의 전체 의미와 중요성을 파악하기란 쉽지 않다. (Boger, 2011)

같은 연구에 나타난 또 다른 성찰 내용을 살펴보자. 다음의 성찰 글쓰기에서 Boger(2011)는 '지켜보기'와 '관찰하기'의 차이점에 대해 성찰하고 있다.

> 외부인들에게 학생들을 '지켜보는 것'과 '관찰하는 것'은 매우 비슷할 수 있다. 하지만, 각각의 산 경험은 매우 다르다. 가장 확연하게 다른 점은 '지켜보는 것'과 '관찰하는 것'은 관찰자의 의도에 달려있다는 것이다. 교사나 부모가 아이들을 '지켜보는 것'은 해로운 것으로부터 아이들을 지키기 위함이다. 그렇지 않으면 교사가 학생들이 시험시간에 커닝을 하지 않는지 확인하기 위해 '지켜보는 것'일 수 있다. 이러한 각각의 사례에서 학생들을 '지켜보는' 행동은 책임감을 동반한다. 이러한 방법으로, '지켜보기' 그룹의 학생들은 독특한 형태의 교육적 관찰이다. 반면에, 단지 '관찰하기'는 같은 종류의 책임감을 내포하고 있지 않다. 따라서 학생들을 멀리서 '관찰하기'는 학생들을 '지켜보기'가 가지는 책임감과는 매우 다르다. 종종 교사는 학생들이 작업을 계속하도록 할 목적으로 학생들을 지켜보기도 한다. 교사의 의도에 따라, 이것은 특별한 종류의 학생의 마음속에 대한 최고의 관심을 내포한 교육적 관찰로 보일 수 있다. (Boger, 2011)

다음의 글쓰기는 언어에 대한 성찰이다. Li(2002)는 '토의하다(discuss)'와 '대화하다(converse)'의 어원에서 드러나는 차이점에 대해 성찰함으로써 겉으로 보기에 유사해 보이는 이 두 개념이 사실은 상당히 다른 것임에 대해 성찰하고 있다.

> '토의하다(discuss)'는 타동사이고 '대화하다(converse)'는 자동사이다. 우리는 '주제에 대해 토론하기(discussing an issue)'라고 말하지 '주제에 대해 대화하기(converse an issue)'라고 말하지 않는다. … (중략) … 라틴어 'discutere'는 '거칠게 흔들다, 분쇄하다, 박살내다, 흩어버리다, 흩트리다'를 의미한다. 우리는 이러한 때림, 타격함, 질타함과 같은 거친 의미를 '충격을 주다(concussion)'나 '타악기(percussion)' 같은 단어에서 확인할 수 있다. 두 주체가 하나의 토픽이나 대상에 대해 토론을 할 때 그 대상은 요동치고, 충돌하고 공격당한다. 그리고 때때로 그들이 논쟁하고 열성적으로 반대할 그 주체 자신이 그 대상과 같은 방식으로 취급되기도 한다. 사실상 이러한 이유 때문에 우리가 '격렬한 논쟁'이라고 부를지도 모른다. 유사하게 '토론하기'라는 말 역시 어원적으로 '싸움, 전투'와 '치다, 때리다' 같은 의미를 암시한다. '토의'와 '토론' 둘 다 강요, 갈등, 대립 그리고 대결이라는 의미를 내포하고 있다.
>
> 하지만 '대화(conversation)'는 이런 강제적인 행동이라는 어원적 의미를 가지고 있지 않다. 대화(conversation)는 '누구와 관계 맺다'와 '돌아보다, 머물다, 살다'의 의미를 가진 라틴어 'conversari'에서 그 어원을 찾을 수 있다. '대화(conversation)'라는 단어는 함께함, 접촉함과 관련된 감각을 불러일으키는 것처럼 보인다. 접두사 'con'은 그것과 관련된 '집중하다(con-verge)'(한 곳을 향하게 하다), '접촉하다(contact)'(매우 가깝게 붙어 있다), 그리고 '소집하다(con-vence)'(모이다)와 같은 단어들처럼 가까이 모여 있는 감각을 연상시킨다. 이러한 함께함의 의미가 대화(conversation)의 어원적인 의미의 바탕인 것처럼 보인다. 좋은 대화는 대화가 공유된 세상 속에서 함께하는 삶의 감각이나 공감을 창조한다는 측면에서 토론과 다르다. (Li, 2002)

이와 같이 반복적인 읽기와 글쓰기가 지속되는 과정에서 연구자는 자료 속에 내재되어 있는 현상학적 주제들을 직관을 통해 파악할 수 있게 된다. 즉, 성찰의 과정 속에서 직관적으로 주제를 도출하는 것이 글쓰기에 자연스럽게 따라온다. 그렇다면 일련의 예를 통해 그 과정을 살펴보도록 하자.

정상원(2014)은 학교생활기록부 작성과정에 대한 교사의 체험에 대해 현상학적 연구를 수행한 바 있는데 이 과정에서 다음의 내용에 대해 성찰 글쓰기를 수행하였다.

> 과연 내가 그 아이를 제대로 본 게 맞을까 하는 그런 것에 대한 부담감이나 책임감 같은 게 큰 거 같아요. 다른 사람이 걔를 봤을 때는 또 다르게 볼 수도 있을 텐데. 내가 내 주관으로 내가 어떠한 편견을 가지고 사람들을 보는 그런 게 있잖아요. 자기가 좋아하는 학생들의 취향이나 나는 이런 유형의 학생들을 좋아하고 이런 유형의 학생들은 나와 잘 안 맞아. 그런 게. 어떻게 보면 교사의 개인적인 성향인데 그런 것 때문에 그 아이를 잘못 판단할 수도 있을 거라는. 약간 그런 확신이 잘 안 선다라고 해야 하나. 그런 게 좀 있는 거 같아요. 좀 조심스러운 것 같아요. (교사 인터뷰 중 일부)

이 자료에 대해 그는 다음과 같은 성찰 글쓰기를 수행하였다.

> 모든 사람은 자신의 관점에서 타인을 평가한다. 교사도 학생을 평가할 때 교사 자신의 관점에서 평가한다. 하지만 이때 교사의 관점이라는 것이 보편적이지 않을 수도 있다. 다른 대부분의 교사가 보았을 때 별 문제 되지 않는 행동이 유독 그 교사에게만 문제행동으로 비칠 수가 있다. 예를 들어 학생이 수업시간에 수업과 관련 없는 질문을 했을 경우, 교사에 따라서 그런 행동이 수업을 방해하는 행위로 보일 수도 있고 활발하게 수업에 참여하는 모습으로 보일 수도 있다. 교사가 자신의 관점에서 평가를 하다 보면 보편성이 떨어지는 편향된 평가를 할 수도 있을 것이다. 그리고 교사 입장에서 보면 그것은 잘못된 평가라고 부를 수 있다. (성찰 글쓰기 중 일부)

앞의 성찰을 통해 연구자는 '교사는 자신의 평가가 틀릴 수 있다는 불안감을 가진다.'라는 주제를 도출하였다.

이렇게 성찰 글쓰기를 통해 주제들이 도출되면 그 다음 단계로는 도출된 주제들을 서로 묶어주는 과정이 필요하다. Creswell(2007)은 현상학적 질적연구의 목적을 경험에 대한 본질적 요소들의 구조를 밝히는 것이라 논의한 바 있는데, 이는 현상학적 분석의 목적은 도출된 주제들을 단순 나열하는 것이 아니라 이를 묶어 하나의 전체적인 구조로서 체험을 구성해야 한다는 것을 의미하는 것이라 하겠다. 이때 주제들을 연결하기 위해서 주제들 사이의 관계를 파악하고 이를 기반으로 하여 주제를 묶어야 하며, 이를 통해 전체적인 체험의 구조를 밝혀야 한다. 정상원(2014)의 예를 다시 살펴보자. 앞서 살펴보았던 읽기와 성찰의 글쓰기 과정에서 그는 다음의 주제들을 도출하였다(표 3.12).

표 3.12_ 교사의 학교생활기록부 작성 체험 속의 주제들(정상원, 2014)

1. 교사는 학교생활기록부에 각자의 의미를 부여한다.
2. 교사는 자신의 평가를 그대로 기록하는 것이 부담스럽다.
3. 교사는 부담감에서 벗어나기 위한 전략을 사용한다.
4. 학교생활기록부에 표기하지 않은 기록들이 존재한다.
5. 학교생활기록부 기록에 대하여 여러 가지 경험이 교차한다.

그는 위의 주제들을 시간적 전후관계, 원인 결과의 연쇄관계를 기반으로 관계지었으며 이를 구조화하였다. 이를 통해 학생 평가와 평가 기록에 대한 교사들의 경험을 다음 그림과 같이 구조화하였다(그림 3.5).

(4) 기타 분석 절차

위와 같은 각 방법론의 입장에서 살펴본 질적 분석 절차 외에 분석 절차에 대한 이론화를 논의한 학자들이 있는데, 여기서는 이러한 학자들의 분석 절차를 살펴보도록 하자. Saldaña(2013)는 질적자료 분석 절차를 크게 '1차 주기 코딩(first cycle coding)'과 '2차 주기 코딩(second cycle coding)'으로 제시하고 있

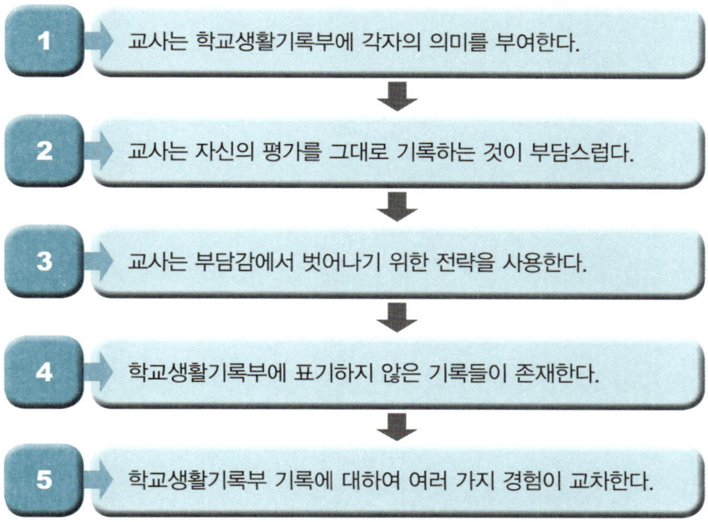

그림 3.5_ 주제 사이의 관계에 대한 도식화

다. 이때 '1차 주기 코딩'이란 자료를 쪼개어 '코드'를 부여하는 과정으로 이해될 수 있으며, '2차 주기 코딩'이란 코드들을 결합하여 범주를 형성하거나 범주들을 서로 연결하여 의미의 구조를 형성하는 과정으로 이해될 수 있다.

이동성, 김영천(2014)은 다양한 질적 분석 절차에 대한 논의를 통해 실용적 절충주의적 관점에서 질적 분석 절차의 이론화를 시도한 바 있다. 이들은 이러한 시도의 결과로 '포괄적 분석 절차'를 제시하고 있는데, 그것은 1단계, '반복적인 자료 읽기/질적자료 정리(관리하기)', 2단계, '분석적 메모 쓰기', 3단계, '1차 코딩', 4단계, '2차 코딩', 5단계, '3차 코딩', 6단계, '연구 결과의 재현'으로 이어지는 일련의 단계들이다.

위의 절차를 좀 더 살펴보도록 하자. 우선 1단계로 자료에 대한 반복적 읽기가 이루어진다. 2단계 '분석적 메모 쓰기'는 절차상에 2단계로 위치하고 있으나 결과적으로 분석이 이루어지는 동안 계속되어야 한다. '분석적 메모'는 자료에 대한 연구자의 반성과 보고로서, 다시 말해 자료에 대한 연구자의 기술적 분석 글쓰기라고 할 수 있다(Saldaña, 2013). 연구자는 코딩이 진행되는 동안 자료에 대한 연구자 자신의 기술적, 해석적 글쓰기를 통해 분석을 진행해야 한다. 이에 대한 자세한 논의는 뒤에서 좀 더 다루도록 하자.

3단계인 '1차 코딩'은 코딩을 통해 코드와 초기 범주를 생성하는 단계로, 앞서 살펴본 근거이론의 '초기 코딩', '개방 코딩'과 유사한 단계라 할 수 있다. 4단계인 '2차 코딩'은 추가적 코딩을 통해 새로운 코드와 범주의 관계를 파악하는 단계, 즉 범주와 범주 사이의 관계를 살피고 이를 연결해주는 단계라 할 수 있다. 5단계인 '3차 코딩'에서는 이전의 단계들을 통해 연구자가 범주들을 통합하고 이와 관련된 문화적 주제를 발견하는 단계가 된다. 6단계는 '연구 결과의 재현'으로 연구 결과를 재현할 수 있는 시각적 모형, 이론, 명제, 표, 그림, 내러티브를 통해 결과를 제시하는 것이다. 이 단계는 이전에 살펴본 여러 분석 절차와 비교되는 부분이라 할 수 있는데 이는 분석과 글쓰기가 분절되지 않고 동시에 진행되는 질적연구의 방법적 특성을 잘 반영하고 있는 부분이라 할 수 있다.

2) 질적자료 분석의 보편적 절차 도출

앞에서 우리는 다양한 연구 전통들이 제시하고 있는 질적자료 분석 절차와 방법, 그리고 이를 좀 더 포괄적으로 제시하고자 한 몇몇 학자들의 논의를 살펴보았다. 그렇다면 여기서는 이러한 논의들을 비교하며 이러한 논의들 속에 내재되어 있는 보편적 절차들을 추출하여 질적자료 분석의 보편적 절차를 살펴보도록 하겠다.

(1) 질적자료 분석의 보편적 절차

우리는 앞서 논의한 질적연구 전통들과 학자들의 분석에 대한 논의를 살피며 그 속에서 내재되어 있는 보편적인 단계를 확인할 수 있었다. 그것들을 구분하자면 크게 자료로부터 개념을 찾고 이에 코드를 부여하는 단계, 코드들을 비교하며 범주를 형성하는 단계, 범주들을 서로 연결하여 전체적인 주제 구조를 형성하는 단계, 그리고 최종적으로 주제를 형성하는 단계로 개념화할 수 있을 것이다. 그렇다면 여기서는 이 단계들을 각각 '개념화', '범주화', '구조화', '주제화'로 명명하고 일련의 단계로 이어지는 질적자료 분석의 보편적 절차를 논의하고자 한다. 이를 우선 그림으로 나타내면 다음과 같다(그림 3.6).

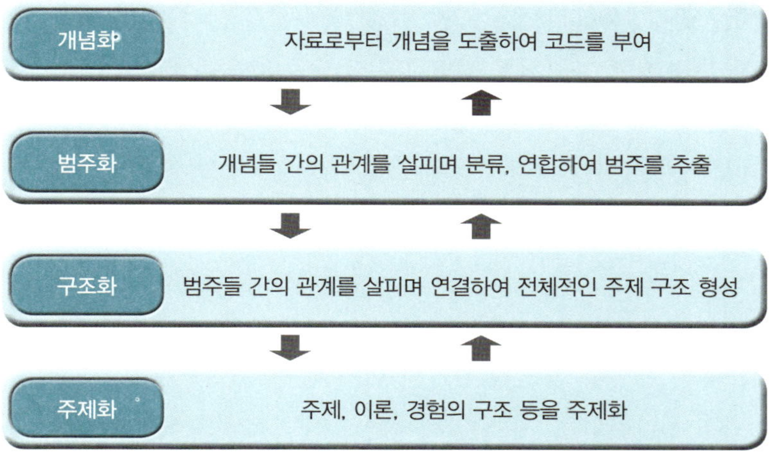

그림 3.6_ 질적자료 분석의 보편적 절차

이와 관련해 Saldaña(2009)는 이러한 단계들을 통합하는 일련의 도형을 제시한 바 있는데, 이것에 위의 보편적 절차의 관점을 더하여 변형, 확장하면 다음과 같이 도식화할 수 있다(그림 3.7).

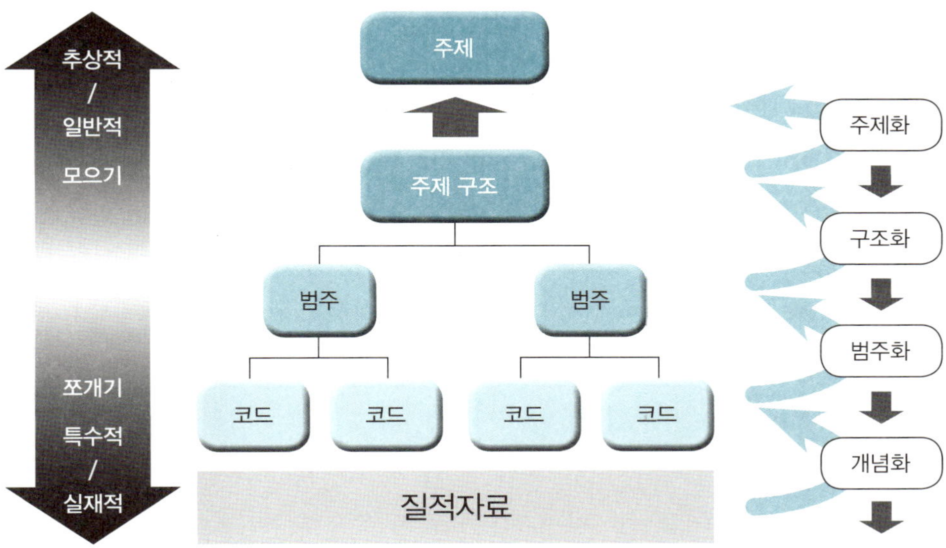

그림 3.7_ 질적자료 분석의 도식화(Saldaña, 2009의 확장)

이 그림을 이해할 때 주의해야 할 점은, 분석의 과정을 일방향적인 단계로 보지 않아야 한다는 점이다. 질적자료의 분석은 그림에 나타난 각 단계를 오가며 이루어진다고 보는 것이 타당하다.

그럼 이와 관련하여 먼저 분석적 메모에 대해 살펴보고 위 절차의 각 단계에서 연구자가 수행해야 할 과업에 대해 논의해 보도록 하자.

(2) 분석적 메모 작성

절차에 대한 논의에 들어가기 전에 연구 동안 지속되어야 할 분석적 메모에 대해 살펴보도록 하자. 분석적 메모는 질적 분석에 있어서 핵심적인 과업 중의 하나로, 연구의 시작부터 끝까지 이어지는 연구자의 분석적 글쓰기라고 할 수 있다. 이러한 분석적 메모는 학자들의 논의에 따라 다양한 이름으로 불리는데 근거이론에서의 '메모(memo)', 현상학적 질적연구에서의 '성찰 글쓰기(reflection)'로 언급되는 것이 이러한 분석적 메모의 일종이라고 할 수 있다(Strauss & Corbin, 1998; Wertz, 2011). Strauss와 Corbin(1990)은 '메모'는 '이론의 형성과 관계있는 분석의 기록'이라 논의하였고, Charmaz(2006)는 이러한 '메모'를 통해 '범주를 설명하고, 채워 나가기 위한 분석 노트'를 만들게 된다고 하였다. Saldaña(2009)는 이러한 '분석적 메모'를 작성하는 목적으로 코딩 과정과 코드 선택에 대한 반성, 탐구 과정이 어떻게 형성되고 있는지에 대한 반성, 패턴, 범주, 하위 범주, 주제 개념에 대한 반성이라 논의한 바 있다. 이러한 논의를 종합해보면 결국 분석적 메모란 연구자가 자료에 대한 분석 과정에서 작성하는 연구자의 기술적 분석의 결과물이라 할 수 있으며 연구자는 이러한 분석적 메모를 작성하는 과정을 통해 자신이 찾고자 하는 의미에 다가간다.

이러한 분석적 메모가 구체적으로 어떻게 이루어져야 하는지, 무엇에 대해 성찰해야 하는지가 정해진 것은 아니다. 하지만 분석적 메모의 개념을 좀 더 구체적으로 살펴보기 위해 몇몇 학자가 제시하는 분석적 메모의 유형에 대해 살펴보는 것도 의미 있을 것이다. Saldaña(2009)는 성찰적 글쓰기의 유형으로 '연구참여자의 현상을 연구자 개인의 경험과 연결하는 글쓰기', '연구 질문에 대한 회고의 글쓰기', '코드 선택과 조작적 정의에 대한 글쓰기', '떠오르는 유형, 범주, 주제, 개념에 대한 글쓰기', '부호, 유형, 범주, 주제, 개념 간에 가능한 네트워크에 대한 글쓰기', '새로 떠오르거나 이전에 존재한 이론에 대한 글쓰기', '연구 중에 발생한 문제나 딜레마에 대한 글쓰기', '연구와 관련된 개인적 윤리적 문제에 대한 글쓰기', '향후 연구 방향에 대한 글쓰기', '최종 보고서에 관한 글쓰기' 등을 제시한 바 있으며, Smith, Flowers, Larkin(2009)은 '기술적(descriptive)' 성찰 글쓰기, '언어적(linguistic)' 성찰 글쓰기, '개념적(conceptual)' 성찰 글쓰기, '해체적(deconstruction)' 성찰 글쓰기를 제안한 바 있다.

그렇다면 이러한 논의를 유념하며 실제로 성찰적 글쓰기의 예들을 살펴보도록 하자. 다음은 만성질환자의 삶에 대한 연구에 대한 Charmaz(2009)의 분석적 메모이다.

코드: 하루를 마지막처럼 살아가기

메모 내용: 하루를 마지막처럼 살아가기는 만성 질환자와 다른 누군가가 질병에 대처할 때, 미래에 대한 계획, 심지어 일상적 활동도 중단한 채, 매일 매일의 기준에서 질병에 대처해 나간다는 것을 의미한다. 하루를 마지막처럼 살아갈 때 사람들은 자신의 미래가 흔들리고 있고 미래를 예측할 수 없으며, 미래가 있기는 할까라는 감정을 느낀다. 하루를 마지막처럼 살아간다는 것은 두려움이나 미래에 대한 암시 때문에 완전하게 꼼짝 못한 채로 있지 않으며, 질병, 치료, 치료 계획에 초점을 두게 끔 한다. 사람들은 현재에 집중함으로써 죽음에 대한 생각이나 죽을 가능성에 대한 생각을 피하거나 최소화할 수 있다.

위의 분석적 메모에서 연구자는 만성 질환자들의 삶 속에서 질병은 현실의 불확실성을 극대화하는 조건이며, 이러한 미래에 대한 불확실성은 환자들이 오히려 현재에 초점을 맞추게 하는 상황을 가져오게 됨을 분석하고 있다.

예를 좀 더 살펴보자. 다음은 유소년 엘리트 축구선수의 부모들의 경험에 대한 분석적 기술이다. 이 기술에서 연구자는 선수들의 부모들이 겪게 되는 코치와의 상호관계에 대한 기술적 분석을 보여준다.

> 부모들은 코치들의 요구에 응하는 것에 대한 부담감을 경험하는데 그러한 요구들은 학교 휴일 중 보충 훈련에 참석하는 것과 같은 것이다. 비록 그러한 것이 선택적이기는 하지만 부모들은 그러한 훈련에 불참하는 것에 대해 코치들이 부정적으로 받아들일 수도 있다고 느낀다. 때때로, 부모들은 선수들이 성장과 관련된 코치들의 요구에 순종하여 자신의 아들이 팀 내에서 위치가 위태로워지는 것을 피한다. (Clarke & Harwood, 2014)

정상원(2014)은 학교생활기록부 작성과정에서 교사가 '정확한'을 어떻게 정의하느냐에 따라 생활기록부 작성의 초점이 달라질 수 있음을 분석하고 있다.

> 전자는 '정확한'의 기준이 그 아이의 실제 모습을 보편적으로 보여줄 수 있느냐 없느냐로 판단되는 반면, 후자의 경우 '정확한'의 기준이 아이가 작성한 답안의 수준을 '정확하게' 표현하였는가로 한정된다.
>
> 이처럼 교사들은 '정확한' 학교생활기록부 기재 내용 및 '정확한' 평가를 추구하지만 정확한의 기준에 대해서는 서로 다른 정의를 따르고 있는 모습을 보인다. 그리고 상대적으로 '보편성'이라는 부분에 중점을 두고 있는 교사들은 필연적으로 학생의 부정적인 부분에 대해서도 기술해주는 것이 '정확한' 평가 결과의 기술이라 생각하는데 그러한 '정확한' 평가 결과를 기술하는 것은 교사에게 무척 부담스러운 일이다. (정상원, 2014)

(3) 개념화

개념화는 연구자가 자료 속에 내재되어 있는 개념을 찾고 이것에 코드를 부여하는 단계이다. 이 단계에서 연구자는 자료를 반복적으로 읽으며 그 자료 속에 있는 개념을 탐색한다. 이때 자료 안에는 여러 가지 개념이 혼재되어 있으며 하나의 문장에도 많은 개념이 내재되어 있을 수 있다는 점을 유의해야 한다. 연구자는 그러한 개념들 중 자신의 찾고자 하는, 자신의 탐구 대상과 밀접한 관련이 있는 개념을 찾아야 한다. Chamarz(2011)는 자료의 분석은 자료와 연구자 간의 상호작용이라 논의한 바 있는데, 이는 어떤 연구자가, 어떤 연구 문제를 가지고 자료를 분석하느냐에 따라 추출할 수 있는 개념, 범주, 구조 등이 달라질 수 있음을 의미한다고 할 수 있다. 예를 들어 자료 속에서 '아버지는 종종 만취한 채로 집에 들어오셨고 그럴 때마다 어머니와 크게 다투셨어요.'라는 내용이 포함되어 있다고 생각해보자. 그렇다면 연구자는 그 하나의 문장에서도 다양한 개념들을 추출할 수 있다. '아버지의 음주습관', '부부 갈등', '집안의 폭력적 분위기', '아이가 느끼는 불안감' 등이 그것일 것이다. 그렇다면 이 중 연구자가 탐구하고자 하는 연구 주제와 관련성이 깊은 개념을 찾아 그것에 코드를 부여하는 것이 필요하다. 만약 연구자의 연구 주제가 '부부 갈등'과 관련이 깊다면 그것을 선택하면 되는 것이고, '가정불화로 인한 아이의 정서적 경험'과 관련되는

표 3.13_ 인터뷰 내용과 코드 목록

인터뷰 자료	코드
사실 바른생활이나 도덕, 이런 부분에 대해서는 수행평가라는 것이 태도나 그런 것들에 대한 평가를 많이 하다 보니까 그 평가지 한 장으로 판단하기에는 무리가 있어요.	태도에 대한 평가의 어려움
그 평가지만 잘하는 애가 있는가 하면 실제 행동을 잘 하면서도 자기한테 너무 엄격한 기준을 적용해서 자기평가를 하는 애들도 있더라구요. 그럴 때는 제가 좀 그걸 감안해서 평가를 하기도 해요.	개인적 기준에 따른 결과의 다름
'내가 이걸 실천하나요?' 하면 평가라고 생각하고 자기는 그걸 실천하지 않으면서 잘하고 있다고. 물론 거짓말을 하려고 그런 거는 아니지만 자기 스스로 잘하고 있다고 평가를 하는 애들도 있고.	자기 평가의 낮은 기준
또 전체적으로 볼 때 내가 무리 없이 하는데도 내가 열심히 안한 거 같아서 자기가 그걸 실천하지 않는다고 하는 애들도 있더라고요.	자기 평가의 높은 기준
그러다보면 뭘 잘해보겠다는 애들은 오히려 점수가 행동은 못 따라 주는데 잘 하겠다는 의욕으로 평가하는애들은 높게 나오고. 또 괜찮게 하는데도 자기 나름의 기준에 못 미쳐서 자기 평가 점수가 낮은 애들은 제가 관찰을 통해서. 너무 자기 스스로 기준을 높게 잡은 애들은 제가 점수를 좀 더 준다던가.	교사의 관찰로 결과 보정

것이라면 '가정불화'나 '아이가 느끼는 불안감' 등의 개념을 선택해야 할 것이다.

그렇다면 예를 통해 이러한 '개념화' 단계가 어떻게 이루어지는지 살펴보자. 다음은 학교생활기록부 작성에 대한 교사의 인터뷰와 그것에 대한 코드 목록이다(표 3.13).

이와 같이 개념과 그에 따른 코드를 추출하면 그 다음 과정으로 범주화가 따라온다.

(4) 범주화

범주화 단계에서는 개념화 단계에서 도출한 코드를 중심으로 범주를 도출한다. 범주는 코드들 혹은 하위 범주들로 이루어진다. Strauss와 Glaser(1999)는 이러한 범주에 대해 이론을 구성하는 개념적 요소로 논의한 바 있는데, 이는 이론을 구성하는 데 범주가 그 개념적인 기본이 된다는 점을 드러낸 것이라 볼 수 있다. 따라서 범주를 형성하는 단계에서 이론을 구성할 수 있는 뼈대가 준비된다고 볼 수 있다. Charmaz(2009)는 이러한 범주를 구성하는 데 몇 가지 조언을 하고 있는데, 그것은 첫째, 자료에 일어나고 있는 바를 가장 잘 대표하는 코드가 무엇인지 평가할 것, 둘째, 범주를 최대한 개념이 잘 드러나게 만들 것 등이다. 그렇다면 앞의 예를 통해 이러한 과정을 살펴보자. 앞에서의 개념화된 코드들을 통해 다음과 같은 범주를 발견할 수 있을 것이다(표 3.14).

표 3.14_ 코드들을 통한 범주화

범주	코드
평가의 어려움	태도 평가의 어려움
평가가 어려운 원인	개인적 기준에 따른 결과의 다름, 자기 평가의 낮은 기준, 자기 평가의 높은 기준
교사의 처리 전략	교사의 관찰 결과로 보정

이 범주들은 분석 자료가 적어서 매우 간단하게 나타났지만 자료가 늘어나고 분석이 진행됨에 따라 코드와 범주의 수는 늘어나게 될 것이다.

이렇게 범주가 도출되면 이러한 범주들의 관계를 고려하며 범주를 연결하는 작업이 뒤따른다.

(5) 구조화

범주가 형성되면 범주 간의 관계를 살피며 이를 연결하여 구조화해주는 작업이 뒤따른다. 앞서 살펴보았던 근거이론의 '축 코딩'과 문화기술지의 '분류 분석'이 대표적인 형태라 할 수 있는데(Spradley, 1980; Strauss & Corbin, 1998), 이때 중요한 것은 이전의 분석을 지속하는 동안 연구자가 도출한 범주 간의 관계에 주의하며 구조화 과정이 이루어져야 한다는 것이다.

이 구조화는 앞으로 연구자가 작성하게 될 연구 결과물의 뼈대를 이룬다는 점에서 논문 결과물의 구조를 결정짓는 중요한 과정이라 할 수 있다. 구조화 단계에서는 Strauss와 Corbin(1998)의 패러다임 모델이나 Glaser(1978)의 '코딩 집

표 3.15_ 범주들과 범주들의 주제 구조

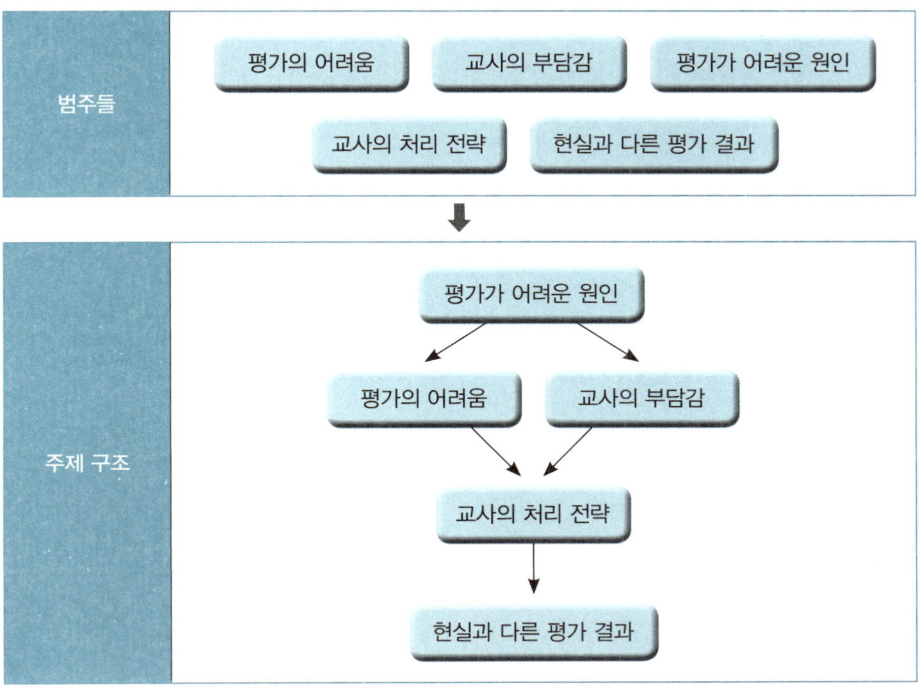

단'을 염두에 두고 분석을 진행하는 것도 유용할 것이다. 예를 통해 살펴보자. 위에서 살펴본 개념화, 범주화 단계를 지속적으로 오가며 개념과 범주들이 더 생성되면, 그 범주들은 다음과 같이 구조화될 수 있을 것이다(표 3.15).

(6) 주제화

이와 같은 과정을 통해 연구자들은 자료 속에 내재되어 있는 하나의 결과, 패턴, 이론으로서의 문화적 주제를 도출할 수 있게 된다. 그리고 그것은 자료를 통해 밝혀낸 여러 의미들을 포괄하는 하나의 큰 주제가 된다. 앞의 예의 경우는 '교사는 평가의 어려움과 부담감을 해결하기 위한 전략을 사용하고, 이 전략의 결과로 현실과 다른 평가 결과를 남기게 된다.'로 주제화할 수 있을 것이다.

3. 코딩 전략

앞의 논의를 통해 우리는 질적자료 분석을 위한 보편적 절차에 대해 논의해보았다. 하지만 이러한 절차를 알고 있더라도 그 구체적 과업을 수행하는 것이 그리 쉽지 않을 것이다. 따라서 여기서는 각 단계를 수행하는 데 참고가 될 만한 몇 가지 코딩 전략을 소개하고자 한다. Saldaña(2009)는 질적연구자들을 위한 몇 가지 코딩 전략을 논의한 바 있는데, 여기서는 그 중 몇 가지를 소개하고 그것을 어떻게 적용할 수 있는지를 살펴보겠다. 하지만 이러한 전략이 질적연구자가 지켜야 할 규칙이나 원칙 같은 것은 아니며, 어디까지나 참고할 만한 것이라는 점, 또한 이를 그대로 따르기보다는 연구자의 연구 주제에 알맞게 응용해야 한다는 점을 분명히 하며 소개를 시작하고자 한다 .

1) 개념화 코딩 전략

개념화 단계는 자료로부터 개념을 추출하고 그것에 코드를 부여하는 단계이다. 이때 그 초점이 무엇인지에 따라 다양한 코딩 전략이 사용될 수 있다.

(1) 규모적 코딩(magnitude coding)

규모적 코딩은 강도, 빈도, 방향 유무 또는 평가한 내용을 표시하기 위한 코딩 전략이다(Tashakkori & Teddlie, 1998; Saldaña, 2009에서 재인용). 이 코딩 전략은 자료 속의 개념과 속성, 그리고 그 속성의 양적인 측면을 살펴야 할 때 유용한 코딩 전략이라 할 수 있다. 또한 이러한 규모적 코딩은 문화기술지 분석의 속성 분석과 병행하여 사용될 수도 있을 것이다. 예를 통해 살펴보도록 하자(표 3.16).

표 3.16_ 규모적 코딩의 예

자료	코드
교실에는 13명의 학생들이 제 자리에 앉아서 공부를 하고 있었다.	교실 밀집도 1
대부분의 학생들은 별 다른 모습을 보이지 않고 공부에 몰두하고 있었다.	학생 성실도 3
그런데 그 중 A학생은 공책 한 구석에 낙서를 하고 있었다. 주변에 여러 가지 잡동사니 등이 어질러져 있었다.	A학생 성실도 1
교실은 조용하고, 청결했으나 구석구석에 약간의 먼지가 쌓여 있는 것을 발견할 수 있었다.	교실 정숙도 3 교실 청결도 2

(2) 동시적 코딩(simultaneous coding)

동시적 코딩은 하나의 자료에 둘 이상의 코드를 부여하는 코딩 전략이다(Saldaña, 2009). 당연한 말이겠지만 자료 속에는 다양한 개념이 혼재되어 있다. 따라서 하나의 자료에 여러 개의 코드를 부여해야 할 필요가 있을 경우가 생길 수 있다. 이때 하나의 자료에 하나의 코드를 고집하기보다 필요한 만큼의 코드를 부여하면 자료의 다양성을 보존하는 코딩이 가능할 것이다.

표 3.17_ 동시적 코딩의 예

자료	코드
아버지가 술을 드시고 늦게 들어오는 날은 우리 가족이 모두 긴장을 해야 했다. 술에 취한 아버지는 어김없이 어머니에게 불만을 터뜨리며 집안의 가재도구를 던지기 시작했고,	(1) 가정 불화 (2) 아버지의 음주
어머니는 그런 아버지에게 돈도 못 벌어다 주면서 이게 뭐하는 짓이냐며 대들었고 그럴 때면 어김없이 아버지의 손찌검이 이어졌다.	(1) 폭력적인 아버지 (2) 가정 폭력
동생과 나는 방에 숨어서 그 소리를 들으며 숨죽이고 빨리 이 순간이 지나가기를 바라며 밤을 지새웠다.	어린 시절의 공포

또한 이렇게 형성된 동시적 코드들은 일단 형성된 이상 서로 다른 범주에 들어갈 수도 있고 다르게 취급될 수도 있다.

(3) 구조적 코딩(structural coding)

구조적 코딩은 탐구 주제를 드러내는 어절을 통해 코드를 부여하는 것이다(MacQueen, 2008; Saldaña, 2009에서 재인용). 이러한 구조적 코딩은 연구자가 자료를 분석할 때, 연구 주제에 초점이 맞추어진 분석을 용이하게 하는 데 도움이 된다. 코드 자체도 연구 주제를 중심으로 하여 형성되기 때문에 연구 주제를 중심으로 한 자료의 분류 병합도 용이할 것이다. 예를 통해 살펴보자. 한 연구자가 '부진아 지도의 어려움'이라는 연구 주제로 연구할 때, 다음과 같은 자료에 대해 구조적 코딩을 진행한다면 다음과 같은 결과를 얻을 수 있을 것이다(표 3.18).

표 3.18_ 구조적 코딩의 예

자료	코드
연구자: 부진아 지도를 할 때 어떤 어려움이 있나요?	
참여자: 일단 애들 관리하는 게 제일 힘들지요. 남으라면 도망가는 애들도 있고, 시켜 놓으면 안 하고 딴짓하다가 야단을 쳐도 안 하고 있고, 하기 싫다고 반항하는 애들도 있고.	부진아 지도의 어려움
성과도 별로 없다는 생각도 많이 해요. 아이들이 학업 결손이 너무 심해서 수업 마치고 잠깐 남아서 공부한다고 해결되지도 않고. 초등학교 4학년에게 2, 3학년 과정을 다시 공부시켜야 하는 경우도 많거든요.	부진아 지도 실패의 원인

이 예처럼 '부진아 지도'라는 연구 주제와 관련된 구나 절을 통해 코드를 부여함으로써 연구자는 연구 주제를 중심으로 형성된 코드들을 획득할 수 있을 것이다. 그리고 그러한 코드들은 다른 코드들에 비해 상대적으로 연구 주제 중심의 분석을 용이하게 한다.

(4) 기술적 코딩(descriptive coding)

기술적 코딩은 자료의 주제를 하나의 단어나 구로 축약해서 코드를 부여하는 것이다(Saldaña, 2009). 예를 들어 자료에 다양한 고통과 고통의 원인과 같은 내용들이 포함되어 있다면 그것에 '고통'이라는 단어로 코드를 부여하는 것이다. 예를 통해 살펴보면 아래와 같다(표 3.19).

표 3.19_ 기술적 코딩의 예

자료	코드
연구자: 학생들을 지도할 때 어떤 어려움을 겪나요?	
참여자: 아이들의 기본적 태도가 문제가 있을 때 제일 힘들어요. 폭력성이 다소 있어서 다른 친구들과 다툼이 많은 아이들이나	폭력성
너무 의욕이 없어서 모든 일에 무기력한 아이들,	무기력함
특히 그런 애들은 폭력성 있는 애들보다 더 힘든 게 제가 어떤 피드백을 줘도 반항조차 안 하니까 오히려 더 지쳐 버리는 거지요.	무기력함
무기력한 애들 같은 경우는 아예 교실에서 존재감이 없어서 제가 특별히 신경 써서 보지 않으면 있는지 눈치도 못 챌 정도예요.	무기력함

이러한 기술적 코딩을 사용하면 상대적으로 동일성이 높은 코드를 획득할 수 있기에 자료의 병합에 있어서 다소 유리한 부분이 있다. 즉, 코드가 단순할수록 코드의 통일성이 높아지고, 복잡할수록 다양성이 높아진다. 따라서 단순성이 높아지면 동일한 코드들을 많이 도출할 수 있을 것이고 이에 따라 코드별로 자료를 병합하기가 쉬워진다. 위의 예를 살펴보면 '무기력함'이라는 코드를 중심으로 자료의 병합이 용이해진다. 반대로, 위의 코딩에서 '무기력함'이라고 코드를 부여한 자료들에 '무기력한 아이들', '무기력한 아이들이 힘든 이유', '무기력

한 아이들에 대한 특별한 관심' 등과 같이 코드를 부여하면 코드들 간의 다양성이 증가하기 때문에 상대적으로 자료를 병합하기가 힘들어질 수 있다.

이러한 장점은 현상학적 분석을 수행할 때 큰 힘을 발휘할 수 있는데, 앞에서 살펴본 바와 같이 의미 단위별로 묶어 지속적인 읽기와 분석 글쓰기를 수행해야 하는 분석에서는 의미별로 자료를 분류, 병합하는 작업이 필요한데, 이때 코드가 단순할수록 그것이 용이해지기 때문이다.

(5) 인 비보 코딩(in vivo coding)

인 비보 코딩은 자료에서 발견되는 연구참여자의 언어를 사용하여 코드를 부여하는 방법이다(Strauss, 1987; Saldaña, 2009에서 재인용). 즉, 연구참여자가 한 구나 절, 문장으로 코드를 부여하는 방법이다. 예를 통해 살펴보도록 하자(표 3.20).

표 3.20_ 인 비보 코딩의 예

자료	코드
연구자: 생활기록부는 어떤 의미를 가진다고 생각하시나요?	
참여자: 생활기록부는 어떻게 보면 회초리 같은 거 같아요. 왜 선생님들이 요즘 학생들을 지도하는 수단이 거의 없잖아요. 그렇게 보면 생활기록부야말로 아이들을 지도하는 유일하게 남은 수단이 아닌가 하는 생각이 들어요. 잘한 건 잘했다. 못한 건 못했다. 이렇게 분명히 적어주면 아이들이 적어도 생활기록부를 잘 받기 위해서라도 열심히 하겠지요. 한 번씩 애들에게 이런 식으로 말하기도 해요. '너 자꾸 그렇게 행동하면 생활기록부에 있는 대로 다 적어버린다.' 이렇게요.	아이들을 지도하는 회초리

위의 예에서는 연구참여자가 말한 '회초리'라는 은유를 사용하여 코드를 부여하였다. 이러한 인 비보 코딩은 연구참여자가 자신의 문화에서 사용하는 언어나 은유를 통해 코드를 부여함으로써 좀 더 매력적이고 현상의 본질을 꿰뚫는 코드를 획득하는 데 도움을 줄 수 있다. 특히, 현상학적 질적연구에서 큰 힘을 발휘할 수 있는데, 현상학적 글쓰기에 필요한 매력적인 주제의 구성에 인 비보 코딩이 유용한 도구가 될 수 있기 때문이다(정상원, 김영천, 2014).

(6) 과정적 코딩(process coding)

과정적 코딩은 자료 속에 나타나는 행위와 관련된 개념을 동명사로 사용하여 코드를 부여하는 전략이다(Chamarz, 2002; Saldaña, 2009에서 재인용). 즉, 자료 안에 드러난 행위를 중심으로 '~하기'라는 코드를 부여하는 방법이다. 다음의 예를 살펴보자(표 3.21).

표 3.21_ 과정적 코딩의 예

자료	코드
선생님이 아이들에게 '지금부터 교과서의 활동 2번을 시작하세요. 다하면 모둠별로 발표할 겁니다.'라고 말했다.	활동 지정하기
'지금부터 5분 주겠어요.'	시간 제한하기
학생들은 모둠별로 활동을 시작한다.	활동하기
교사는 교실 안을 순회하며 학생들을 살펴보고 조언을 하고 있다.	활동 관리하기
한 학생이 손을 들고 말한다. '선생님, 이거 꼭 음식에 대해서만 해야 되나요?'	학생 질문하기
'아니. 꼭 음식이 아니라도 모둠에서 하고 싶은 주제가 있으면 그걸로 하세요.' 선생님이 대답한다.	교사 조건 주기
학생들은 다시 활동을 시작하고 교사는 다시 순회를 시작한다.	활동 관리하기
얼마간의 학생 모둠 활동이 계속된다.	활동하기
교사가 교실 앞으로 돌아가 '자 이제 모둠별로 발표해봅시다.'라고 말한다.	활동 종료하기

이러한 코딩은 자료 안에 드러난 행위를 일목요연하게 분석할 수 있다는 측면에서 과정이나 절차에 대해 살펴보아야 할 때 유용할 것이다.

(7) 감정 코딩(emotion coding)

감정 코딩은 연구참여자가 드러낸 혹은 연구자가 추론을 통해 확인할 수 있는 연구참여자의 감정과 관련된 언어로 코드를 부여하는 전략이다(Saldaña, 2009). 즉, 자료 속에서 직접적으로 드러난 감정적 요소나 연구자가 추론할 수 있는 감정적 요소를 찾아 그것을 표현할 수 있는 감정과 관련된 언어로 코드를 부여하는 방법이다.

이러한 전략은 행위자의 감정적 측면을 심도 깊게 탐구해야 할 때나 연구참여자들 간의 감정적 교류를 깊게 살펴야 할 때 유용한 전략이라 할 수 있으며, 특히 감정적 요소들이 행위자의 행위에 영향을 미친다는 것을 고려한다면 인간 행위의 원인과 결과를 탐구하는 데도 효과적으로 사용될 수 있을 것이다. 그 예는 다음과 같다(표 3.22).

표 3.22_ 감정 코딩의 예

자료	코드
우리 반의 어떤 애들은 아주 버릇이 없어요.	불만스러운
내가 무슨 말을 하면 꼬박꼬박 말대꾸를 하고 심지어 아예 대답을 하지 않고 버티기도 하지요.	화난
물론 내가 그런 것에 대해 좀 대범함을 가져야 한다는 것은 알지만	후회함
아무래도 그런 상황이 되면 그렇게 하기 힘든 경우가 많지요.	분노
물론 그게 단지 아이들의 잘못이 아니라는 것도 알지만.	측은함
그래서 최대한 그것에 대해 나쁘게 보지 않으려고 노력하고요.	후회함
또 야단을 심하게 치거나 벌을 주고 난 다음에 내가 왜 그랬나 하고 생각하는 경우도 있어요.	후회함

(8) 가치 코딩(values coding)

가치 코딩은 연구참여자의 가치(value), 태도(attitude), 신념(belief)을 반영하는 코드를 통해 코딩을 진행하는 전략이다(Saldaña, 2009). 즉, 자료에 코드를 부여할 때, 연구참여자의 가치, 태도, 신념의 세 가지 측면에서 살피고 이를 드러내는 언어로 코드를 부여하는 것이다. 다음의 예를 살펴보자(표 3.23).

이 예처럼 자료에 가치, 태도, 신념의 세 가지 측면에서 코드를 부여하는 것이 가치 코딩의 주요한 방법인데, 이러한 코딩 전략은 인간 행위의 원인을 탐구하는 데 도움이 될 것이다. 왜냐하면 가치, 태도, 신념은 인간의 행위를 결정하는 주요한 요소이기 때문이다.

표 3.23_ 가치 코딩의 예

자료	코드
학원에서는 내가 뭘 해야 하는지 분명하게 알려줘요.	B: 학원에서 알려준다.
물론 좀 힘들기는 하지만 제 꿈을 이루기 위해서는 이 정도의 노력은 해야 한다고 생각해요.	V: 꿈은 노력할 가치가 있다.
부모님도 그러시지만 일단 공부를 잘 해야지 제가 선택할 수 있는 것도 생기잖아요.	B: 미래의 선택
반면, 학교에 있는 애들을 보면 좀 뭐랄까? 꿈이 불투명한 거 같아요.	A: 꿈이 불투명하다.
그에 비해 여기는 저처럼 꿈이 뚜렷한 아이들이 함께 있으니까 자극도 되고 힘도 되고.	A: 학원이 자극을 준다.
물론 집에서 혼자 공부하는 게 더 좋다는 생각은 있지만 그렇게 할 자신이 별로 없어요.	A: 자신이 없다.
일단은 어느 정도 되겠다 싶을 때까지는 계속 학원을 다니려고요.	A: 계속 다닐 것이다.

(9) 대립 코딩(versus coding)

대립 코딩은 대립되는 개념으로 코드를 부여하는 전략으로 갈등을 드러내는 자료의 분석에 적합하게 사용될 수 있다(Saldaña, 2009). 즉, 'A 대 B'의 형식으

표 3.24_ 대립 코딩의 예

자료	코드
학교생활기록부를 작성하면 좀 제 생각대로 기록하기가 좀 힘든 부분이 있어요.	교사 대 생활기록부
학교에서도 생활기록부 작성 연수할 때 부장 선생님들이 '좀 좋게 적어줘라.' 하고 조언을 하실 때도 많고,	교사 대 부장교사
관리자 분들도 좋게 좋게 가자는 식으로 말씀하실 때가 있거든요.	교사 대 관리자
굳이 있는 그대로 적었다가 학부모하고 문제가 생기는 것도 그렇고.	교사 대 학부모
물론 생각은 있는 그대로 적어야지 제대로 된 생활기록부 아니겠는가 하는 생각은 하지만 아무래도 저도 그런 건 좀 부담스러우니까.	신념 대 상황
결국 두루뭉술하게 '이러이러한 부분을 고친다면 좀 더 발전할 수 있겠다.' 정도로 넘어가는 거지요.	사실 대 순화된 표현

로 갈등의 두 주체 A, B를 사용해 코드를 부여함으로써 자료 속에 내재되어 있는 갈등을 드러내는 데 유용하다. 다음의 예를 살펴보자(표 3.24).

이러한 코딩 전략은 갈등 상황을 깊게 들여다보아야 하는 연구 주제들, 예를 들어 성소수자의 경험과 관련된 주제, 대립되는 사회적 이슈에 대한 연구에 적합하게 사용될 수 있을 것이다.

(10) 드라마적 코딩(dramaturgical coding)

드라마적 코딩은 자료에 포함된 의미를 '사회적 드라마(social drama)'로 보고 희곡의 용어를 사용하여 코드를 부여하는 전략이다. 이때 희곡의 용어는 주로 '목적(objective)', '갈등(conflict)', '전략(tactic)', '태도(attitude)', '감정(emotion)', '지문(subtext)' 등이 된다(Saldaña, 2009). 예를 살펴보자(표 3.25).

이러한 코딩은 인간의 행위를 전체적으로 조망하는 것을 가능하게 하여 현상 속에 내포되어 있는 인간 행위의 양상을 파악하는 데 도움이 될 것이다.

표 3.25_ 드라마적 코딩의 예

자료	코드
학기 초가 일 년 중에 가장 힘든 때지요.	태도: 힘들다
일단 그때는 수업보다는 학생들의 기선을 제압하는 것이 중요합니다.	목적: 기선 제압
그때 그걸 못하면 일 년 수업이 엉망이 되거든요.	감정: 걱정
그때는 아이들에게 좀 더 엄격하게 대하고, 과제 검사도 철저하게 하지요.	전략: 엄격하게 하기
예를 들어 학기 초에 한 학생이 저에게 반항을 한 적이 있어요.	갈등: 학생의 반항
이때는 비록 화가 나더라도 최대한 감정이 없는 것처럼 보이기 위해 노력해야 하지요.	전략: 감정 없게 보이기
그러고 나선 학생이 무엇을 잘못했는지 조근조근 짚어 줍니다.	전략: 따지기
일종의 애들을 질리게 만드는 것이지요.	전략: 질리게 하기
그렇게 애들을 학기 초에 잡아 놓으면 일 년이 편안해지지요.	목적: 기선 제압

(11) 전체적 코딩(holistic coding)

전체적 코딩은 자료를 쪼개기보다 더 큰 단위로 전체적으로 코드를 부여하는 전략이다(Dey, 1993; Saldaña, 2009에서 재인용). 즉, 자료를 한 줄씩 쪼개어 코드를 부여하기보다는 하나의 문단, 혹은 몇 개의 문단에 전체적으로 하나의 코드를 부여하는 방법이다. 다음의 예를 살펴보자(표 3.26).

표 3.26_ 전체적 코딩의 예

자료	코드
아무래도 저 자신의 판단에 대한 확신이 없지요. 아이들에 따라서는 상황에 따라 완전히 다른 모습을 보이는 경우도 많거든요. 어떨 때는 참 착하고 차분하게 행동하다가도 또 어떨 때는 산만한 거 같고, 말도 많고. 전에는 이런 애도 있었어요. 제가 보기에는 굉장히 순하고 착한 애였는데, 아이들이 하는 이야기가, 얘가 학교 밖에서는 애들도 막 괴롭히고 특히 카톡이나 이런 걸로는 욕도 많이 하고 그런다고 하더라구요. 그래서 '내가 생각하는 그 애의 본 모습이 맞나?' 이런 생각도 많이 하고. 또 내가 너무 한쪽으로만 치우쳐서 생각을 하나 하는 생각도 종종 해요. 그 애의 행동이 좋거나 나쁘게 보이는 게 내가 그걸 좋아하거나 싫어해서 그런 게 아닌가? 이런 생각을 하면 아무래도 내가 평가하는 그 애의 모습에 대해 확신이 안 생기지요.	자신의 평가에 자신이 없는 이유

이와 같은 코딩 전략은 특히 전체적/맥락적 분석을 필요로 하는 현상학적 질적연구의 분석이나 내러티브 탐구의 분석에 유용하게 사용될 수 있다. 왜냐하면 전체적/맥락적 분석을 위해서는 자료를 작게 쪼개는 것보다는 전체적으로 맥락을 살피며 지속적으로 성찰하는 것이 중요하기 때문이다.

(12) 주제화하기(themeing the data)

주제화하기 전략은 구나 절보다는 긴 주제문의 형태로 코드를 부여하는 방법이다(Saldaña, 2009). 예를 살펴보자(표 3.27).

표 3.27_ 주제화하기의 예

자료	코드
아무래도 제 개인적인 기억에 의존하는 경우가 많지요. 그리고 그 아이에 대해서 평소에 내가 가지고 있었던 생각들. 아이들하고 1년 동안 있으면 이 아이는 어떻고 저 아이는 어떻고 그런 관념 같은 게 생기게 되잖아요.	교사는 자신의 기억속에 남은 아이에 대한 관념에 의지해 아이를 평가한다.
뭐 물론 그런 관념이란 게 그냥 아이 얼굴만 보고 떡하니 생기는 게 아니라 아이하고 일 년 동안 생활하면서 아이의 말이나 행동, 평소 과제 수행 태도, 일 년 동안 관찰한 교우관계, 교우관계 유형, 이런 것들을 일 년 동안 관찰하니까 그러한 기억들이 모여서 관념이 되고 이렇게 아이를 생각하면 그런 것들이 떠오르는 거지요.	교사의 관념은 일 년간의 경험을 통해 형성된다.
뭐 특별히 아이에 대해 그런 기억을 기록으로 남기거나 그렇게 하지는 않고요.	교사는 별다른 기록을 남기지 않는다.

특히 이러한 주제화하기 전략은 앞의 전략들과는 구별되는 실질적인 유용함을 제공한다. 질적자료 분석은 많은 시간을 필요로 한다. 분석과 과정 자체가 길기도 하지만 자료의 수집과 분석을 병행해야 하기 때문에 보편적으로 자료가 적을 때도 서너 달, 길게는 일 년이 넘는 시간 동안 자료 분석에 매달려야 하는 경우가 많다. 그렇게 긴 시간 동안 분석하다 보면 초기에 분석한 자료에 대한 코드의 의미가 기억에서 희미해질 경우가 생긴다. 그럴 때, 짧은 단어나 구로 형성된 코드보다 주제를 담고 있는 문장 형식의 코드가 연구자의 기억을 되살려주는 데 더 효과적인 역할을 하게 된다.

2) 범주화 코딩 전략

개념화 단계에서 연구자는 많은 코드들을 도출하게 되는데, 이후 이러한 코드들을 중심으로 범주를 형성하는 단계가 이어진다. 이러한 범주화 단계에서도 유용하게 적용될 수 있는 몇몇의 전략들이 있으니 살펴보기로 하자.

(1) 패턴 코딩(pattern coding)

패턴 코딩은 묶여진 일련의 코드들에 메타 코드(meta-code)를 부여하는 방법이다(Miles & Huberman, 1994; Saldaña, 2009에서 재인용). 아래의 예를 보자(표 3.28).

표 3.28_ 패턴 코딩의 예 1

코드 및 하위 범주	범주 및 상위범주
교사는 동료교사의 영향에 부담감을 느낀다. 교사는 관리자의 영향에 부담감을 느낀다. 교사는 학부모의 반응에 부담감을 느낀다. 교사는 학생의 반응에 부담감을 느낀다. 교사는 미래에 생길 수 있는 곤란한 상황에 부담감을 느낀다.	교사는 평기를 기록할 때 부담감을 느낀다.

패턴 코딩은 단순히 공통점을 찾아서 그것을 통해 코드들이나 범주들을 묶어 주는 것이 아니라 코드들이나 범주들을 하위에 포함할 수 있는 메타 코드를 찾는 것이다. 따라서 연구자는 이 방법을 사용할 때 단순히 공통점을 찾기 위해 노력하기보다는 상위 개념을 찾기 위해 노력해야 할 것이다. 이러한 예로 다음을 살펴보자(표 3.29).

표 3.29_ 패턴 코딩의 예 2

하위 범주	상위 범주
생활 기록부는 공식적인 문서이다. 생활 기록부는 격려의 수단이다. 생활 기록부는 정확한 묘사이다. 생활 기록부는 비젼을 제시해 주어야 한다. 생활 기록부는 아이들을 지도하는 수단이다.	교사는 생활기록부에 다양한 의미를 부여한다.

이 예에서 살펴볼 수 있는 것처럼 패턴 코딩은 개념이나 범주의 단순한 공통성의 표시가 아닌 그것을 포괄할 수 있는 상위 의미를 중심으로 이루어져야 한다.

(2) 영역 분석(domain analysis)

범주를 형성하는 또 하나의 전략으로 문화기술지 분석의 영역 분석 전략이 사용될 수 있다. 앞에서 논의한 바와 같이 영역 분석은 의미론적 관계를 중심으로 문화적 영역을 도출하기 위한 분석 방법이다(Spradley, 1980). 따라서 개념 사이의 관계를 중심으로 범주를 형성하는 데 유용한 도구가 될 수 있을 것이다. 다음의 예를 살펴보자(표 3.30).

표 3.30_ 영역 분석의 예

개념들
교사의 전략 두루뭉술하게 쓰기 부정적인 내용 생략하기 긍정적인 느낌이 들게 기술하기 전문적인 용어 사용하기

⬇

A	의미론적 관계	B
두루뭉술하게 쓰기 부정적인 내용 생략하기 긍정적인 느낌이 들게 기술하기 전문적인 용어 사용하기	A는 B의 방법이다.	교사의 전략

3) 구조화 코딩 전략

범주화 단계를 통해 범주가 형성되면 이러한 범주들의 관계에 주의하며 각 범주들을 연결시켜 하나의 의미 구조를 형성해야 한다. 그렇다면 이러한 구조화 코딩에서 사용될 수 있는 몇몇의 전략들을 살펴보자.

(1) 초점 코딩(focus coding)

초점 코딩은 핵심적인 범주를 중심으로 해서 다른 범주들을 연결하는 전략이다(Chamarz, 2006; Saldaña, 2009). 연구자는 이전까지의 분석 과정을 통해 자료, 코드, 범주에 대한 반성적 사고를 지속하였고 이러한 과정을 기반으로 핵심 코드를 선정하고 이를 중심으로 범주를 연결한다. 이때 유의할 점은 이러한

표 3.31_ 초점 코딩의 예

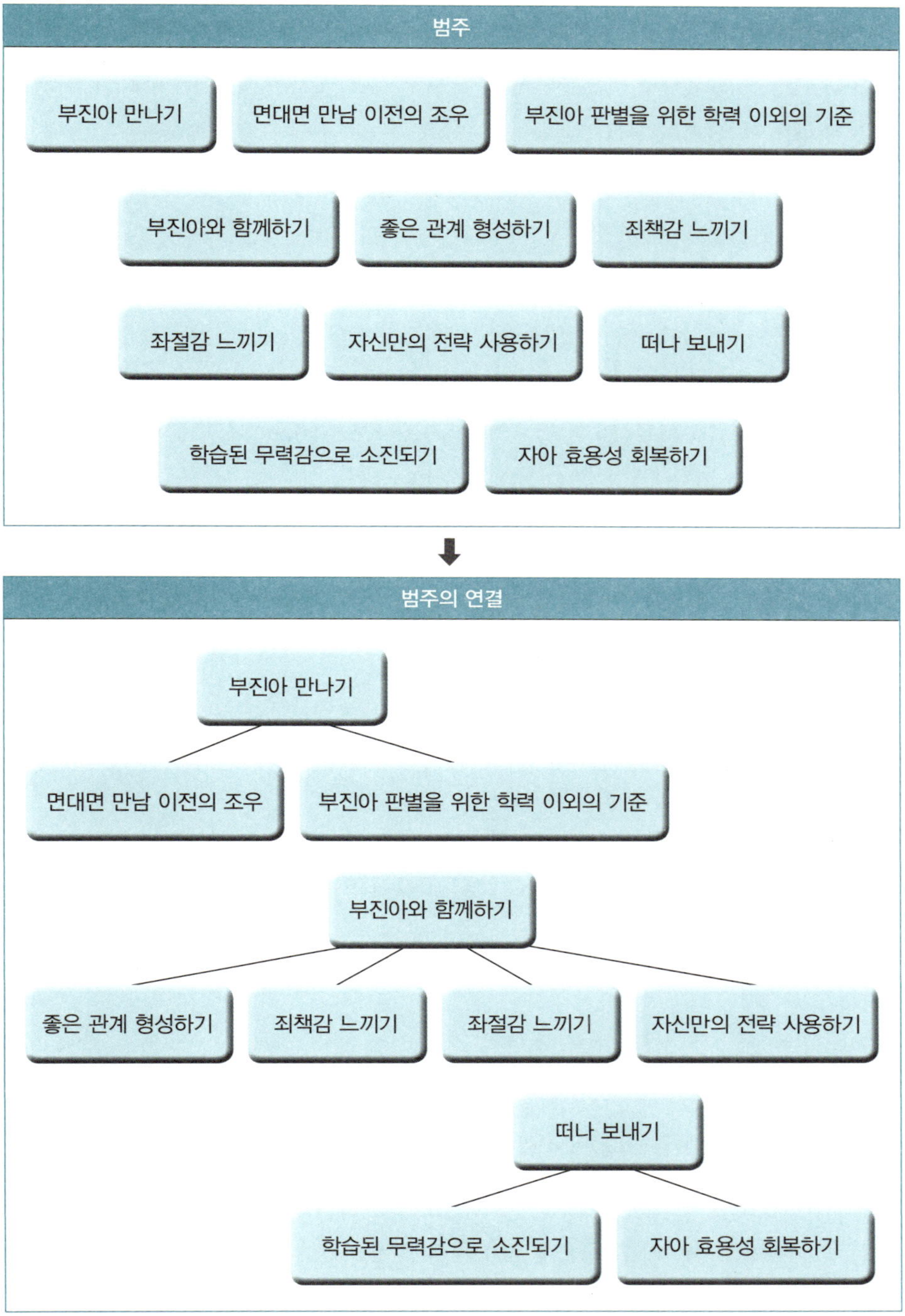
범주
부진아 만나기
면대면 만남 이전의 조우
부진아 판별을 위한 학력 이외의 기준
부진아와 함께하기
좋은 관계 형성하기
죄책감 느끼기
좌절감 느끼기
자신만의 전략 사용하기
떠나 보내기
학습된 무력감으로 소진되기
자아 효용성 회복하기
범주의 연결
부진아 만나기
면대면 만남 이전의 조우
부진아 판별을 위한 학력 이외의 기준
부진아와 함께하기
좋은 관계 형성하기
죄책감 느끼기
좌절감 느끼기
자신만의 전략 사용하기
떠나 보내기
학습된 무력감으로 소진되기
자아 효용성 회복하기

코드의 연결이 단순히 범주명에 의해 결정되는 것이 아니고 이전까지 지속해온 연구자의 분석 과정에 기초해야 한다는 것이다. 정상원(2015)은 부진아 지도와 관련된 연구에서 교사의 경험 속에 드러나는 주제들에 대해 다음과 같이 초점 코딩을 수행하였다(표 3.31).

(2) 축 코딩(axial coding)

축 코딩은 범주들과의 관계를 고려하여 범주들을 서로 연합하는 코딩 전략이다(Strauss & Corbin, 1998; Charmaz, 2006). 축 코딩을 수행할 때, Strauss와 Corbin(1998)의 패러다임 모형이나 Glaser(1978)의 코딩 집단을 고려하는 것도 도움이 될 것이다. 예를 살펴보자. 위의 정상원(2015)의 연구에서 우리는 초점 코딩을 통해 '부진아 만나기', '부진아와 함께하기', '떠나 보내기'의 세 개의 범주를 형성하였다. 그리고 이러한 범주들은 시간적 관계성에 따라 다음의 그림과 같이 구조화될 수 있을 것이다(그림 3.8).

그림 3.8_ 축 코딩을 통한 구조화의 예

4. 코딩을 통한 분석의 예

이제까지 우리는 질적자료 분석의 절차와 전략에 대해 논의해보았다. 그렇다면 이제 이러한 절차와 전략들이 실제의 분석에서 어떻게 적용될 수 있는지 살펴보도록 하자. 이를 위해 여기서는 학교생활기록부 작성에 대한 교사의 경험을 탐구하는 과정에서 수집된 인터뷰 자료 중 일부에 대한 분석을 수행해보고자 한다. 단, 이 분석은 전체 연구 중에 수집된 방대한 자료 중의 매우 적은 부분이고 전체적인 이해를 돕기 위해 주어진 자료 내에서만 이루어진 분석이기에 그 분석의 깊이가 상대적으로 깊지 못할 수 있음을 참고해야 할 것이다.

1) 인터뷰 내용

다음은 교사의 생활기록부 작성 경험에 대한 연구를 통해 수집된 인터뷰 자료의 일부이다(표 3.32).

표 3.32_ 인터뷰 자료

Q. 생활기록부는 선생님에게 어떤 의미를 가지나요?

A. 생활기록부는 아이들의 일 년 생활을 있는 그대로 기록하기 위한 도구라고 생각해요. 말 그대로 학생의 학교생활을 기록하는. 그 기록에는 학생의 출결, 교내 수상, 수업일수. 뭐 이런 것처럼 그 학생이 학교생활에서 이수한 과정들이 기록되기도 하고 평가에 대한 내용도 기록되지요. 그런데 그런 과정에 대한 기록은 교사가 중간에 끼어들 틈이 별로 없지요. 워낙에 객관적인. 객관적이라기보다 있는 사실을 기록하는 거니까. 예를 들어 어떤 아이의 수업일수가 107일인데, 교사가 수업을 더 많이 했다고 하는 것이 아이의 미래에 도움이 될 거 같다 해서, 혹은 다른 이유로 120일 수업을 했다 이렇게 적을 수는 없으니까요. 그런 부분은 있는 그대로의 사실을 기록하는 부분이고, 반면에 평가에 관련된 부분은 교사의 주관이 많이 개입하지요. 뭐 거짓말로 없는 걸 적지는 않지요. 하지만 있는 걸 적지 않는다든가, 조금 좋게 적어준다든가 하는 걸로 교사의 주관을 포함시키지요. 뭐 일단 사람이 하는 거니까. 완전히 객관적인 건 가능하지도 않고. 그래도 일단 생활기록부는 있는 그대로의 아이의 모습을 기록해야 한다는 생각이 강해요. 그렇게 생각하는 이유는 두 가지 정도가 있어요. 우선은 애의 정확한 모습을 전달해야 한다는 생각이 있어요. 그걸 보는 사람이면 뭐 학부모라든가, 나 다음에 아이를 맡을 담임, 그리고 입시와 관련하여 생활기록부를 살펴보는 사람들이 있겠지요. 그런 사람들이 생활기록부를 살펴보는 이유는 그 아이가 어떤 아이인지를 알기 위한 것일텐데. 그렇다면 거기 담겨있는 정보는 그 사람들에게 최소한의 정보는 전달할 수 있는 것이어야 한다고 생각하거든요. 뭐 물론 좋게 적어준 것이 그 아이의 모습을 보여주지 않는 것은 아니지만 정확한 정보라고는 할 수 없잖아요. 예를 들어서 수업시간에 별로 집중도 안 하고 맨날 옆 친구 괴롭히고 수업 방해하는 아이가 있다 그러면 실제로 거기에 대한 정보를 주기 위해서 '수업 중에 집중을 하지 않고 수업 분위기를 해치는 경우가 많음' 이렇게 적어야 정확한 정보지. 괜히 그 말을 다 빼버리고, 그냥 좋은 내용만 적는다든가 아니면 굉장히 순화해서 '수업 중에 집중을 하지 않는 경우가 있음.' 이라고 쓰면 왠지 크게 문제가 없는 것처럼 보이잖아요. 그러면 그건 사실을 적었는데도 사실이라고 보기는 힘들지요. 물론 어떤 선생님은 사실을 적었으면 모두 사실이라고 생각하시는 분도 있죠. 그런 분들은, 예를 들어 애가 휴지 줍는 걸 한번 보고 '다른 사람들을 위해 봉사할 수 있음'이라고 적었다 칩시다. 그런데 사실은 그 애가 완전히 문제가 있는데 그때 휴지 한번 주운 거고 그때 뭐 하나 열심히 한 건데 일단 그렇게 한 적이 있으니까 그

렇게 적으면, 물론 사실이기는 하지만 사실은 아닌 거라고 생각하거든요. 물론 그게 잘못되었다고 생각하지는 않아요. 그렇게 적는 것도 나름대로의 교육적인 가치를 가지고, 생활기록부의 기재, 특히 평가부분에 있어서는 효용성이 있고 또 아이의 발전에 도움이 되기도 하니까요. 그래도 제가 생각하는 생활기록부는 공식적인 문서이고 아이에 대한 좀 더 정확한, 그러니까 제3자가 봤을 때 그 아이에 대한 정보를 얻을 수 있는 그런 것이라고 생각하거든요. 그래서 생활기록부는 있는 그대로의 아이의 모습을 기록해야 한다는 생각을 많이 가지고 있어요. 그런데 실제로 저도 그렇게 하지는 못하는 것 같아요. 그리고 이런 생각을 한번 해 봤어요. 요즘은 솔직히 아이들을 지도하기가 좀 힘들잖아요. 체벌도 안 되고 아이들한테 야단칠 때도 아이들도 별로 심각하게 받아들이지 않고. 그러다 보니까 교사가 학생들을 통제할 수 있는 수단이 점점 사라지는 것 같아요. 그러면 이제 교사가 어떻게 보면 아이들을 통제할 수 있는 수단이 평가인데. 그러니까 평가를 엄정하게 하면 평가를 잘 받으려고라도 잘할텐데. 만약 평가도 애가 잘하든 못하든 잘 줘버리면 이제 교사는 마지막 남은 통제 수단조차도 교사 스스로 포기해 버리는 게 아닌가 하는 생각이 들어요. 그리고 학생이라면 자기가 잘못하면 평가도 나쁘게 기록된다는 것 정도는 깨우쳐야 할 나이라고 생각해요. 자기의 행동에 대한 책임을 알려주기 위해서라도 평가는 좀 엄정하게 적을 필요가 있다고 생각하는데 솔직히 그렇게는 좀 안되지요.

Q. 생활기록부를 작성하는 과정에서 가장 힘든 것은 무엇인가요?

A. 내가 이렇게 적어도 되나 하고 고민하는 게 제일 힘들었어요. 아이에 대해 이야기해보라 그러면 솔직히 쉽게 이야기 하거든요. 걔는 애가 이렇고 저렇고 해서 이렇게 하는 게 좋을 거다 이런 식으로요. 근데 이상하게 생활기록부에 적으려고 하면 적을 이야기도 없고 어떻게 적어야 할지 막막해 질 때가 있어요. 안 좋은 점을 적으려고 하니까 학부모가 싫어할 거 같고 아이가 나중에 여기 적혀있는 것 때문에 약간이라도 불이익을 받을 수 있다고 생각하니까 그렇게 적지도 못하겠고 그렇다고 좋은 말만 적어주려니 마치 거짓말을 하는 거 같고. 교사로서의 본분에 충실하지 못한 거 같아서 망설여지지요. 흔히 교사가 좋게 적어주는 게 편할 거라고 생각하는 사람도 있는데 저는 별로 안 그런 거 같아요. 오히려 솔직히 적지 못하는 자신에 대해서 약간은 본분을 다하지 못하고 있다는 느낌도 많이 받거든요. 그리고 표현할 수 있는 마땅한 말을 찾는 것도 어려운거 같아요. 예를 들면. 우리 반 아이 중에 하나가 되게 까불거든요. 장난도 심하고 친구들도 좀 괴롭히는 편이고. 그러면 이걸 생활기록부에 적는다고 해도 '까불고 장난치고 친구를 때림' 이렇게 적을 수는 없잖아요. 그러다 보니까 표현하기도 힘들고. 적어놓고 보면 너무 심하게 적은 거 같고. 그리고 이런 것도 있어요. 그런 거 같기는 한데 약간 애매한 것들 있잖아요. 그런 거는 적기가 힘들지요. 그러니까 그렇게 생각하기는 하는데, 정확한가에 대한 확신이 없을 때. 그런데 만약 그게 좋은 내용이면. 예를 들어 그 애가 전에 그림을 한번 잘 그린 적이 있는데 그 다음에는 계속 그렇게 잘 그렸는지 확신이 서지 않을 때는 '그림을 잘 그림' 이렇게 적어주는데 그게 부정적인 말일 경우에는 잘 안 적지요. 뭐. 어쨌든 그게 힘든 거 같아요. 무엇을 적을지 어떻게 적을지 결정하는 게.

Q. 그렇다면 가장 쉬운 부분은 무엇인가요?

가장 쉬운 부분은 정해져 있는 부분을 쓰는 게 가장 쉽지요. 예를 들면 교과 평어 쓰는 거. 그게 얼마 전에는 어려웠지요. 왜냐하면 그때는 진짜로 교사가 그 아이의 교과 학습발달상황에 대해서 적어줘야 했었거든요. 그러다 보면 되게 힘들었어요. 보통 교사가 아이들이 어떤 과목을 잘하고 못하고 정도는 파악하고 있고. 어떤 능력이 좋고 어떤 게 나쁘고 정도는 자세하게는 몰라도 대략적으로는 알고 있거든요. 그리고 수행평가 결과도 있고 또 애들이 수업시간에 보이는 태도나 이런 것들을 평소에 계속 봐 오니까. 알고는 있는데 그걸 표현하려니까 힘들었거든요. 그런데 요즘은 수행평가 내용을 중심으로 해서 서술하라 하니까 수행평가 한 거 보고 잘한 거 위주로 적어주면 되거든요. 그래서 그렇게 적으면 교사의 주관이 적게 포함되니까 쓰기가 쉽죠. 수행평가 결과 보고 잘한 거 위주로 적어주면 되니까. 그리고 또 적기 쉬운 거는 학부모들의 관심이 거의 없는 부분들 있잖아요. 예를 들어 창의적 체험활동이나 옛날에 특별활동 같은 거는 부모들이 관심이 거의 없거든요. 봉사활동, 동아리활동, 진로활동, 뭐 이런 거에 관심 가지는 부모님은 거의 없거든요. 또 그런 거는 적을 것도 거의 없어요. 그러니까 그런 거는 말 만들어 내는 게 좀 그래서 그렇지 기재하기는 그렇게 어렵지 않아요. 반면에 행동특성 및 종합의견은 적기가 힘들죠. 거기는 대부분이 교사의 주관이고 판단이니까 신경도 많이 쓰이고. 또 학부모가 가장 관심있게 살펴보는 것도 그 부분이거든요. 그러니까 아무래도 쓰는 것도 조심하게 되고 신경 쓰게 되고 그렇지요.

2) 개념화

분석을 위해 위의 인터뷰를 반복적으로 읽으며 다음과 같은 코드를 도출하였다(표 3.33).

표 3.33_ 코드 도출

자료	코드
Q. 생활기록부는 선생님에게 어떤 의미를 가지나요? A. 생활기록부는 아이들의 일 년 생활을 있는 그대로 기록하기 위한 도구라고 생각해요.	생활기록부는 있는 그대로의 사실을 기록하는 도구
말 그대로 학생의 학교생활을 기록하는. 그 기록에는 학생의 출결, 교내 수상, 수업일수. 뭐 이런 것처럼 그 학생이 학교생활에서 이수한 과정들이 기록되기도 하고 평가에 대한 내용도 기록되지요.	생활기록부에 포함되는 단순한 정보들
그런데 그런 과정에 대한 기록은 교사가 중간에 끼어들 틈이 별로 없지요. 워낙에 객관적인. 객관적이라기보다 있는 사실을 기록하는 거니까.	평가라기보다는 단순한 기록들
예를 들어 어떤 아이가 수업일수가 107일인데, 교사가 수업을 더 많이 했다고 하는 것이 아이의 미래에 도움이 될 거 같다 해서, 혹은 다른 이유로 120일 수업을 했다 이렇게 적을 수는 없으니까요. 그런 부분은 있는 그대로의 사실을 기록하는 부분이고,	교사의 주관이 배제되는 기록의 예

자료	코드
반면에 평가에 관련된 부분은 교사의 주관이 많이 개입하지요.	평가에는 교사의 주관이 개입된다.
뭐 거짓말로 없는 걸 적지는 않지요.	교사의 주관이 포함되는 예
하지만 있는 걸 적지 않는다든가, 조금 좋게 적어준다든가 하는 걸로 교사의 주관을 포함시키지요.	객관적인 평가에 대한 의문
뭐 일단 사람이 하는 거니까. 완전히 객관적인 건 가능하지도 않고.	생활기록부에는 있는 그대로의 모습이 기록되어야 한다.
그래도 일단 생활기록부는 있는 그대로의 아이의 모습을 기록해야 한다는 생각이 강해요. 그렇게 생각하는 이유는 두 가지 정도가 있어요.	생활기록부에 있는 그대로의 모습이 기록되어야 하는 이유-학생에 대한 정확한 정보를 주기 위해
우선은 애의 정확한 모습을 전달해야 한다는 생각이 있어요.	'정확한'의 의미
그걸 보는 사람이면 뭐 학부모라든가, 나 다음에 아이를 맡을 담임, 그리고 입시와 관련하여 생활기록부를 살펴보는 사람들이 있겠지요. 그런 사람들이 생활기록부를 살펴보는 이유는 그 아이가 어떤 아이인지를 알기 위한 것일텐데. 그렇다면 거기 담겨있는 정보는 그 사람들에게 최소한의 정보는 전달할 수 있는 것이어야 한다고 생각하거든요.	'정확한'의 의미의 예
뭐 물론 좋게 적어준 것이 그 아이의 모습을 보여주지 않는 것은 아니지만 정확한 정보라고는 할 수 없잖아요.	'정확한'의 또 다른 의미(사실의 기술)
예를 들어서 수업시간에 별로 집중도 안 하고 맨날 옆 친구 괴롭히고 수업 방해하는 아이가 있다 그러면 실제로 거기에 대한 정보를 주기 위해서 '수업 중에 집중을 하지 않고 수업 분위기를 해치는 경우가 많음' 이렇게 적어야 정확한 정보지. 괜히 그 말을 다 빼버리고, 그냥 좋은 내용만 적는다든가 아니면 굉장히 순화해서 '수업 중에 집중을 하지 않는 경우가 있음.'이라고 쓰면 왠지 크게 문제가 없는 것처럼 보이잖아요.	사실과 '정확함'의 차이
그러면 그건 사실을 적었는데도 사실이라고 보기는 힘들지요. 물론 어떤 선생님은 사실을 적었으면 모두 사실이라고 생각하시는 분도 있죠. 그런 분들은, 예를 들어 애가 휴지 줍는 걸 한번 보고 '다른 사람들을 위해 봉사할 수 있음'이라고 적었다 칩시다.	또 다른 평가 방식의 필요성(효용성과 교육성)
그런데 사실은 그 애가 완전히 문제가 있는데 그때 휴지 한번 주운 거고 그때 뭐 하나 열심히 한 건데 일단 그렇게 한 적이 있으니까 그렇게 적으면, 물론 사실이기는 하지만 사실은 아닌 거라고 생각하거든요.	'정확한' 생활기록부가 되어야 함
물론 그게 잘못되었다고 생각하지는 않아요. 그렇게 적는 것도 나름대로의 교육적인 가치를 가지고, 생활기록부의 기재, 특히 평가부분에 있어서는 효용성이 있고 또 아이의 발전에 도움이 되기도 하니까요.	학생을 통제하는 수단의 부재

자료	코드
그래도 제가 생각하는 생활기록부는 공식적인 문서이고 아이에 대한 좀 더 정확한, 그러니까 제3자가 봤을 때 그 아이에 대한 정보를 얻을 수 있는 그런 것이라고 생각하거든요. 그래서 생활기록부는 있는 그대로의 아이의 모습을 기록해야 한다는 생각을 많이 가지고 있어요.	지도의 수단으로서의 생활기록부
그런데 실제로 저도 그렇게 하지는 못하는 것 같아요.	지도의 수단으로서의 생활기록부
그리고 이런 생각을 한번 해 봤어요. 요즘은 솔직히 아이들을 지도하기가 좀 힘들잖아요. 체벌도 안 되고 아이들한테 야단칠 때도 아이들도 별로 심각하게 받아들이지 않고. 그러다 보니까 교사가 학생들을 통제할 수 있는 수단이 점점 사라지는 것 같아요.	'정확한' 기록으로 생활기록부의 힘을 유지해야 함
그러면 이제 교사가 어떻게 보면 아이들을 통제할 수 있는 수단이 평가인데. 그러니까 평가를 엄정하게 하면 평가를 잘 받으려고라도 잘할텐데.	학생의 책임감을 교육시키기 위한 수단으로서 생활기록부
만약 평가도 애가 잘하든 못하든 잘 줘버리면 이제 교사는 마지막 남은 통제 수단조차도 교사 스스로 포기해 버리는 게 아닌가 하는 생각이 들어요.	
그리고 학생이라면 자기가 잘못하면 평가도 나쁘게 기록된다는 것 정도는 깨우쳐야 할 나이라고 생각해요. 자기의 행동에 대한 책임을 알려주기 위해서라도 평가는 좀 엄정하게 적을 필요가 있다고 생각하는데 솔직히 그렇게는 좀 안되지요.	
Q. 생활기록부를 작성하는 과정에서 가장 힘든 것은 무엇인가요? A. 내가 이렇게 적어도 되나 하고 고민하는 게 제일 힘들었어요. 아이에 대해 이야기해보라 그러면 솔직히 쉽게 이야기하거든요. 걔는 애가 이렇고 저렇고 해서 이렇게 하는 게 좋을 거다 이런 식으로요.	무엇을 기록해야 하는가에 대한 고민
근데 이상하게 생활기록부에 적으려고 하면 적을 이야기도 없고 어떻게 적어야 할지 막막해질 때가 있어요.	
안 좋은 점을 적으려고 하니까 학부모가 싫어할 거 같고	
아이가 나중에 여기 적혀있는 것 때문에 약간이라도 불이익을 받을 수 있다고 생각하니까 그렇게 적지도 못하겠고	생활기록부를 기록하는 데 있어서의 부담감(학부모)
그렇다고 좋은 말만 적어주려니 마치 거짓말을 하는 거 같고. 교사로서의 본분에 충실하지 못한 거 같아서 망설여지지요.	생활기록부를 기록하는 데 있어서의 부담감(학생의 미래)
흔히 교사가 좋게 적어주는 게 편할 거라고 생각하는 사람도 있는데 저는 별로 안 그런 거 같아요.	생활기록부를 기록하는 데 있어서의 부담감(교사로서의 책무성)
오히려 솔직히 적지 못하는 자신에 대해서 약간은 본분을 다하지 못하고 있다는 느낌도 많이 받거든요.	좋은 게 좋은 것이 아니다
그리고 표현할 수 있는 마땅한 말을 찾는 것도 어려운 거 같아요.	교사의 책무성에 대한 고민

자료	코드
예를 들면, 우리 반 아이 중에 하나가 되게 까불거든요. 장난도 심하고 친구들도 좀 괴롭히는 편이고. 그러면 이걸 생활기록부에 적는다고 해도 '까불고 장난치고 친구를 때림' 이렇게 적을 수는 없잖아요. 그러다 보니까 표현하기도 힘들고. 적어놓고 보면 너무 심하게 적은 거 같고.	학생 표현의 어려움
그리고 이런 것도 있어요. 그런 거 같기는 한데 약간 애매한 것들 있잖아요. 그런 거는 적기가 힘들지요. 그러니까 그렇게 생각하기는 하는데, 정확한가에 대한 확신이 없을 때. 그런데 만약 그게 좋은 내용이면.	교사의 주관적 평가 기입의 부담감 직접적인 평가 표현에 대한 거부감
예를 들어 그 애가 전에 그림을 한번 잘 그린 적이 있는데 그 다음에는 계속 그렇게 잘 그렸는지 확신이 서지 않을 때는 '그림을 잘 그림' 이렇게 적어주는데 그게 부정적인 말일 경우에는 잘 안 적지요.	자신의 평가에 대한 불안감 긍정적인 평가의 용이함
뭐, 어쨌든 그게 힘든 거 같아요. 무엇을 적을지 어떻게 적을지 결정하는 게.	무엇을 기록하는지에 대한 선택의 부담감
Q. 그렇다면 가장 쉬운 부분은 무엇인가요? 가장 쉬운 부분은 정해져 있는 부분을 쓰는 게 가장 쉽지요. 예를 들면 교과 평어 쓰는 거. 그게 얼마 전에는 어려웠지요. 왜냐하면 그때는 진짜로 교사가 그 아이의 교과 학습발달상황에 대해서 적어줘야 했었거든요. 그러다 보면 되게 힘들었어요.	객관적 기록 쓰기의 용이함 자신의 의견을 기록하는 것에 대한 부담감
보통 교사가 아이들이 어떤 과목을 잘하고 못하고 정도는 파악하고 있고. 어떤 능력이 좋고 어떤 게 나쁘고 정도는 자세하게는 몰라도 대략적으로는 알고 있거든요. 그리고 수행평가 결과도 있고 또 애들이 수업시간에 보이는 태도나 이런 것들을 평소에 계속 봐 오니까.	아이들에 대한 주관적 평가를 가진 교사
알고는 있는데 그걸 표현하려니까 힘들었거든요. 그런데 요즘은 수행평가 내용을 중심으로 해서 서술하라 하니까 수행평가 한 거 보고 잘한 거 위주로 적어주면 되거든요. 그래서 그렇게 적으면 교사의 주관이 적게 포함되니까 쓰기가 쉽죠. 수행평가 결과 보고 잘한 거 위주로 적어주면 되니까.	알고 있는 것을 그대로 기록하는 것에 대한 부담감 교사의 주관이 배제된 기록은 용이함
그리고 또 적기 쉬운 거는 학부모들의 관심이 거의 없는 부분들 있잖아요. 예를 들어 창의적 체험활동이나 옛날에 특별활동 같은 거는 부모들이 관심이 거의 없거든요. 봉사활동, 동아리활동, 진로활동, 뭐 이런 거에 관심 가지는 부모님은 거의 없거든요. 또 그런 거는 적을 것도 거의 없어요. 그러니까 그런 거는 말 만들어 내는 게 좀 그래서 그렇지 기재하기는 그렇게 어렵지 않아요.	관심이 없는 항목에 대한 기록의 용이함
반면에 행동특성 및 종합의견은 적기가 힘들죠. 거기는 대부분이 교사의 주관이고 판단이니까 신경도 많이 쓰이고. 또 학부모가 가장 관심 있게 살펴보는 것도 그 부분이거든요. 그러니까 아무래도 쓰는 것도 조심하게 되고 신경 쓰게 되고 그렇지요.	교사의 주관적 평가 기록에 대한 부담감

3) 범주화

우리는 위의 개념화 단계를 통해 코드들을 도출하였다. 그렇다면 이러한 코드들을 묶어 범주들을 형성한다면 다음과 같은 범주들이 형성될 수 있을 것이다(표 3.34).

표 3.34_ 범주 도출

범주명	코드
정확한 생활기록부	생활기록부는 있는 그대로의 사실을 기록하는 도구, 생활기록부는 있는 그대로의 모습이 기록되어야 함, 생활기록부에 있는 그대로의 모습이 기록되어야 하는 이유–학생에 대한 정확한 정보를 주기 위해, '정확한' 생활기록부가 되어야 함
정확한의 의미	'정확한'의 의미, '정확한'의 의미의 예, '정확한'의 또 다른 의미(사실의 기술), 사실과 '정확함'의 차이, 다른 평가 방식의 필요성(효용성과 교육성),
학생지도의 수단으로서의 생활기록부	학생을 통제하는 수단의 부재, 지도의 수단으로서의 생활기록부, '정확한' 기록으로 생활기록부의 힘을 유지해야 함, 학생의 책임감을 교육시키기 위한 수단으로서 생활기록부
교사의 주관으로서의 생활기록부	평가에는 교사의 주관이 개입된다, 교사의 주관이 포함되는 예, 객관적 평가에 대한 의문, 아이들에 대한 주관적 평가를 가진 교사, 무엇을 기록해야 하는가에 대한 고민, 알고 있는 것을 그대로 기록하는 것에 대한 부담감
'정확한' 기록에 대한 외적 부담	생활기록부를 기록하는 데 있어서의 부담감(학부모), 생활기록부를 기록하는 데 있어서의 부담감(학생의 미래), 직접적인 평가 표현에 대한 거부감, 자신의 의견을 기록하는 것에 대한 부담감, 교사의 주관적 평가 기록에 대한 부담감
자신의 평가에 대한 불안감	학생 표현의 어려움, 교사의 주관적 평가 기입의 부담감, 자신의 평가에 대한 불안감, 긍정적인 평가의 용이함, 무엇을 기록할지에 대한 선택의 부담감
교사로서의 책무성	생활기록부를 기록하는 데 있어서의 부담감(교사로서의 책무성), 좋은 게 좋은 것이 아니다, 교사의 책무성에 대한 고민
단순한 정보 기입의 용이함	교사의 주관이 배제된 기록은 용이함, 관심이 없는 항목에 대한 기록의 용이함

이러한 범주들을 관련지어 상위 범주를 형성하여 다음과 같은 상위 범주를 도출하였다(표 3.35).

표 3.35_ 상위 범주

생활기록부의 의미	부담감	책무성	단순한 정보 기입의 용이함
• 정확한 생활기록부 • '정확한'의 의미 • 학생지도 수단으로서의 생활기록부	'정확한' 기록에 대한 외적 부담감 교사 자신의 평가에 대한 불안감	교사로서의 책무성	단순한 정보 기입의 용이함

4) 구조화

위의 범주들을 묶어 구조화하면 다음의 도식으로 나타낼 수 있을 것이다(그림 3.9).

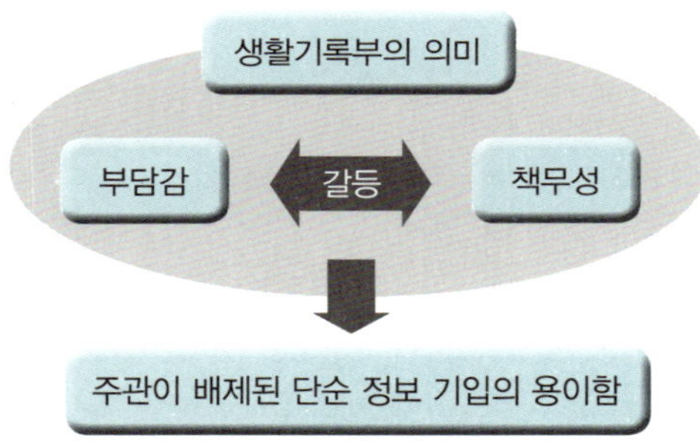

그림 3.9_ 의미의 구조

5) 주제화

위의 분석을 통해 인터뷰 자료에 대한 내용 윤곽을 다음과 같이 기술할 수 있다(표 3.36).

표 3.36_ 인터뷰 자료의 이야기 윤곽

교사는 생활기록부의 의미를 정확한 정보의 전달과 학생지도의 수단으로 규정하고 있으며, 이에 따라 '정확한' 생활기록부를 작성하고자 하나 이 과정에서 외적 부담 및 자신의 평가에 대한 불안감과 교사로서의 책무성 간의 갈등을 겪으며 생활기록부 작성의 곤란함을 경험한다. 그리고 이러한 갈등에서 상대적으로 거리가 먼 교사의 주관이 배제된 단순한 정보의 기입은 부담감 없이 기입하게 된다.

이러한 전체적인 분석을 통해 '생활기록부의 의미와 교사의 갈등'이라는 주제를 도출하였다.

6) 분석적 메모

위의 분석이 지속되면서 분석적 메모의 작성이 계속되었는데, 부담감이라는 범주에 대해서는 아래의 메모를 작성하였다(표 3.37).

표 3.37_ 분석적 메모 - 부담감

부담감
"근데 이상하게 생활기록부에 적으려고 하면 적을 이야기도 없고 어떻게 적어야 할지 막막해질 때가 있어요. 안 좋은 점을 적으려고 하니까 학부모가 싫어할 거 같고. 아이가 나중에 여기 적혀있는 것 때문에 약간이라도 불이익을 받을 수 있다고 생각하니까 그렇게 적지도 못하겠고" 교사들은 생활기록부를 작성하는 데 있어서 부담감을 토로한다. 이러한 부담감의 대표적인 형태는 자신의 주관적인 기록이 부정적일 때 더욱 뚜렷이 드러나고 있었다. 그것은 자신들의 부정적인 평가가 학부모들의 반발을 불러일으킬 수 있다는 부담감과 자신들의 평가로 인해 장래에 학생들이 불이익을 받을 수 있다는 부담감의 형태로 나타났다. 학부모는 교사의 지위에 직, 간접적인 영향력을 발휘할 수 있는 권력집단으로 볼 수 있다. 따라서 교사는 그들과 원만한 관계를 유지하고자 한다. 따라서 자신의 평가로 인해 그런 학부모들과의 관계가 소원해지거나 심지어 적대적으로 변할 수 있다는 가능성에 대한 염려는 교사들의 '정확한' 생활기록부 작성에 영향을 미치고 있었다. 또한 자신의 학생이었던 아이가 장래에 자신의 평가로 인해 머지않은 장래에, 특히 입시와 관련하여 크고 작은 불이익을 받을 수도 있다는 가능성 또한 교사의 생활기록부 작성에 영향을 미치고 있다. 물론 이러한 부담감이 구체화되어 교사에게 드러나지는 않지만 그렇게 될 가능성이 있다는 사실만으로도 교사는 부담감을 느끼고 이러한 부담감이 교사의 생활기록부 작성에 지속적으로 영향을 미치고 있다.

7) 전체적인 글의 구조

위의 분석 결과를 종합하여 연구 결과물로서 글쓰기를 수행한다면 다음과 같은 전체적인 글의 구조를 기반으로 연구 결과물을 작성할 수 있을 것이다(표 3.38).

표 3.38_ 전체적인 글의 구조

제목: 생활기록부의 의미와 교사의 갈등

1. **생활기록부의 의미**
   가. 정확한 생활기록부
   나. 정확한의 의미
   다. 학생지도 수단으로서의 생활기록부
2. **부담감**
   가. '정확한' 기록에 대한 외적 부담감
   나. 자신의 평가에 대한 불안감
3. **교사의 책무성**
4. **단순한 정보 기입의 용이함**

5. 결론

이제까지 우리는 질적자료 분석의 절차와 전략에 대해 전반적으로 살펴보았다. 물론 이러한 것들이 연구자가 절대적으로 지켜야 하는 규준은 아니다. 다만 이러한 질적 분석의 절차와 전략을 참고해서 자신의 연구에 적합한 분석 방법을 설계해야 할 것이다. 이러한 분석에 대한 논의가 질적자료 분석이나 파랑새2.0의 활용을 수월케 하는 배경 지식이 되기를 바란다.

2부

제4장

파랑새 개발의 발자취와 파랑새1.0

제5장

파랑새2.0의 소개와 활용

제6장

파랑새를 활용한 질적연구 사례

제7장

향후 과제

제4장

파랑새 개발의 발자취와 파랑새1.0

1. 파랑새의 의미

파랑새는 희망과 행복을 상징한다. 마테를링크의 동화를 통해 파랑새는 인간의 희망과 행복을 상징하는 하나의 코드가 되었다. 한국형 질적자료 분석 프로그램에 '파랑새'라는 이름을 부여한 것은 한국의 질적연구자들에게 새로운 희망을 부여하기 위한 목적을 가지고 있다. CAQDAS로서 '파랑새'가 탄생하기 전, 한국의 질적연구자들은 NVivo, ATLAS.ti, MAXQDA, The Ethnograph 등과 같은 외국의 CAQDAS에 의존할 수밖에 없었다. 고액의 외화를 낭비하면서까지 외국의 CAQDAS를 구입하여 질적연구를 수행하려는 순간, CAQDAS를 마스터하는 것이 또 하나의 새로운 연구거리로 다가와 연구 의욕을 상실하는 상황이 발생한다. 이러한 고충에도 불구하고 한국의 질적연구자들은 CAQDAS를 마스터한 선구적인 학자들을 중심으로 이를 질적연구 수행에 유용하게 사용하려는 다양한 시도를 하고 있다. 이를 반영하듯 최근에는 CAQDAS를 활용한 질적연구가 점진적으로 증가하고 있는 추세이다.

질적연구의 수많은 전통들의 원천은 서구에서 비롯된 것이다. 그런데 질적연구를 도와주는 CAQDAS조차도 우리는 서구에 의존하고 있다. 과연 우리의 것은 어디에 있단 말인가? 우리는 언제까지 학문적 식민지로 남을 것인가? 파랑새 연구진들은 이러한 고민을 해결하기 위해 모였고 행동으로 옮겼다. 우리는 탈식민을 추구하면서 한국형 질적연구의 토대를 구축하기 위한 노력의 일환으로 한국형 질적자료 분석 프로그램인 '파랑새'를 개발하기로 결심한 것이다. 이렇게 파랑새는 탄생하게 되었다. 이처럼 파랑새는 한국의 질적연구자들에게 희망을 주기 위한 것이다. 파랑새를 사용함으로써 질적연구 수행의 효과성과 효율성을 높이고 질적연구를 확산하기 위한 의도도 숨어 있다. 파랑새가 한국의 질적연구자들에게 어떠한 희망적 메시지를 제공할 수 있는지 그 의미를 보다 심층적으로 알아보고자 한다.

첫째, 파랑새는 가능성의 희망을 담고 있다. 질적연구 초심자들에게는 연구 수행 과정에서 양산되는 수많은 질적 데이터를 체계적으로 관리하고 분석하는 것이 커다란 어려움으로 다가온다. 설령 숙련된 질적연구자일지라도 중요한 코드의 유실로 연구 결과의 중요한 맥락을 드러내지 못하는 상황이 발생하기도 한다. 이때 파랑새를 활용함으로써 끊임없이 생성되는 데이터를 체계적으로 관리하고 분석하는 데 도움을 받을 수 있다. 따라서 파랑새는 질적연구를 원활히 수행할 수 있는 가능성을 높여준다.

둘째, 파랑새는 접근성의 희망을 의미한다. 기존의 외국 CAQDAS 프로그램들은 복잡한 인터페이스로 한국 사용자들의 접근성이 떨어지는 경향이 있다. 관련 전문 용어가 외국어로 되어 있는 것은 접근성을 떨어뜨리는 또 하나의 요인으로 작용한다. 한국어 기반의 파랑새는 사용자들에게 친숙함을 더해주는 간편한 인터페이스로 구성되어 있어 접근성이 용이하다.

셋째, 파랑새는 탈식민의 희망을 품고 있다. 우선 파랑새는 외국의 CAQDAS를 구입하면서 발생하는 외화 유출을 방지한다. 또한 한국어 기반의 한국형 CAQDAS의 개발이라는 성과가 전 세계 질적연구 학계에 시사하는 바가 크다고 할 수 있다. 한국적 맥락의 특징을 규명하고 이론을 구축하기 위해 한국형 CAQDAS를 사용한다는 것은 학문적 탈식민을 구축하는 초석이 될 것이다.

2. 파랑새 개발의 발자취

최근 한국에서 질적연구방법을 활용하여 연구를 수행하는 각 분야의 연구자들이 지속적으로 증가하고 있다. 질적연구를 수행하는 동안 끊임없이 방대하게 생성되는 자료를 체계적으로 관리하고 이를 분석하는 작업은 결코 쉬운 일이 아니다. 또한 질적자료를 분석하는 과정에서 이미 읽었던 전사본을 다시 읽는 과정과 연구자의 반성적 성찰은 의미를 새롭게 하는 데 기여한다. 이때 체계적으로 자료 관리가 이루어지지 않는다면 연구자가 원하는 전사본을 찾는 것조차 어려운 일이 될 수 있다. 더불어, 질적연구방법에 익숙하지 않은 초보 연구자들은 체계적으로 관리되지 않는 어려움으로 인해 연구를 진행하는 과정에서 많은 혼선을 겪을 우려가 있다. 설령, 질적연구에 능숙한 연구자라 할지라도 전사, 코딩, 주제 발견으로 이어지는 전 과정을 하나의 분석틀로 조망하면서 유기적 관련성을 가지고 체계적으로 접근하는 것에는 많은 시간과 에너지가 요구된다고 할 수 있다. 이처럼 초보 연구자들을 위한 체계적인 자료 관리뿐만 아니라 능숙한 연구자들의 시간 효율성을 부여하기 위해 해외 여러 나라를 중심으로 NVivo, ATLAS.ti, MAXQDA, The Ethnograph 등과 같은 질적연구 자료 분석을 위한 소프트웨들이 개발되었다. 그러나 개발된 기존의 질적자료 분석 소프트웨어들은 연구자들이 효과적으로 활용하기 위해 많은 시간을 할애하여 그 활용 방법을 습득해야 하는 어려움과 함께 다소 복잡한 인터페이스로 인해 연구자 친밀성이 떨어지는 등의 많은 단점을 가지고 있다. 따라서 이러한 점들을 해소하기 위해 한국형 질적연구 자료 분석을 위한 소프트웨어 개발의 필요성이 대두되었다. 이러한 필요성은 질적연구의 전체적인 맥락의 특수성을 반영할 수 있어야 한다고 주장하는 연구자들에 의해 더욱 강조되고 있다.

> 현재에도 많은 질적연구자들은 수집한 자료를 분석 과정에서 하나하나 기억해가며 의미를 찾거나 상황에 적절한 사례를 찾아 연구에 기여하는 바를 기술하는 데 의존하고 있다. 즉, 자신의 장기, 단기기억에 의존하여 연구 자료 분석을 진행하고 있

> 다. 이러한 연구자의 기억 활동에 의존하는 분석 작업은 두 가지 심각한 문제를 갖고 있다. 첫째, 분석에 활용되는 현장자료는 가장 극적이거나 현 상황에서 가장 중요한 것에만 초점을 두고 있으며, 둘째, 연구자의 분석에 활용되는 자료는 대부분 현장작업의 마지막 과정에 수집한 자료들이라 연구 시작 및 중간 과정을 드러내주는 자료가 부족하여 전체적인 연구 맥락을 이해하는 데 어려움이 따른다. 이는 연구자의 기억이 현장작업의 마지막 부분만 생생하게 기억하고 있기 때문에 이전의 자료를 무시하거나 활용의 필요성을 찾지 못하기 때문이다. 컴퓨터 소프트웨어의 활용은 이러한 문제를 체계적으로 관리하고 분석함으로써 연구자들을 도와준다. 현장작업의 중요한 자료를 입력, 저장하는 과정을 반복하면서 자료를 체계적으로 인지할 수 있는 장점이 있다. (Fielding & Lee, 2007; Richerds, 2002)

질적연구에서 소프트웨어 활용의 장점은 다음과 같이 세 가지로 정리될 수 있다. 첫째, 질적연구자들에게 전체 연구 과정을 하나의 분석틀로 조망할 수 있는 편의를 제공한다(김영천, 김진희, 2008; Fielding & Lee, 2007). 질적연구에 능숙한 연구자라 할지라도 전사, 코딩, 주제 발견으로 이어지는 전 과정을 유기적 안목을 가지고 접근하는 것에는 많은 시간과 에너지가 요구된다. 이때 질적자료 분석 소프트웨어는 지속적으로 축적되는 데이터들의 상호 연관성을 고려하여 치밀한 결과 분석의 토대를 제공할 수 있다. 둘째, 질적연구 수행 과정의 효율성을 높여준다(Fielding & Lee, 2007; Richards, 2002). 질적자료 분석 소프트웨어를 사용함으로써 연구 수행 과정에서 양산되는 방대한 자료를 체계적으로 관리함으로써 시간 효율성을 높여준다. 셋째, 질적연구 결과의 객관성과 신뢰도를 높이는 데 기여한다(박종원, 2008; Miles & Huberman, 1994). 기존의 전통적인 질적연구에서는 연구자의 직관과 통찰이 질적 데이터와 통합되지 못해 연구 결과의 신뢰도에 의문이 제기되는 경우가 발생하곤 하였다. 질적자료 분석 소프트웨어를 활용함으로써 연구 과정의 실제 자료 수집과 분석의 장면을 제시함으로써 연구 결과에 신뢰를 부여할 수 있다.

이처럼 질적자료 분석 프로그램으로서 파랑새는 한국의 질적연구자들에게 연구의 효과성 및 효율성을 제공하고 질적자료 분석의 편의를 제공하기 위한 의도로 개발되었다. 그러면 앞서 제시한 한계를 바탕으로 한국형 질적자료 분석 프로그램인 파랑새 개발이 필요한 이유를 자세히 살펴보고자 한다.

첫째, 국내의 질적연구자들은 외국에서 개발된 질적자료 분석 소프트웨어인 NVivo, ATLAS.ti, MAXQDA, The Ethnograph 등과 같은 CAQADAS에 접근하기 어렵다는 점이다. 접근성이 떨어지는 이유로는 친밀도가 떨어지는 인터페이스, 복잡한 구조와 기능, 한글 지원 기능 부재 등이 있다. 이로 인해 질적연구를 수행하는 데 있어 CAQDAS를 사용하려는 연구자가 처음에는 넘치는 의욕과 연구 열정을 가지고 접근하였다가도 위와 같은 어려움으로 인해 CAQDAS를 마스터하는 것이 또 하나의 연구거리로 전락해버리는 경우가 발생한다. 이것은 연구자들로 하여금 이중적인 부담을 가중하는 결과를 초래한다.

둘째, 외국의 CAQDAS를 구입하는 데 고비용이 발생하여 연구자들의 경제적 부담으로 이어지고 있다. 국내 연구자들이 외국 소프트웨어를 사용하기 위해서는 고액의 비용을 지불하면서 사용을 위한 라이선스를 획득해야 하기 때문에 연구자 개인적 차원에서는 많은 비용이 소비될 뿐만 아니라 국가적 차원에서는 외화 낭비로 이어지고 있다.

이에 파랑새 연구진은 우리나라 연구자들을 위해 한국어로 이용되는 질적자료 분석 소프트웨어를 국내 최초로 만들어 우리나라의 인문/사회과학자들의 현장작업과 자료 분석에 실제적으로 도움이 될 수 있는 이론적/방법적/기술적 지식을 제공하고자 하였다. 국내의 연구자들이 수집한 질적자료를 서구의 연구자들이 만든 NVivo, The Ethnograph, MAXQDA 등의 프로그램들을 활용하여 관리하고 분석하고 공유하고 보관하는 것처럼, 테크놀러지를 활용한 질적자료 관리와 분석의 기술적 방법을 제시하고자 하였다. 그리하여 그동안 외국의 소프트웨어를 수입하여 적용하면서 겪었던 여러 가지 언어적/기술적/경제적 문제들을 해소하면서 한국인이 보다 쉽게 활용할 수 있는 한국어 질적자료 분석 소프트웨어를 국내 처음으로 개발하였다.

3. 파랑새의 첫 날갯짓: 파랑새1.0

1) 파랑새 연구진의 유기적 협력

파랑새1.0을 개발하기 위해 질적연구 전문가, 교육공학 전문가, 컴퓨터 공학 전문가의 유기적 협력체를 구축하였다.

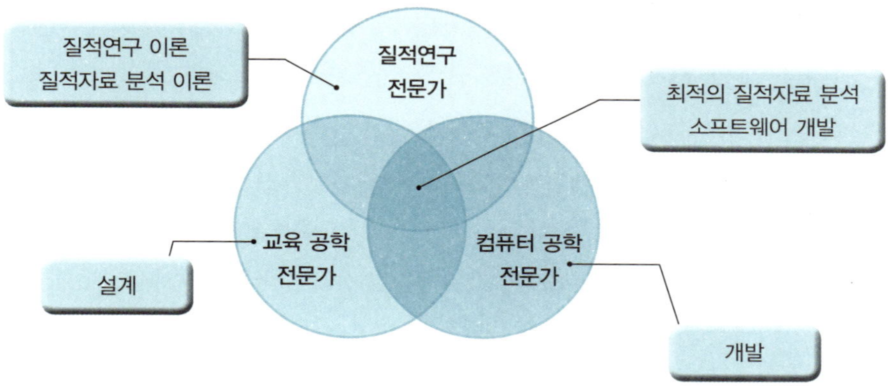

그림 4.1_ 파랑새 연구진의 유기적 협력

질적연구 전문가로는 진주교육대학교 김영천 교수, 고신대학교 이현철 교수가 참여하였다. 김영천 교수는 한국 최초로 교육학 분야에서 질적연구 전공으로 오하이오 주립대학교에서 박사학위를 취득하였으며, *International Journal of Qualitative Studies in Education* 아시아 지역 편집장 역할을 맡고 있다. 질적연구와 관련된 대표적인 저서로는 『질적연구방법론 Ⅰ, Ⅱ, Ⅲ, Ⅳ』, 『네 학교 이야기』, 『별이 빛나는 밤』, 『미운 오리 새끼』, 『가장 검은 눈동자』 등의 베스트셀러를 출간하였으며 문화관광부 선정 인문/사회과학분야 우수학술도서, 대한민국 학술원 인문/사회분야 우수학술도서 저자이다. 그는 질적연구 전문가로 전체 연구 진행 과정을 관장하면서 질적자료 분석의 이론과 한국형 질적자료 분석 소프트웨어 개발을 연계하는 과정에서의 이론 구현 방안, 질적연구자들의 요구 반영을 토대로 지도, 검토 역할을 수행하였다.

이현철 교수는 질적연구를 수행하는 데 있어 외국의 CAQDAS 중의 하나인 NVivo 활용에 정통하다. 이현철 교수는 NVivo를 활용하여 다양한 연구분야의 질적연구를 수행하고 있는데, 그동안 심층적인 질적 분석이 수행되지 못한 종교 영역 및 한인 디아스포라 영역 등이 대표적인 연구분야이다. 그는 전문적인 질적 자료 분석 능력을 인정받아 한국연구재단, 교육부 등 다양한 수준의 연구 과제들을 수행하고 있으며, 질적연구뿐만 아니라 양적연구에도 전문적 역량을 갖추고 있어 최근 CAQDAS들이 지향하는 통합연구적인 특징을 잘 보여주는 학자이다. 특히 그는 『통합연구방법론: 질적연구+양적연구』를 출판하여 이 분야의 논의를 확장시키기도 하였다. 이현철 교수가 가진 NVivo 활용에 대한 전문적 역량 및 질적자료 분석 능력, 다양한 연구 수행 경험은 실제 연구자의 입장과 관점으로 파랑새1.0을 개발하는 데 주요한 아이디어를 제공하였다.

교육 공학 전문가로는 오영범 박사가 참여하였다. 오영범 박사는 질적연구방법을 활용한 다수의 연구 경험을 수행하였고, 교수·학습 시스템 개발 과정에 참여하면서 핵심 설계 원리를 도출하고 설계한 다수의 경험을 가지고 있다. 특히, 그가 가진 전자수행지원시스템(Electronic Performance Support System; 이하 EPSS)에 대한 전문적 역량은 파랑새1.0을 개발하는 데 유용하게 활용되었다. EPSS란 과업을 수행하면서 직면하게 되는 문제를 해결하기 위해 시스템에서 제공하는 단계와 절차를 밟아가는 과정에서 문제를 해결하면서 동시에 관련 지식도 습득하게 되는 원리를 말한다. 이러한 EPSS 원리는 파랑새1.0 개발에 그대로 활용되었다.

실제 개발을 담당한 컴퓨터 공학 전문가로는 주식회사 '정유니브'가 참여하였다. 정유니브는 교육 관련 시스템 및 이러닝 개발 전문 업체로 우수한 프로그래머와 디자이너를 확보하고 있고 다양한 교육 기관의 유용한 시스템을 개발한 다수의 실무 경험을 가지고 있다. 정유니브는 전문적 역량을 발휘하여 질적연구 전문가, 교육 공학 전문가와의 의사소통을 원활하게 이끌었고, 이들의 요구가 무엇인지를 정확하게 파악하여 개발로 연계하는 능력이 탁월하였다.

이처럼 세 영역의 전문가들의 유기적 협력을 바탕으로 파랑새1.0이 개발될 수 있었다.* 정기적인 면대면 회의를 가지면서 설계 원리 도출, 알고리즘 개발, 스토리보드 개발, 프로토타입 개발을 이끌어냈고, 즉각적으로 해결해야 할 문제가 제기될 경우에는 이메일, SNS 등과 같은 온라인 도구를 활용하여 협력 체계를 구축하였다.

2) 파랑새1.0 개발을 위한 연구방법 및 절차

파랑새1.0을 개발하기 위한 주요 연구방법으로 래피드 프로토타이핑 모형을 적용하였다. 프로토타이핑은 요구 분석(requirements analysis)이나 기능 기술(functional specification)과 같은 소프트웨어 개발의 초기 단계에 중점을 두고 활동을 수행하는 접근방법이다. 속성 원형 방법론으로도 불리는 이 방법은 의뢰인 및 학습자의 요구를 초기 단계에 적극적으로 반영함으로써 최종적인 교수 산출물을 개발하기 전에 일련의 프로토타이핑인 원형을 개발하는 교수 설계 방법이다(한국교육공학회, 2005). 이 모형에서는 비교적 대규모 프로그램이나 시스템 설계, 개발에 적용하여 초기의 기획 단계에서부터 최종 시스템의 주요 특성과 기능을 담고 있는 프로토타입을 우선 개발한다. 그리고 이 프로토타입을 바로 실제에 적용해보고, 핵심 기능과 특징들을 분석하고 검증하여 다시 설계, 개발하는 과정을 순환적으로 거친다(Siemens, 2002).

다음 그림에서 보는 것처럼 래피드 프로토타이핑 방법은 정보 수집, 설계, 프로토타입, 재검토, 개발, 실행, 평가로 이어지는 일련의 단계를 따른다. 특히, 설계, 프로토타입, 재검토는 본격적인 개발의 토대가 되는 프로토타입이 완성될 때까지 지속적인 순환을 반복하게 된다. 프로토타입이 확정되면 본격적인 개발에 착수하게 되는데, 개발, 실행, 평가의 반복적인 순환 과정을 통해 최종적으로 개발하게 된다(그림 4.2).

* 파랑새2.0의 개발 작업에는 정상원 선생도 참여하였는데, 그는 현상학적인 접근을 통한 다양한 질적연구 수행 경험과 정련된 질적자료 분석 능력을 통해 파랑새1.0이 가지고 있는 장점을 더욱 극대화시켜 파랑새2.0의 개발과정에서 주요한 역할을 담당하였다. 특별히 연구자들이 파랑새 소프트웨어를 통해 코딩 분석 과정을 심층적으로 수행할 수 있도록 해주었으며, 이는 소프트웨어 내 분석적 메모와 같은 특징과 기능으로 표현되었다.

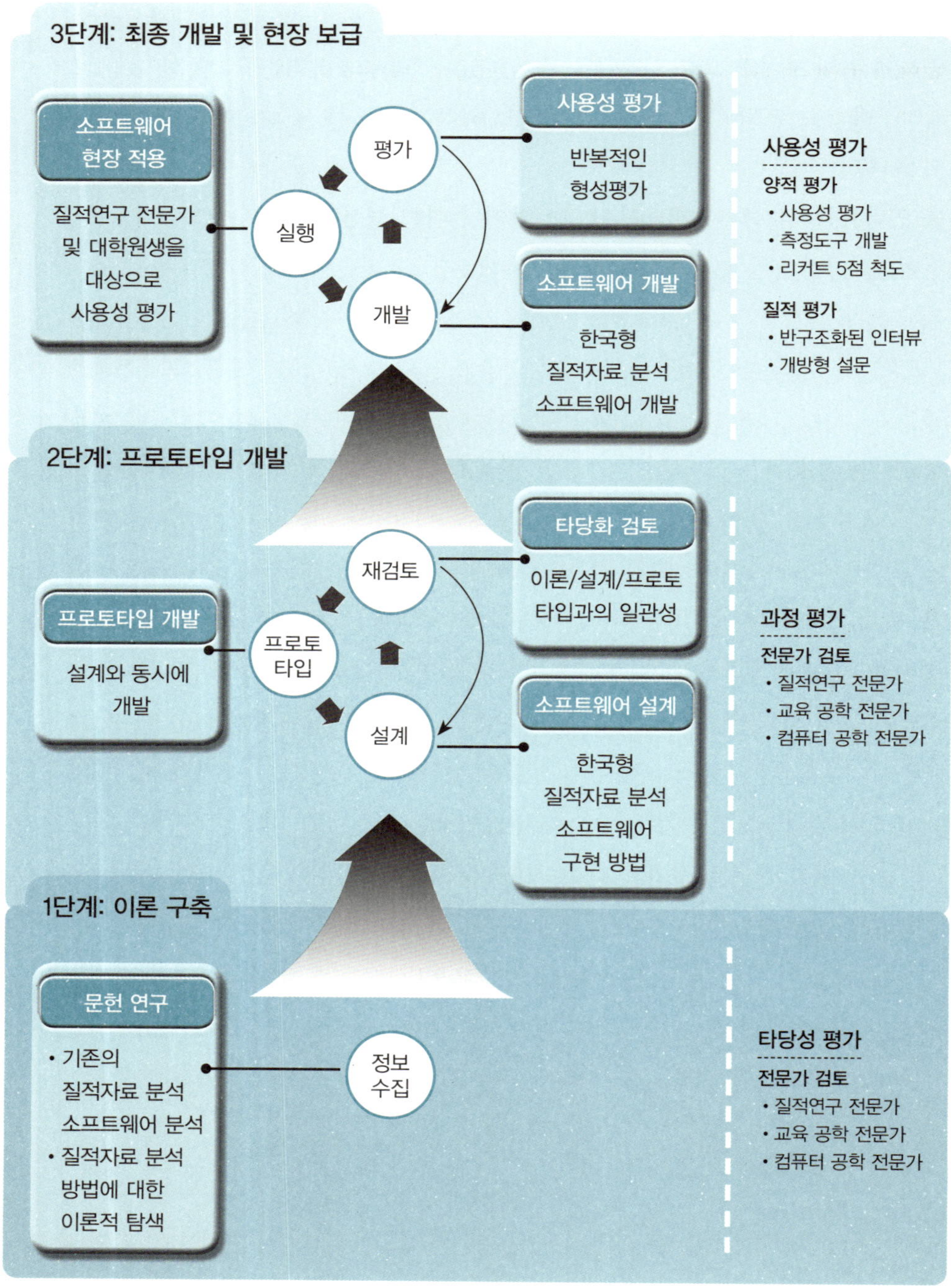

그림 4.2_ 파랑새1.0 개발을 위한 연구방법 및 절차

한국형 질적자료 분석 프로그램인 ‘파랑새1.0’에 대한 타당성 및 효과성을 검증하기 위해 포커스 그룹 인터뷰를 수행하였다. 학계의 질적연구 권위자 3명, 질적연구방법을 활용하여 연구를 수행하고 있는 박사급 연구자 10명, 교육 공학 및 컴퓨터 공학 관련 박사급 전문가 3명을 대상으로 세 차례에 걸쳐 포커스 그룹 인터뷰를 실시하여 개발된 소프트웨어에 대한 형성평가를 수행하였다. 형성평가를 통해 나온 개선하거나 보완해야 할 점 등을 반영함으로써 현장 연구자들을 위해 실행 가능성이 보다 높은 프로그램 완성에 기여하였다.

또한 질적연구를 수행하는 30명의 연구자들을 대상으로 소프트웨어 사용성 평가를 실시할 것이다. Bevan과 Macleod(1994)는 사용성을 “특정 맥락에서 상호작용의 결과로 측정될 수 있는 사용의 질”로 정의하면서 전체적인 시스템 맥락은 사용자들(users), 목적(goals), 시스템 자체(system itself), 그리고 물리적 환경(physical environment)의 네 가지로 구성되어 있다고 언급하였다. 또한 국제 표준화 기구(International Standards Organization)에 의한 사용성(usability)의 공식적 정의는 사용자들이 특별한 환경에서 명시된 목적을 달성하는 데 필요한 효과성, 효율성, 그리고 만족감이라고 밝혔다(Bevan & Macleod, 1994). 본 연구의 사용성 평가를 위해 다음과 같은 5점 리커트 척도로 개발된 설문지를 활용하였다(표 4.1).

3) 파랑새1.0 알고리즘

파랑새1.0은 CAQDAS에 담길 기본 기능을 충실히 구현하고 질적연구에서 테크놀러지 활용의 단점을 보완할 수 있도록 사용자 중심의 인터페이스를 극대화하는 데 주력하였다. 먼저, CAQDAS에서 구현될 기본 기능으로 ① 텍스트 자료 입력 및 저장, ② 그림과 영상 자료의 편집과 분석, ③ 단어 및 코딩 자료의 빈도 비율 표시 및 양적연구를 위한 소프트웨어의 호환 기본 기능을 고려하였다. 둘째, 질적연구에서 테크놀러지 활용의 단점으로 부각되고 있는 ① 질적연구방법론의 전통과 컴퓨터를 응용한 질적연구 자료 분석 시스템 사이의 논리적 불일치,

표 4.1_ 사용성 평가를 위한 설문지

영역	질문 내용	평가 대상
효과성 (effectiveness)	1. 질적연구자들에게 유용한 시스템이다.	사용자들
	2. 질적연구자들의 연구 수행 의욕을 촉진한다.	조직 환경
	3. 연구방법이 질적연구자들에게 실질적인 도움이 된다.	목적/과업
	4. 연구방법을 도울 수 있는 효과적인 방법이다.	시스템 자체
	5. 기존의 전통적인 질적연구방법보다 효과적이다.	조직 환경
효율성 (efficiency)	6. 연구를 수행하는 데 시간과 비용이 절약된다.	시스템 자체
	7. 연구 문제를 해결하면서 새로운 지식을 습득할 수 있다.	목적/과업
	8. 연구 수행을 위한 정보 제공 방법이 간결하다.	목적/과업
	9. 용어나 문장이 이해하기 쉽게 되어 있다.	시스템 자체
	10. 인터페이스가 사용자 중심으로 편리하게 설계되었다.	시스템 자체
매력성 (appeal)	11. 이 시스템을 사용하는 것 자체가 재미있다.	사용자들
	12. 연구 과정이 흥미롭다.	사용자들
	13. 앞으로도 이 소프트웨어를 사용하여 연구를 하고 싶다.	목적/과업
	14. 많은 질적연구자들이 이 소프트웨어를 활용할 것이다.	사용자들
	15. 질적연구 수행에 활용하면 매력적일 것이다.	조직 환경

② 사용자 중심이 아닌 도구 활용의 전문가를 위한 어려운 매뉴얼, 소프트웨어를 배워야 하는 데 소요되는 시간투자에 대한 부담감을 해소하기 위해 노력하였다. 이러한 두 가지 측면을 고려하면서 김영천과 김진희(2008)가 『질적연구방법론 II : Software and Qualitative Analysis』에서 제시한 질적자료 분석 소프트웨어의 6가지 기능을 토대로 설계하였다. 즉, ① 자료 입력, ② 자료 관리, ③ 검색, ④ 코딩, ⑤ 분석 및 자료 변환, ⑥ 자료 연결 및 상호관계의 기능을 전사, 코딩, 주제 생성이라는 질적연구방법의 기본적인 절차 속에 삽입하였다.

한국형 질적자료 분석 프로그램인 '파랑새1.0' 개발을 위해 추출한 설계 요소를 중심으로 프로그램의 전체적인 흐름의 바탕이 되는 알고리즘을 개발하였다.

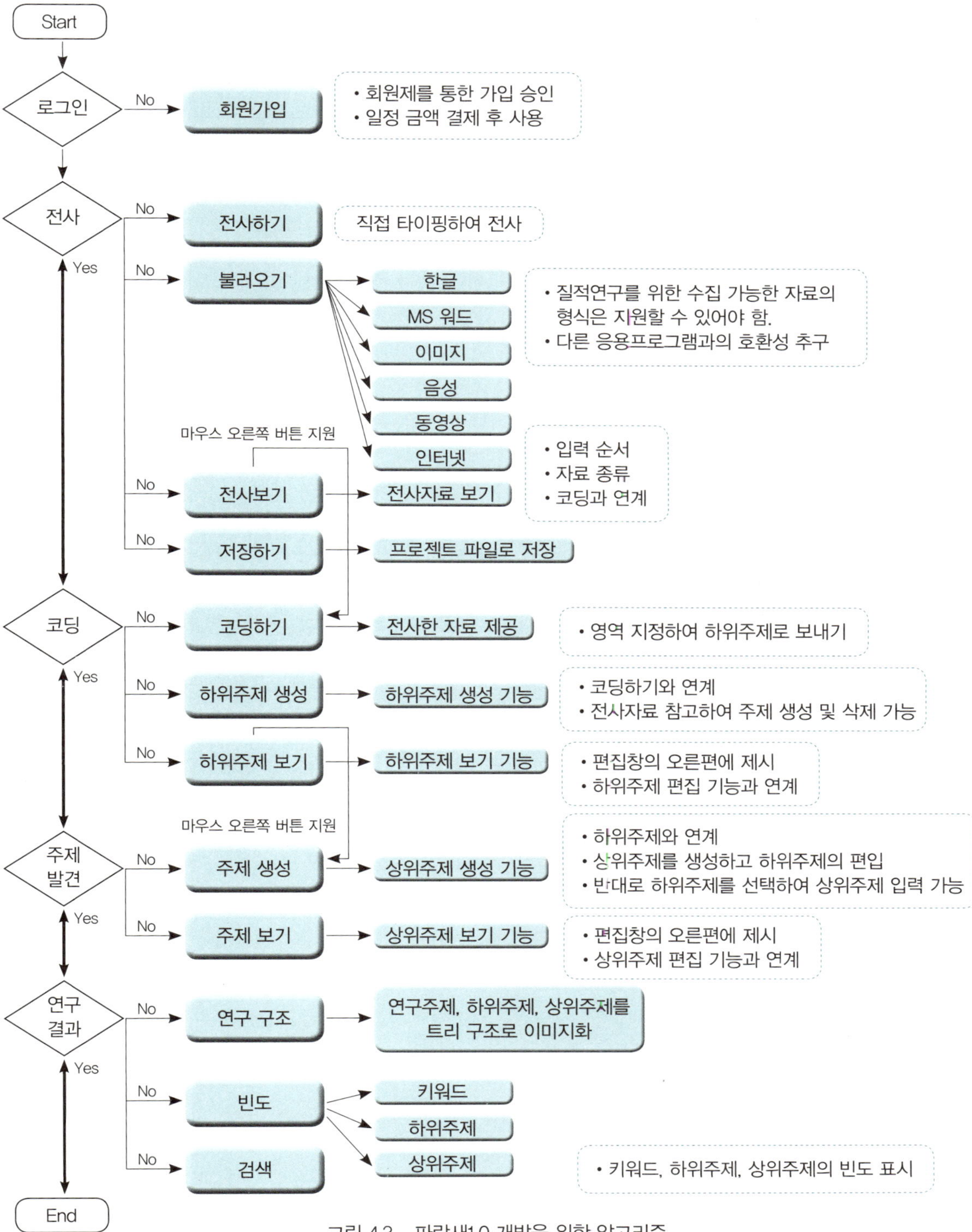

그림 4.3_ 파랑새1.0 개발을 위한 알고리즘

주요 메인 메뉴는 질적연구 수행의 기본적인 3단계인 전사, 코딩, 주제 발견을 활용하여 질적연구를 수행하는 초보자라 할지라도 연구를 수행하는 가운데 자연스럽게 질적연구방법을 습득할 수 있도록 하였다. 이것은 수행공학에서 실제 과제를 수행하면서 관련 지식을 습득하게 되는 전자수행지원시스템의 원리를 적용한 것이다. 또한 웹기반으로 구축함으로써 사용자들의 접근성을 용이하게 하였으며 사용사 중심의 인터페이스를 위해 쉽게 설계하였다.

4) 파랑새1.0 스토리보드 개발

앞서 제시한 파랑새1.0 알고리즘을 이용하여 개발의 토대가 되는 스토리보드를 개발하였다(그림 4.4).

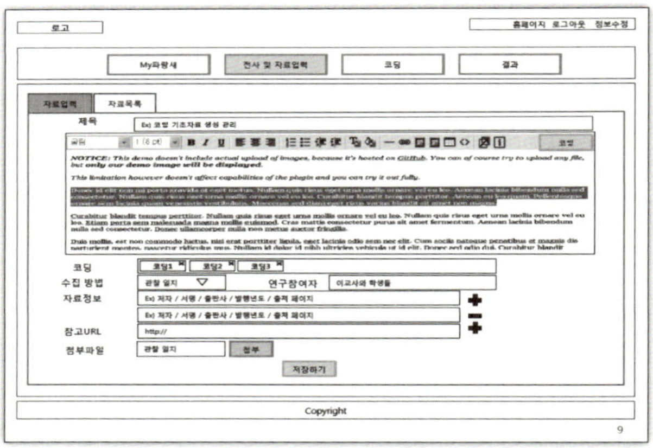

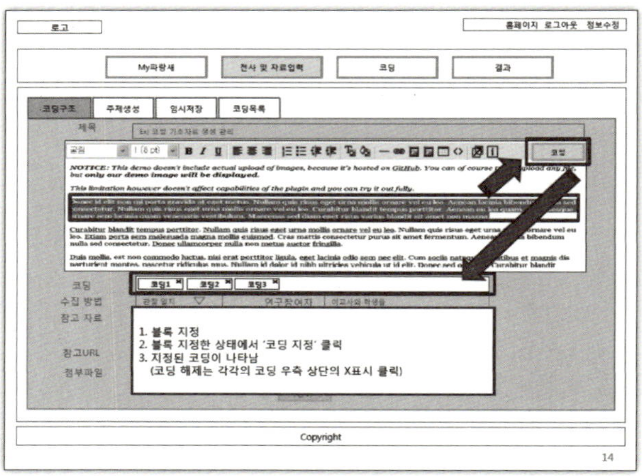

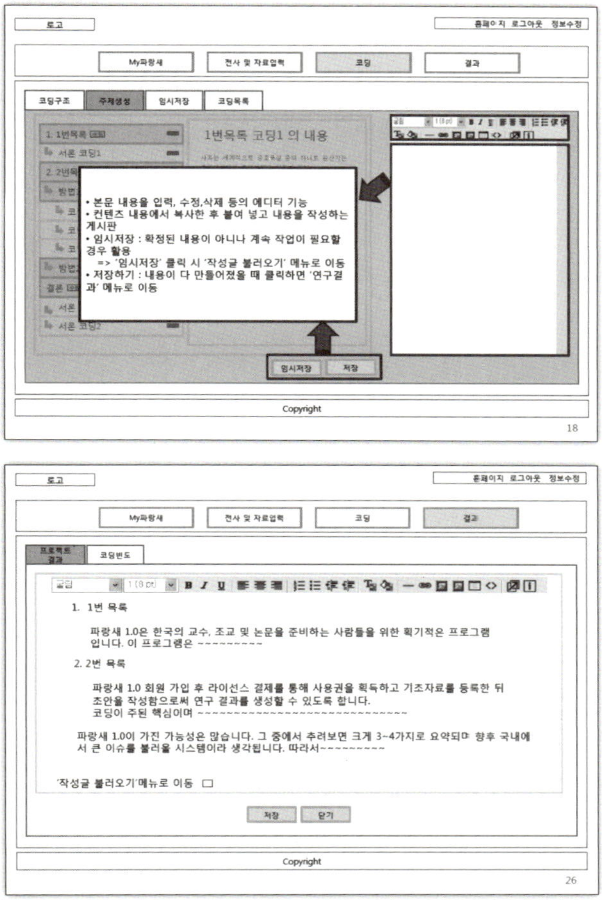

그림 4.4_ 스토리보드 개발 과정

5) 파랑새1.0 개발

한국형 질적자료 분석 프로그램인 '파랑새1.0'은 웹기반(http://www.thebluebird.kr)으로 개발되었으며 메인 메뉴는 아래와 같다(그림 4.5).

그림 4.5_ 파랑새1.0 메인 메뉴

'My 파랑새'에서는 현재 진행 중인 연구에 대한 전반적인 정보 및 개인 정보를 확인할 수 있고, '코딩'에서는 질적자료를 전사하거나 입력하는 기능, 코드화·카테고리화·주제 생성 작업을 도와주고 글쓰기 기능을 제공하고 있다. 마지막으로 '결과'는 연구 결과를 수정하거나 인쇄 기능을 제공하여 연구물을 검토할 수 있도록 해주며 질적자료를 수량화하여 제공해주는 기능을 가지고 있다. 먼저 본 연구에서 개발된 '파랑새1.0'의 주요 기능을 제공하고 있는 '코딩'과 '결과' 메뉴를 살펴보고자 한다.

(1) 코딩

코딩은 질적연구 과정에서 수집한 자료를 입력할 수 있는 기능을 제공한다. 코딩에서는 자료를 입력하거나 전사할 수 있는 기능 외에 코딩을 하고, 생성한 코드를 바탕으로 카테고리화할 수 있는 기능을 제공하며, 카테고리를 바탕으로 의미 있는 주제를 도출하는 기능을 제공하고 있다. 전사, 코딩, 주제 발견이 하나의 메뉴 아래 있는 이유는 질적연구 수행의 과정이 단계별로 분절되어 있는 것이 아니라 전사와 동시에 코딩이 이루어지고 코드들을 바탕으로 주제를 생성하는 동시적으로 이루어지는 작업의 속성 때문이다. 특히, 자료를 입력하거나 수집한 데이터를 전사할 경우, 다양한 형태의 질적자료가 구분될 수 있도록 관찰일지, 면담, 성찰일지, 자유글쓰기, 기록물, 직접입력 등의 6가지 옵션을 제공하였다(그림 4.6).

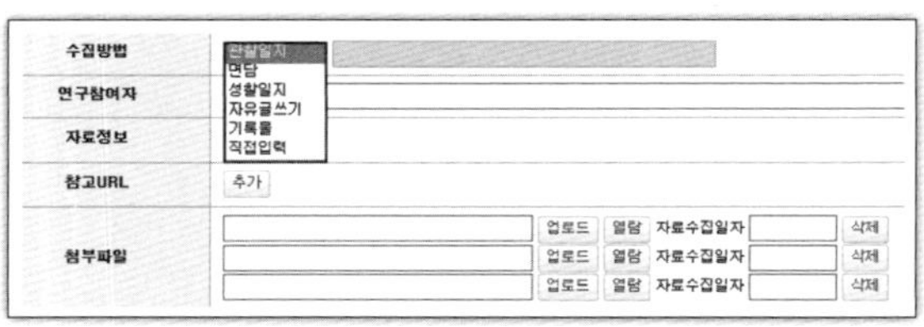

그림 4.6_ 전사 및 자료 입력에서의 옵션

전사 및 자료입력에서는 위의 그림과 같은 기능을 제공하고 있는데, 이들의 세부 기능을 살펴보면 표와 같다(표 4.2).

표 4.2_ 전사 및 자료 입력의 세부 기능

구분	기능 설명
수집방법	질적자료 수집 유형 선택
연구참여자	연구참여자에 대한 정보 기록
자료정보	입력하거나 전사한 자료에 대한 부연
참고URL	수집한 자료가 웹자료인 경우 주소 입력
첨부파일	관련 파일 백업 혹은 저장

'코딩'의 하위 메뉴 중, '코딩지정'에서는 입력한 자료의 목록을 그림과 같이 일목요연하게 제시해주고 코딩지정을 클릭하여 연구 목적에 부합하는 텍스트를 질적 코드로 생성할 수 있는 기능을 제공하고 있다(그림 4.7).

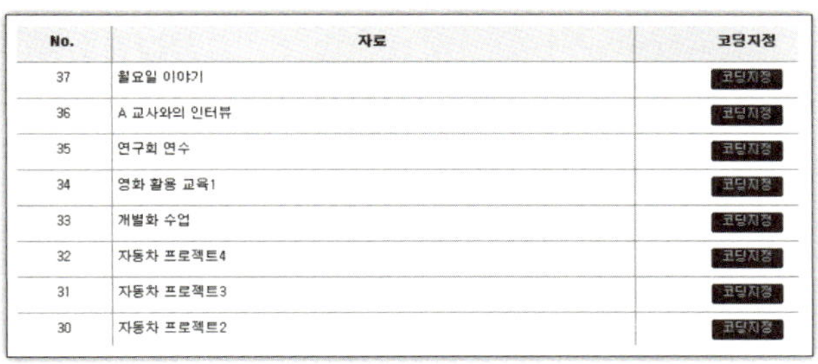

No.	자료	코딩지정
37	월요일 이야기	코딩지정
36	A 교사와의 인터뷰	코딩지정
35	연구회 연수	코딩지정
34	영화 활용 교육1	코딩지정
33	개별화 수업	코딩지정
32	자동차 프로젝트4	코딩지정
31	자동차 프로젝트3	코딩지정
30	자동차 프로젝트2	코딩지정

그림 4.7_ 입력한 자료 목록

코딩지정을 통해 다음과 같이 의미 있는 텍스트를 블록지정하고 우측 상단에 있는 코딩 버튼을 클릭하여 텍스트를 코드로 전환할 수 있다(그림 4.8).

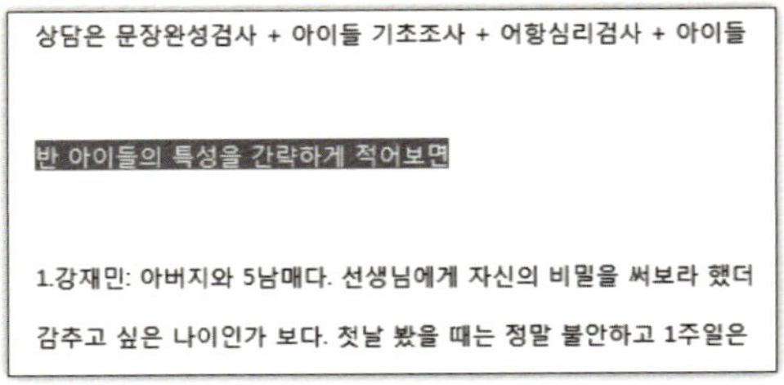

그림 4.8_ 블록 지정을 통한 코드화

코딩 버튼을 클릭하면 다음 그림과 같이 코드화할 수 있는 창이 나타나고, 질적연구자는 코드명을 부여하여 저장할 수 있다(그림 4.9).

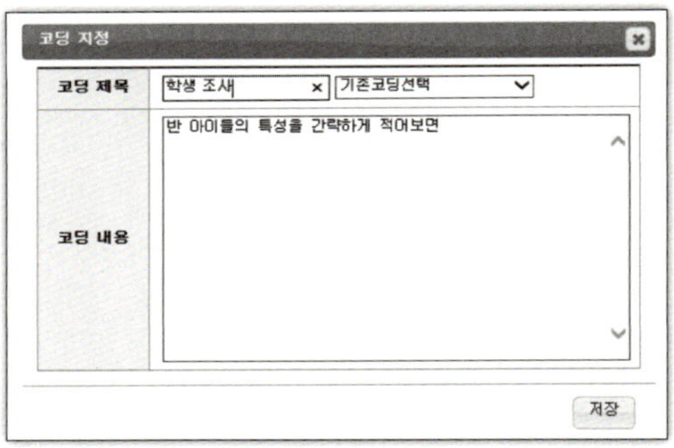

그림 4.9_ 코딩지정 창

코딩지정 기능을 이용하여 생성한 코드가 하단에 나란히 배치되는 모습을 그림을 통해 확인할 수 있다. 이때 코드 옆의 X표시를 클릭하여 코드를 삭제할 수 있다(그림 4.10).

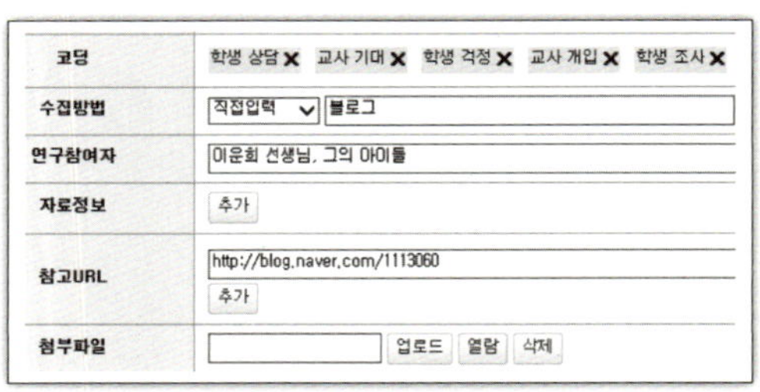

그림 4.10_ 코딩 생성

코딩 생성 기능을 통해 여러 코드들이 생성되면 이것을 바탕으로 범주화가 가능해진다. 질적연구자는 생성된 코드들을 바탕으로 연구의 목적에 맞게 유사한 코드들을 조합하여 범주화할 수 있다(그림 4.11, 4.12).

그림 4.11_ 범주화 기능

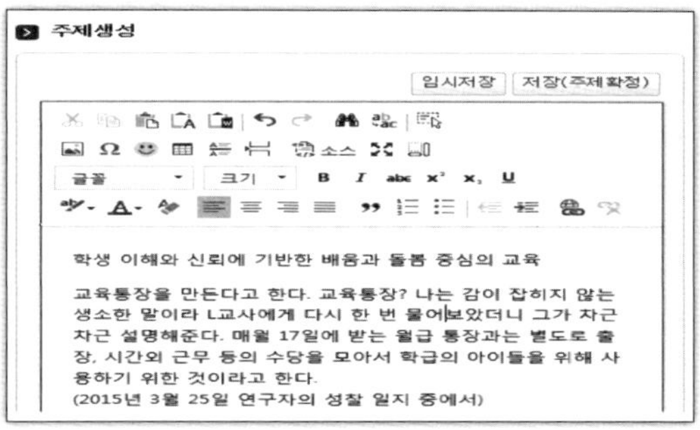

그림 4.12_ 주제 생성

그림 4.11의 범주화를 바탕으로 그림 4.12의 주제 생성을 통해 연구 목적에 부합하는 주제를 도출하고 인용문을 삽입하여 현상을 기술하고 해석하는 글쓰기를 수행할 수 있다.

(2) 결과

'결과'는 '프로젝트 결과'와 '코딩빈도'라는 두 개의 하위 메뉴로 이루어져 있다. 프로젝트 결과는 연구자의 반성적 성찰과 이론의 결합을 통해 새로운 통찰이 이루어지는 경우 주제를 수정할 수 있는 기능과 함께 출력할 수 있는 기능을 제공하여 가독성을 높여 연구물을 검토할 수 있도록 하였다(그림 4.13).

그림 4.13_ 프로젝트 결과

코딩빈도에서는 연구 과정에서 생성된 코드들이 카테고리로 지정된 비율과 코딩 상세 내역을 확인할 수 있다(그림 4.14, 4.15).

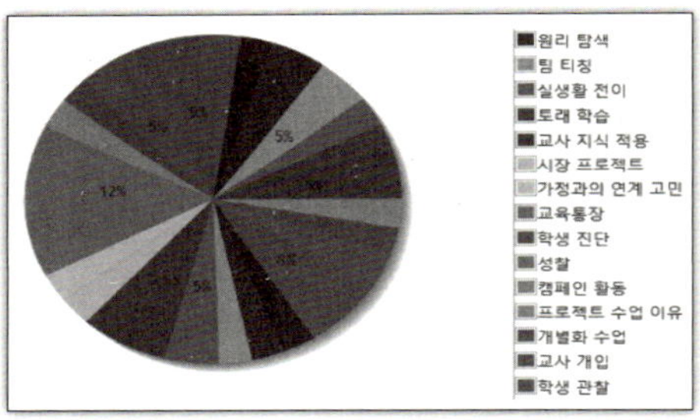

그림 4.14_ 카테고리 지정 비율

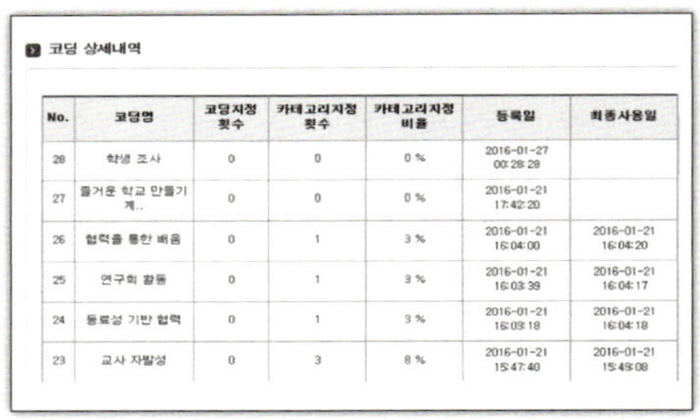

코딩 상세내역

No.	코딩명	코딩지정 횟수	카테고리지정 횟수	카테고리지정 비율	등록일	최종사용일
28	학생 조사	0	0	0 %	2016-01-27 00:28:28	
27	즐거운 학교 만들기 계..	0	0	0 %	2016-01-21 17:42:20	
26	협력을 통한 배움	0	1	3 %	2016-01-21 16:04:00	2016-01-21 16:04:20
25	연구회 활동	0	1	3 %	2016-01-21 16:03:39	2016-01-21 16:04:17
24	동료성 기반 협력	0	1	3 %	2016-01-21 16:03:18	2016-01-21 16:04:18
23	교사 자발성	0	3	8 %	2016-01-21 15:47:40	2016-01-21 15:49:08

그림 4.15_ 코딩 상세 내역

이 두 그림에서처럼 질적자료를 수량화하여 제공함으로써 연구 과정의 신뢰성을 확보하고 연구방법 측면에서 타당도를 높일 수 있도록 하였다.

6) 파랑새1.0 평가

(1) 사용성 평가

파랑새1.0의 사용성을 평가하기 위해 효과성, 효율성, 매력성의 세 가지 요소에 기반한 15개 문항으로 구성된 평가지를 개발하여 질적연구를 수행하고 있거나 수행한 경험이 있는 30명(대학원생 21명, 교수 9명)에게 평가를 실시하였다(표 4.3).

표 4.3_ 파랑새1.0의 사용성 평가

영역	질문 내용	평균
효과성	1. 질적연구자들에게 유용한 시스템이다.	4.36
	2. 질적연구자들의 연구 의욕을 촉진한다.	3.94
	3. 파랑새1.0을 통한 질적연구가 연구에 실질적인 도움이 된다.	4.11
	4. 질적연구를 도와줄 수 있는 효과적인 방법이다.	3.88
	5. 기존의 전통적인 질적연구방법보다 효과적이다.	3.91
	평균	4.04
효율성	6. 질적연구를 수행하는 데 시간과 비용이 절약된다.	4.05
	7. 질적연구를 수행하면서 관련 지식을 습득할 수 있다.	4.20
	8. 질적연구 수행을 위한 정보 제공 방법이 간결하다.	4.15
	9. 용어가 이해하기 쉽게 되어 있다.	3.72
	10. 인터페이스가 사용자 중심으로 편리하게 설계되었다.	3.81
	평균	3.99
매력성	11. 파랑새1.0을 사용하는 것 자체가 재미있다.	4.17
	12. 파랑새1.0을 활용한 질적연구 과정이 흥미롭다.	4.26
	13. 앞으로도 파랑새1.0을 활용하여 질적연구를 하고 싶다.	4.17
	14. 많은 질적연구자들이 이 시스템을 활용할 것이다.	4.15
	15. 질적연구에 활용하면 매력적일 것이다.	4.17
	평균	4.18
전체 평균		4.05

사용성 평가 결과, 효과성 4.40, 효율성은 3.99, 매력성은 4.18로 나타났으며, 전체 평균도 4.05로 높게 나타났다. 이를 통해, 파랑새1.0은 질적연구를 수행하는 연구자들에게 질적자료를 체계적으로 관리하고 분석하는 데 유용하고, 연구 수행의 시간과 노력 측면에서의 효율성을 제공하며, 파랑새1.0을 활용하여 질적연구를 수행하는 것에 많은 관심과 흥미를 불러일으키는 것으로 드러났다.

(2) 질적 평가

파랑새1.0에 대한 사용성을 평가하기 위해 질적 접근 방법을 병행하였다. 질적 권위자 3명, 질적연구방법으로 연구를 수행하고 있는 박사급 연구자 3명, 교육 공학 및 컴퓨터 공학 전문가 3명을 대상으로 파랑새1.0의 효과성, 효율성, 매력성에 대한 인터뷰를 반구조화된 방법으로 실시하였다. 이들은 한국형 질적 자료 분석 프로그램인 파랑새1.0은 방대한 자료에 기반한 장기간의 질적연구 수행에 도움이 되는 효과적인 도구라고 언급하였다.

> 자료를 체계적으로 관리하고 분석하는 역량이 다소 부족한 질적연구 초보자들에게는 파랑새를 활용하면 많은 도움이 될 것 같아요. 연구가 이루어지는 시작부터 끝까지 전체를 유기적으로 조망하도록 도와줄 수 있어 연구 맥락을 풍부하게 드러내 줄 수 있을 것 같아요.
>
> (2015년 8월 25일 질적연구 전문가 C교수와의 인터뷰 중에서)

> 질적연구는 연구가 진행되는 과정에서 수많은 자료들로 인해 코딩의 무덤 속에 빠져들 수 있는데, 파랑새를 이용하면 자료를 체계적으로 관리하고 분석하는 데 많은 도움이 될 것 같아요.
>
> (2015년 9월 10일 질적연구 전문가 A교수와의 인터뷰 중에서)

위에서 언급한 것처럼, 평가 대상자들은 파랑새1.0은 체계적인 자료 관리 및 초보자들의 질적연구 수행에 효과적임을 언급하였다. 또한 방대한 자료의 혼란으로부터 벗어나게 해주는 측면도 드러났다. 이러한 효과성 외에도 파랑새1.0은 질적연구 과정의 효율성을 제공한다고 언급하였다.

> 파랑새를 활용한 질적연구방법은 전통적인 질적연구방법보다 연구 수행의 시간과 연구자의 부담을 덜어줄 것으로 기대합니다.
>
> (2015년 9월 2일 교육 공학 전문가 A교수와의 인터뷰 중에서)

> 그렇잖아도 지금 학위 논문을 질적연구방법으로 쓰고 있는 중인데, 파랑새를 만날 수 있어 정말 다행입니다. 시간이 엄청 단축될 것 같아요.
>
> (2015년 10월 13일 P대학교 대학원생 B와의 인터뷰 중에서)

또한 이들은 파랑새1.0은 기존의 다른 질적자료 분석 소프트웨어들에 비해 인터페이스와 구동되는 논리가 단순하여 사용자 중심의 도구라는 매력성이 있음을 언급하였다. 더불어, 좀 더 정교한 기능들이 부가적으로 추가 및 개선된다면 더욱 매력적인 도구가 될 수 있다는 조언도 덧붙였다.

> 파랑새는 엔비보에 비해 인터페이스가 너무 간단해서 배우기 쉽네요. 그리고 질적연구 과정이 메뉴화되어 있어 더욱 유용한 것 같아요.
>
> (2015년 9월 10일 질적연구 전문가 A교수와의 인터뷰 중에서)

> 코드들을 한눈에 볼 수 있는 코드북이 있으면 좋겠어요. 그리고 카테고리를 만드는 기능이 다소 복잡한 것 같은데, 보다 쉬운 구조로 수정할 필요가 있을 것 같아요. 파랑새2.0을 기대합니다.
>
> (2015년 10월 1일 질적연구 전문가 B교수와의 인터뷰 중에서)

제5장

파랑새2.0의 소개와 활용

1. 파랑새2.0의 특징

2015년 4월 24일에 첫 선을 보인 파랑새1.0은 사용자들의 요구와 연구진의 지속적인 수정, 보완 작업을 통해 1년 만에 파랑새2.0으로 업그레이드할 수 있었다. 파랑새1.0과 파랑새2.0에 걸쳐 유지해온 기본적인 기능을 중심으로 특징을 살펴보고 파랑새2.0만의 차별적인 장점을 살펴보고자 한다. 먼저, 파랑새2.0이 가진 특징을 살펴보면 다음과 같다.

첫째, 주요 메뉴가 전사, 코딩, 주제 생성으로 이어지는 질적연구방법을 프로그램에 그대로 구현하였다는 점이다. 즉, 파랑새2.0을 활용하여 질적연구의 주요 방법을 체득할 수 있을 뿐만 아니라 연구 수행 과정에서 생성되는 방대한 자료를 효과적으로 관리할 수 있다.

둘째, 수집된 자료를 불러오거나 직접 입력이 가능하다. 질적연구자들은 수집한 질적자료를 전사한 후 파일화하여 컴퓨터에 저장하는 경우가 많다. 예를 들어, 연구자가 연구참여자들을 대상으로 인터뷰를 하였다면 모든 내용을 보이스 레코딩 기기를 활용하여 녹음할 것이다. 녹음 후에는 다시 재생하면서 모든 내용을 전사하게 되는데, 이 과정에서 한글 혹은 MS 워드 같은 문서 편집 프로그램을 활용하여 전사 작업을 수행하게 된다. 이렇게 만들어진 전사본 파일을 파랑새2.0으로 불러와 질적자료를 효과적으로 관리하면서 분석할 수 있다. 또한 파랑새2.0 자체에서 자료를 직접 입력할 수도 있다. 웹과 연결된 노트북이 있다면 연구자는 현장을 직접 참여 관찰하거나 성찰한 내용을 입력할 수도 있다.

셋째, 자체 입력 기능을 활용하여 오디오와 자료의 전사도 가능하다. 파랑새2.0은 자체 텍스트 입력 기능을 제공하기 때문에, 컴퓨터에서 기본적으로 제공하는 오디오를 재생하면서 연구에 필요한 내용을 직접 전사함으로써 시간 효율성을 제공할 수 있다.

넷째, 기존의 질적자료 분석 소프트웨어를 습득하면서 낭비되었던 시간과 노력을 최소화할 수 있다는 장점이 있다. 외국에서 개발된 기존의 질적자료 분석 소프트웨어의 가장 큰 단점으로 지적된 사항은 소프트웨어를 활용하는 데 많은 학습 시간과 노력이 소비된다는 점이다. 앞서 언급한 것처럼, 질적연구의 주요 방법인 전사-코딩-주제 생성을 그대로 파랑새2.0에 메뉴화하였기 때문에 파랑새2.0의 사용법을 익히기 위해 별도의 많은 시간과 노력을 투자할 필요가 없다는 것이 큰 장점이라고 할 수 있다.

다섯째, 사용자 편의성을 추구하였다. 파랑새2.0은 세계 최초 한글기반 질적자료 분석 소프트웨어이다. 그렇기 때문에 한국의 질적연구자들이 수집한 자료를 체계적으로 관리하면서 질적 분석을 가능하도록 하기 위해 사용자들이 쉽게 접근할 수 있도록 사용자 중심의 인터페이스를 구현하였다.

여섯째, 개인 연구뿐만 아니라 팀 기반 공동 연구 수행을 가능하도록 하였다. 기존의 외국 소프트웨어와는 다르게 파랑새2.0은 CD-ROM 방식이 아닌 웹 기반 사이트 형태로 개발하였다. 따라서, 물리적으로 떨어져 있는 연구자들은 공동 연구를 수행할 수도 있다. 이것은 질적연구를 수행하는 공동의 연구자들에게 많은 시사점을 제공한다. 먼저, 물리적으로 다른 공간에 있는 각 연구자들을 파랑새2.0을 통해 동일한 가상공간에 집결시킨다. 이것은 연구자들의 사회적 실재감(social presence)을 높여 팀 기반 협력을 통한 공동 연구의 효과성을 극대화하는 데 기여할 수 있다. 또한 연구자들은 역할을 분담하여 공동 연구를 효과적으로 수행할 수 있다. 예를 들어, 두 명의 공동 연구자가 동일한 연구를 수행한다면 한 명은 질적자료를 수집하여 전사하고 다른 한 명은 코딩하고 주제 생성하는 작업을 수행한 후, 최종적으로 공동의 사고를 통해 연구 결론을 도출할 수 있다. 마지막으로 각 연구자들의 관점을 효과적으로 반영할 수 있다. 코딩된 자료 혹은 생성된 주제에 다른 연구자들의 관점이 결합됨으로써 미처 생각하지 못했던 연구 결과를 발견하도록 하여 시너지 효과를 제공할 수 있다.

2. 파랑새2.0의 장점

파랑새2.0의 기능을 중심으로 기본적인 특징들을 살펴보았다. 이번에는 파랑새1.0이 2.0으로 업그레이드되면서 어떠한 기능이 새롭게 추가되었으며 어떤 점에서 1.0과 차별성을 띠고 있는지를 살펴보고자 한다. 먼저, 파랑새2.0에 새롭게 추가된 기능은 다음과 같다.

- 오디오 파일 가져오기로 진행되는 효율적인 자료 전사
- 분석적 메모 기능 추가로 질적연구자의 반성적 성찰 촉진
- 코드북 기능을 통해 한눈에 보는 내가 만든 코드 목록

첫째, 코드북 기능을 추가하여 연구자가 연구를 수행하면서 생성한 모든 코드들을 한눈에 볼 수 있는 편의성을 제공하였다. 파랑새1.0에는 연구자가 생성한 수많은 코드들을 한눈에 볼 수 있는 기능이 없었다. 연구자가 생성한 코드들은 유목화하는 기초 자료로 기능하기 때문에 한눈에 살펴보고 검토함으로써 유목화하는 편의를 제공할 필요가 있다. 이를 위해 파랑새2.0에는 코드북 기능을 두어 질적자료를 효과적이고 효율적으로 관리하고 분석할 수 있도록 하였다.

둘째, 오디오 파일을 파랑새2.0 안으로 불러와서 전자 작업을 수행할 수 있는 편의를 제공하였다. 많은 질적연구자들은 질적자료를 수집하는 방법으로 연구참여자들과 인터뷰를 한다. 이때 연구참여자의 생생한 목소리를 담기 위해 보

이스 레코딩 혹은 스마트폰의 녹음 기능을 이용하고 녹음된 것을 전사하는 과정을 통해 질적자료화하게 된다. 이처럼 파랑새2.0에는 오디오 파일을 불러와서 동시에 전사할 수 있는 기능을 부여하였다. 이를 통해, 질적연구자들에게 전사 작업의 효율성을 제공할 것이다.

셋째, 분석적 메모 기능을 부여하여 질적연구자의 반성적 성찰 과정이 반영될 수 있도록 함으로써 타당화를 고려하였다. 질적연구에서는 장기간의 연구 과정에서 연구자의 반성적 성찰이 중요한 요소로 부각된다. 즉, 이론 탐색과 자료 수집의 순환적인 과정에 개입하는 반성적 성찰은 연구자가 밝히려는 목적 달성에 근접할 수 있도록 도와준다. 이처럼 분석적 메모 기능을 부여함으로써 질적연구를 수행하는 과정에서 발생하는 연구자의 반성적 성찰을 기록하고 저장할 수 있도록 하였다.

3. 파랑새2.0 100% 이해하기

'파랑새2.0 100% 이해하기'에서는 파랑새2.0이 탑재되어 있는 웹 사이트를 중심으로 질적연구를 수행하는 실제 사용자의 입장에서 살펴보도록 한다.

1) 파랑새 접속 및 회원가입

질적연구를 위해 파랑새 사이트(http://www.thebluebird.kr)에 접속한다.

이 사이트는 파랑새를 활용한 질적자료 분석을 가능하게 하는 시스템이 아니라 질적연구 및 파랑새를 소개하는 웹 사이트이다. 이 사이트에 전반적인 질적연구에 대한 안내, 파랑새2.0의 활용 방법 및 매뉴얼, 파랑새 워크숍 소개, 질적연구 관련 도서 및 논문 안내, 질적연구에 대한 연구 및 자문 공간을 둠으로써 사용자들이 질적연구에 관한 다양한 서비스를 받을 수 있도록 하였다.

파랑새 시스템에 접속하기 위해서는 바로가기 버튼을 클릭하거나 상단의 파랑새2.0/파랑새2.0 입장을 클릭한다. 파랑새 시스템의 사용은 회원가입 후 사용할 수 있기 때문에 반드시 회원가입을 한다.

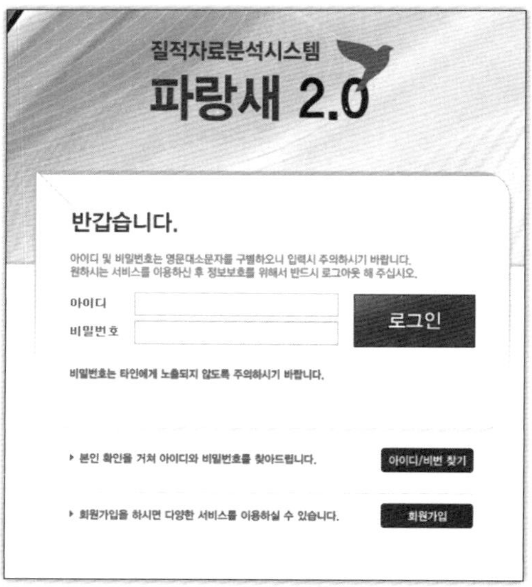

회원가입 버튼을 클릭하면 회원가입 절차에 따라 파랑새 회원으로 가입할 수 있다. 먼저, 파랑새 회원가입에 대한 약관에 동의하고 안내하는 절차에 따라 가입한다.

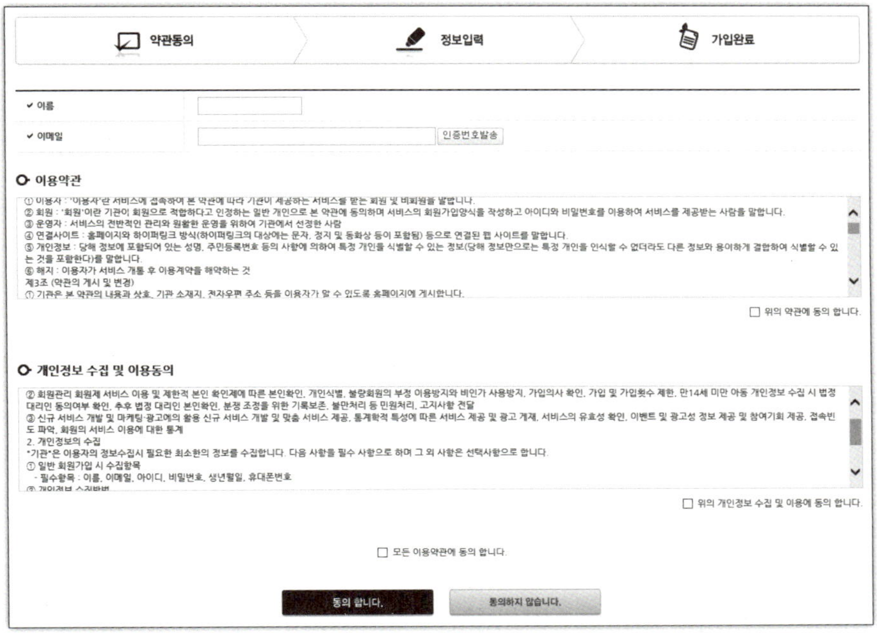

파랑새 회원가입 후, 아이디와 비밀번호를 입력하여 접속하면 아래와 같은 파랑새 시스템의 메인 화면을 볼 수 있다.

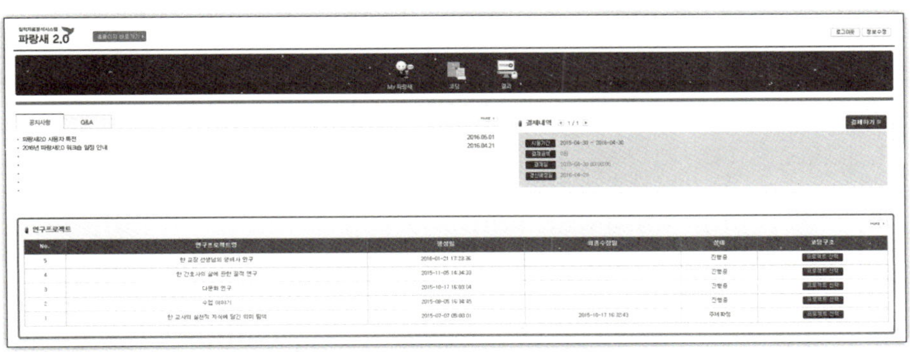

이 그림에서 보는 것처럼, 파랑새 시스템 메인 메뉴에서는 파랑새 메뉴, [공지사항] 및 [Q&A], [결제내역], 그리고 현재 진행 중인 [연구 프로젝트]를 확인할 수 있다. 각 부분에 대한 간단한 설명을 통해 파랑새의 메인 화면의 모습을 파악하도록 한다.

2) 파랑새 메인 화면

(1) 파랑새 메뉴 구성

파랑새 메뉴는 [My 파랑새], [코딩], [결과]의 세 가지로 구성되어 있다. 이들에 대한 세부 기능과 설명은 구체적인 활용 방법을 다루는 절에서 살펴보고자 한다.

(2) 공지사항 및 Q&A

이 부분은 파랑새 사이트(www.thebluebird.kr)와 연동된 것으로 여기에서 홈페이지를 통해 제공되는 공지사항과 사용자들이 궁금해하는 사항을 실시간으로 확인할 수 있다. 더불어, 파랑새 시스템을 사용하면서 생기는 의문이나 문제점을 게시함으로써 파랑새 전문가들과의 비실시간 상호작용의 효과성을 구현한 것이다.

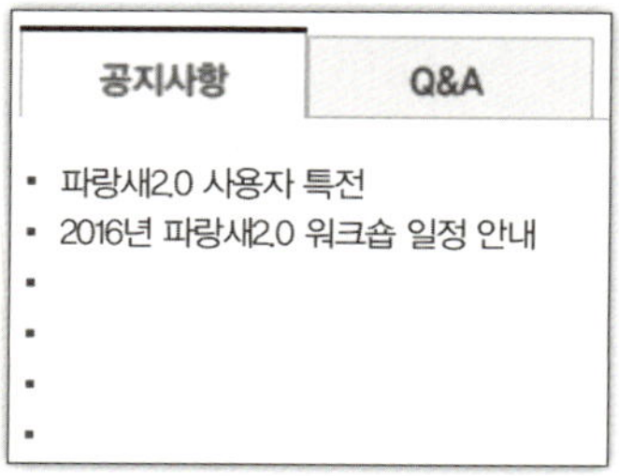

(3) 결제내역

파랑새 시스템을 사용하기 위해서는 계좌이체를 통한 사용료 결제(1년간 35만원)가 이루어져야 한다. 사용자가 파랑새를 사용하기를 원한다면 우측 상단의 결제하기 버튼을 클릭하여 결제를 진행할 수 있다. 결제가 성공적으로 이루어지면 사용기간, 결제금액, 결제일, 갱신예정일을 중심으로 상세 결제내역을 확인할 수 있다.

(4) 연구 프로젝트

메인 화면의 하단에 자리하고 있는 [연구 프로젝트]는 사용자가 현재 진행 중에 있는 연구 혹은 이미 완료한 연구에 대한 정보를 제공하고 있다. 구체적으로 연구 프로젝트명, 생성일, 최종 수정일, 상태, 코딩구조 등에 대한 구체적인 정보를 확인할 수 있다. 만약 현재 진행 중인 연구 작업을 진행하고자 한다면 프로젝트 선택 버튼을 클릭하여 자료 수집 및 분석 작업을 수행할 수 있다. 또한 현재 진행 중인 프로젝트를 삭제하고자 한다면 우측 상단에 있는 MORE > 버튼을 클릭하여 삭제할 수 있다.

3) 코딩

파랑새 시스템의 메인 메뉴 중에서 [코딩] 메뉴에 대해 살펴보고자 한다. [코딩] 메뉴에서는 질적자료를 수집 및 전사하고 이러한 자료를 읽으면서 코딩하고 범주화하며 주제를 생성하는 일련의 과정이 가능하다. 우선 [코딩] 메뉴를 클릭하면 다음 그림과 같이 세 개의 하위 메뉴가 오른쪽으로 펼쳐지는 것을 확인할 수 있다.

(1) 코딩구조

[코딩구조]를 클릭하면 가장 먼저 연구 프로젝트명을 입력하거나 기존의 연구 중인 주제를 선택할 수 있다.

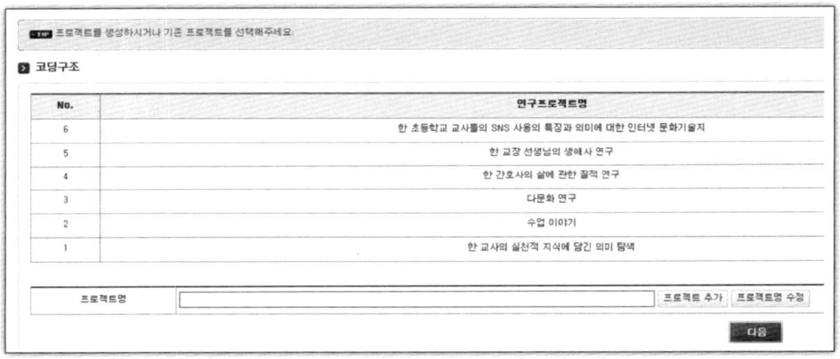

만약 새로운 연구를 수행하고자 한다면 프로젝트명 입력 공간에 연구 주제를 입력한 후, [프로젝트 추가] 버튼을 클릭하여 새로운 프로젝트를 만들 수 있다. 예를 들어, '한 초등학교 교사들의 SNS 사용의 특징과 의미에 대한 인터넷 문화기술지'라는 새로운 연구를 진행하고자 한다면 이 연구 주제를 입력하고 [프로젝트 추가] 버튼을 클릭한다. 그러면 아래와 같은 알림 창이 나타난다.

하단의 새 프로젝트 추가 버튼을 클릭하면 새로운 연구 주제가 생성됨을 확인할 수 있다.

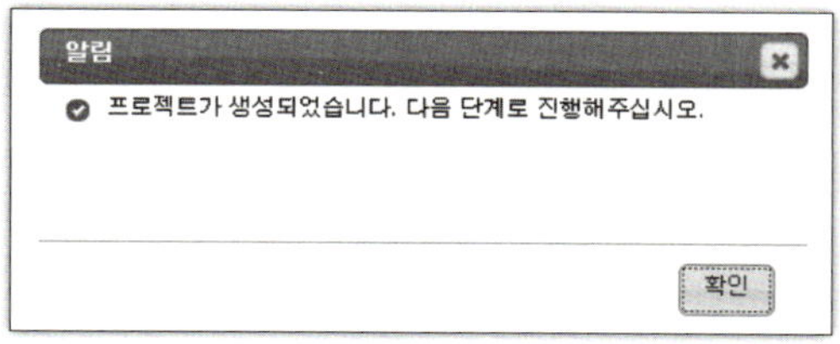

확인 버튼을 클릭하여 연구를 계속 진행할 수 있다. 이미 생성한 프로젝트명을 수정하기를 원할 경우 프로젝트명 입력 공간에서 직접 수정한 후 프로젝트 수정 버튼을 클릭하면 수정된 프로젝트명이 반영된다.

기존의 진행 중인 프로젝트를 선택하거나 새로운 연구 프로젝트명을 만든 후, 다음 버튼을 클릭하여 본격적인 자료 수집 및 전사 작업을 수행할 수 있다. 다음 버튼을 클릭하면 가장 먼저 질적연구를 위해 수집한 자료를 전사하고 자료를 입력할 수 있는 공간으로 이동하게 된다.

전사 및 자료입력

[전사 및 자료입력] 메뉴는 수집한 질적자료를 전사하거나 전사된 자료를 입력할 수 있는 공간이다. 이 메뉴는 연구자에게 자료 수집과 관리의 체계성과 효율성을 제공하기 위해 [제목], [자료입력], [수집방법], [연구참여자], [자료정보], [참고URL], [첨부파일]로 세분화하여 다양한 옵션을 제공하고 있다.

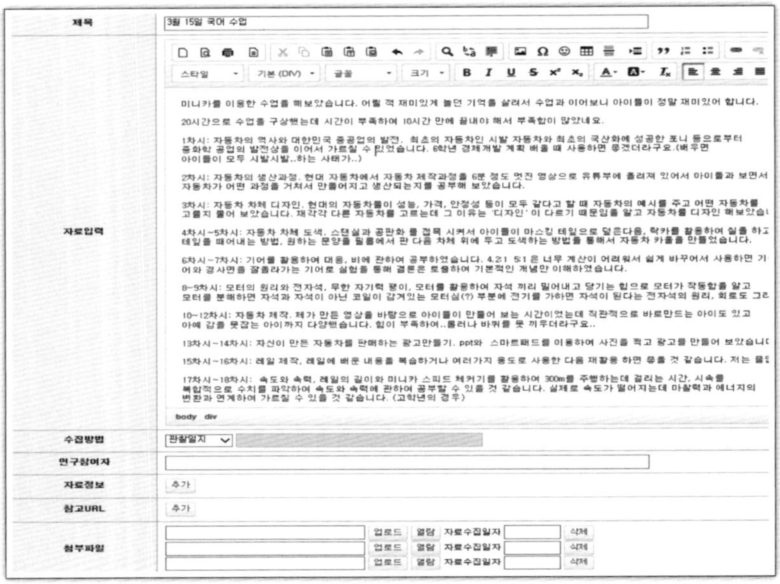

[제목]에는 연구자가 수집한 자료와 관련된 제목을 부여할 수 있고, [자료입력]에는 실제로 수집한 자료를 입력할 수 있다. [수집방법]에는 질적자료 수집의 유형을 지정할 수 있는데, 구체적인 유형은 관찰일지, 면담, 성찰일지, 자유글쓰기, 기록물, 직접입력의 6가지로 구분되어 있다.

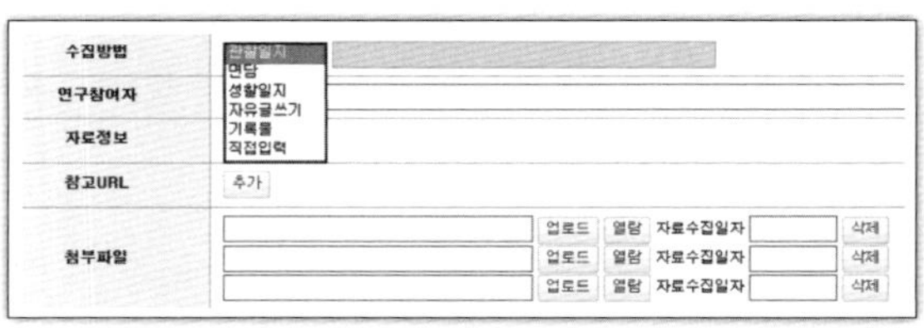

[연구참여자]에는 자신이 수행한 연구에 참여한 사람이 누구인지 구체적인 참여자 정보를 입력할 수 있고, [자료정보]에는 연구자가 자료를 입력하거나 전사한 자료에 대한 부연 설명을 기록할 수 있다. [참고URL]에는 수집한 자료가 웹 자료일 경우 웹 주소를 입력할 수 있다. [첨부파일]에는 수집한 자료와 관련된

파일을 저장해둠으로써 안전하게 백업할 수 있는 장치로서의 기능도 수행한다. [전사 및 자료입력]에서 제공하고 있는 구체적인 세부 기능은 아래 표와 같이 정리할 수 있다.

표 5.1_ 전사 및 자료입력의 세부 기능

구분	기능 설명
제목	연구자가 수집한 자료와 관련된 제목 부여
자료입력	연구자가 실제로 수집한 자료 입력
수집방법	질적자료 수집 유형 선택
연구참여자	연구참여자에 대한 정보 기록
자료정보	입력하거나 전사한 자료에 대한 부연
참고URL	수집한 자료가 웹 자료인 경우 주소 입력
첨부파일	관련 파일 백업 혹은 저장 자료 수집 날짜 지정

코딩지정

[코딩지정]에서는 연구자가 입력하거나 전사한 자료를 분석적 읽기 과정을 통해 면밀하게 검토하면서 연구 목적과 관련된 코드들을 만들 수 있는 기능을 제공하고 있다. 연구자가 [전사 및 자료입력]을 통해 수집한 자료는 입력한 시간 순서에 따라 자료 목록이 등재된다. 여기서 코딩지정 버튼을 클릭하여 수집한 자료를 코드화할 수 있다. 코딩지정 버튼을 클릭하면 연구자가 수집한 자료의 내용들을 바탕으로 코드화할 수 있는 공간이 나타난다. 이때 코드화하고 싶은 내용을 마우스로 블록 지정을 한 다음, 우측 상단에 있는 코딩 버튼을 이용하여 코딩할 수 있다.

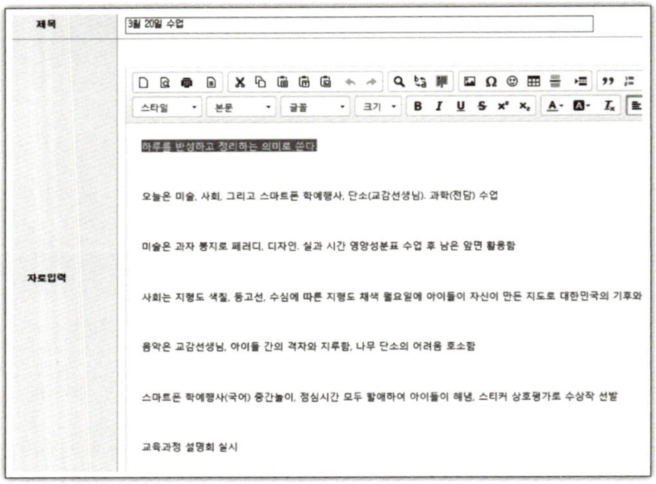

이와 같이 연구자는 코드화하고자 하는 내용을 블록 지정한 후, 코딩 버튼을 클릭한다.

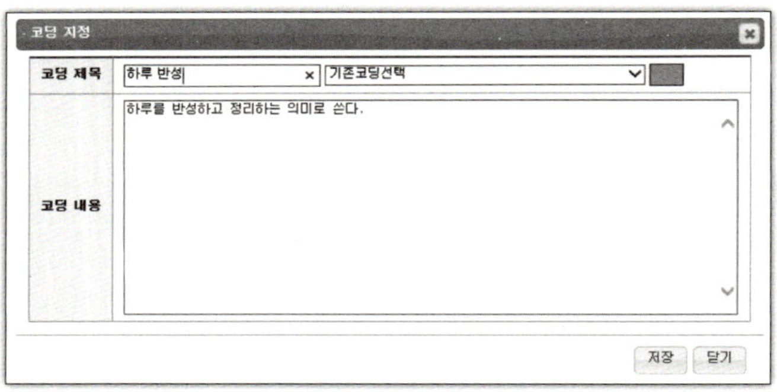

코딩 버튼을 클릭하면 [코딩지정] 창이 나타난다. 연구자가 부여하고자 하는 코딩 제목을 입력하고 저장하면 부여한 코드명이 하단에 생성된 것을 확인할 수 있다. 이러한 과정을 반복함으로써 연구자는 질적연구의 기초 단위가 되는 코드들을 만들 수 있다. 만약 연구자가 코드명을 잘못 부여하였다면 코드명 옆에 있는 × 표시를 클릭하여 삭제할 수 있다.

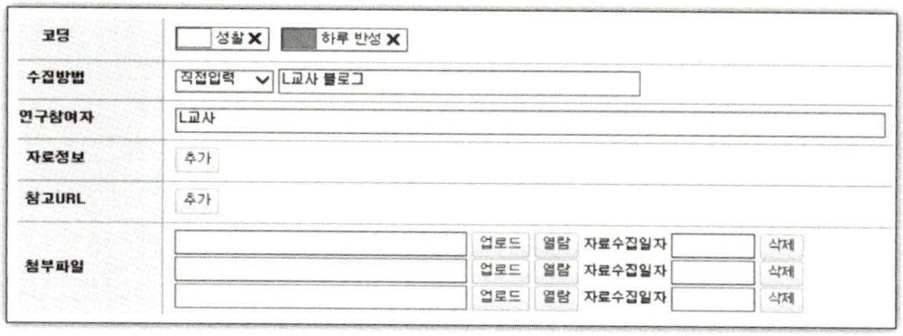

연구자가 코드명을 잘못 부여하였을 경우에는 코드명을 클릭하여 수정할 수 있다. 예를 들어, 위의 '하루 반성'이라는 코드명을 '반성적 글쓰기'라는 코드명으로 수정하고자 한다면 '하루 반성' 코드를 클릭하여 수정할 수 있다. '하루 반성'이라는 코드를 클릭하면 코드명을 수정할 수 있는 별도의 창이 나타난다.

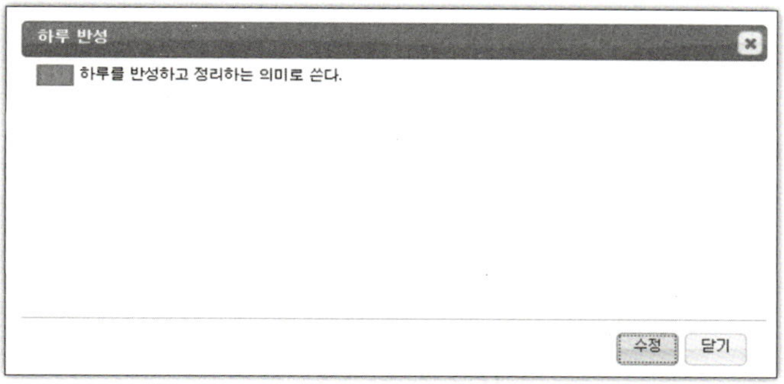

[코딩 제목]에 수정하고자 하는 코드명을 쓰고 저장 버튼을 클릭한다.

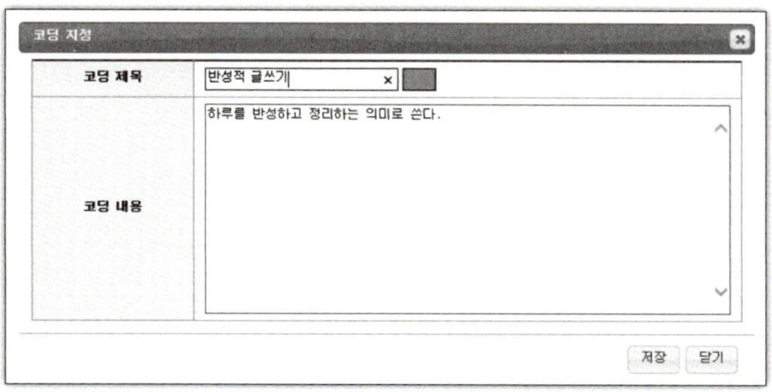

하단의 [코딩]에서 코드명이 바뀐 것을 확인할 수 있다.

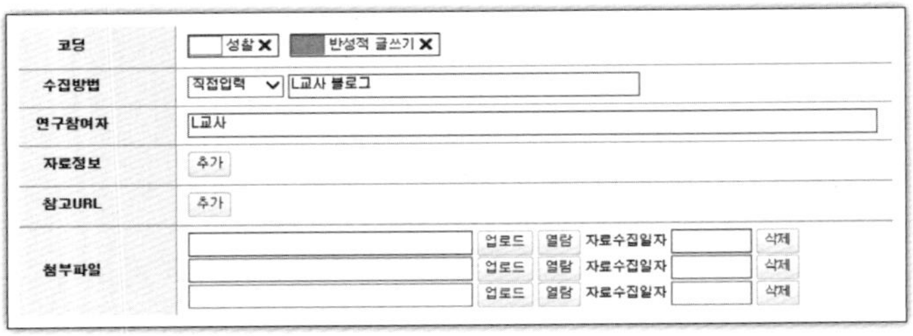

위의 과정을 통해 코드가 지정되면 수집한 자료 목록에 일어난 변화를 확인할 수 있다. 즉, 수집한 자료에 코드가 하나라도 지정이 되어 있으면 최종지정일 날짜가 표시되지만, 지정된 코드가 하나도 없으면 최종지정일 날짜가 비어 있다. 이것을 통해 연구자는 자신이 수집한 자료에 지정된 코드가 있는지 없는지를 확인할 수 있다.

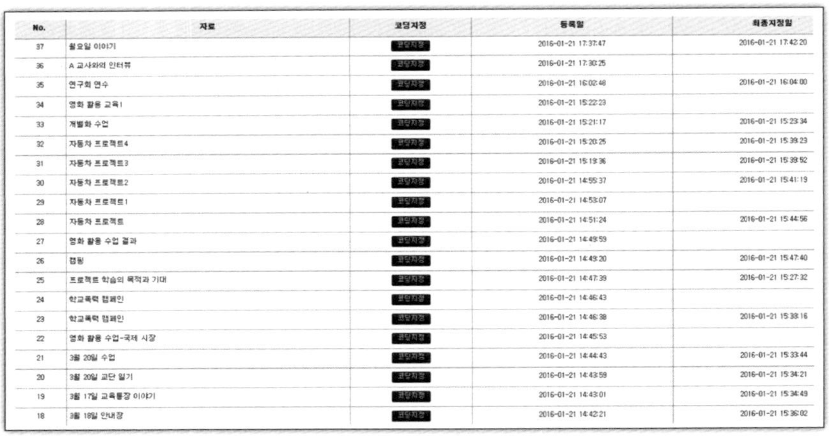

No.	자료	코딩지정	등록일	최종지정일
37	월요일 이야기	코딩지정	2016-01-21 17:37:47	2016-01-21 17:42:20
36	A 교사와의 인터뷰	코딩지정	2016-01-21 17:30:25	
35	연구회 연수	코딩지정	2016-01-21 16:02:48	2016-01-21 16:04:00
34	영화 활용 교육1	코딩지정	2016-01-21 15:22:23	
33	개별화 수업	코딩지정	2016-01-21 15:21:17	2016-01-21 15:23:34
32	자동차 프로젝트4	코딩지정	2016-01-21 15:20:25	2016-01-21 15:39:23
31	자동차 프로젝트3	코딩지정	2016-01-21 15:19:36	2016-01-21 15:39:52
30	자동차 프로젝트2	코딩지정	2016-01-21 14:55:37	2016-01-21 15:41:19
29	자동차 프로젝트1	코딩지정	2016-01-21 14:53:07	
28	자동차 프로젝트	코딩지정	2016-01-21 14:51:24	2016-01-21 15:44:56
27	영화 활용 수업 결과	코딩지정	2016-01-21 14:49:59	
26	캠핑	코딩지정	2016-01-21 14:49:20	2016-01-21 15:47:40
25	프로젝트 학습의 목적과 기대	코딩지정	2016-01-21 14:47:39	2016-01-21 15:27:32
24	학교폭력 캠페인	코딩지정	2016-01-21 14:46:43	
23	학교폭력 캠페인	코딩지정	2016-01-21 14:46:38	2016-01-21 15:38:16
22	영화 활용 수업-국제 시장	코딩지정	2016-01-21 14:45:53	
21	3월 20일 수업	코딩지정	2016-01-21 14:44:43	2016-01-21 15:33:44
20	3월 20일 교단 일기	코딩지정	2016-01-21 14:43:59	2016-01-21 15:34:21
19	3월 17일 교육통장 이야기	코딩지정	2016-01-21 14:43:01	2016-01-21 15:34:49
18	3월 18일 안내장	코딩지정	2016-01-21 14:42:21	2016-01-21 15:36:02

코딩구조

[코딩구조]에서는 연구자가 만든 코드들을 바탕으로 범주화할 수 있는 기능

을 제공하고 있다. 이때 범주화된 항목에 포함될 수 있는 코드들이 삽입될 수 있는 기능을 제공함으로써 연구 주제 생성의 토대를 부여한다. 코딩구조에서는 먼저 인터페이스에 대한 이해가 필요하다. 좌측에는 [카테고리], 우측에는 연구자가 생성한 [코딩목록]이 위치하게 된다. 먼저 우측에 위치한 [코딩목록]에 대해 설명하고자 한다.

[코딩목록]은 연구자가 수집한 자료를 바탕으로 생성한 코드들을 말한다. 이러한 코드들은 왼쪽에 위치한 카테고리를 만드는 바탕이 된다. 예를 들어, 사과, 배, 바나나, 귤과 같은 코드들이 있다고 하면 이러한 코드들은 '과일'이라는 이름으로 목록화될 수 있다. 이와 마찬가지로 연구자는 이러한 코드들을 바탕으로 자신이 수행하고 있는 연구 목적과 맥락을 적절하게 표현할 수 있는 적절한 용어나 표현을 활용하여 목록화할 수 있다. 이미 생성된 코드들을 바탕으로 목록화하기 위해서는 상단에 위치한 추가 버튼을 클릭하여 카테고리를 생성할 필요가 있다.

추가 버튼을 클릭하면 아래쪽에 새 카테고리가 나타난다. 새로운 카테고리명을 부여하고 엔터키를 누른다.

카테고리 이름의 수정이 필요할 경우, 상단의 버튼 중에서 수정 버튼을 클릭하여 수정할 수 있다. 수정 버튼을 클릭하면 카테고리를 수정할 수 있는 별도의 창이 생성된다. [카테고리 제목]에 수정할 새로운 카테고리 이름을 부여한 후, 저장을 하면 새롭게 반영되는 것을 확인할 수 있다.

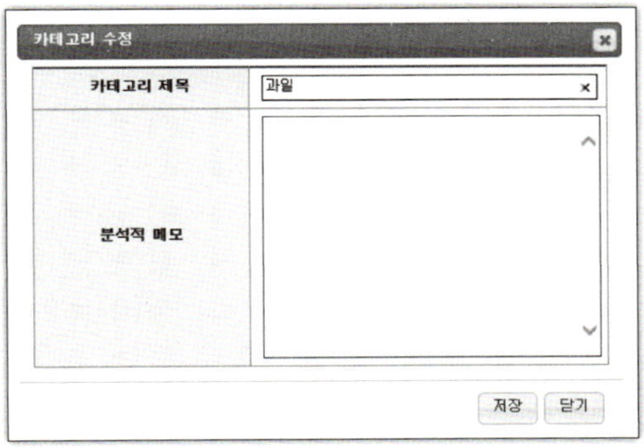

만약 연구자가 생성한 카테고리가 필요 없을 경우에는 상단의 삭제 버튼을 클릭하여 기존 카테고리를 제거할 수 있다. 카테고리를 삭제할 경우에는 해당 카테고리에 있는 하위 카테고리 또는 코드들도 함께 삭제되기 때문에 연구자는 특별히 유념해야 한다.

파랑새2.0에서는 질적연구자에게 중요하게 부각되는 반성적 성찰 활동이 적용될 수 있도록 분석적 메모의 기능을 추가하였다. 상단의 메모 버튼을 클릭함으로써 연구자의 관점의 변화, 이론 탐색의 결과 반영, 카테고리 혹은 코드의 변화 이력 등을 기록할 수 있다.

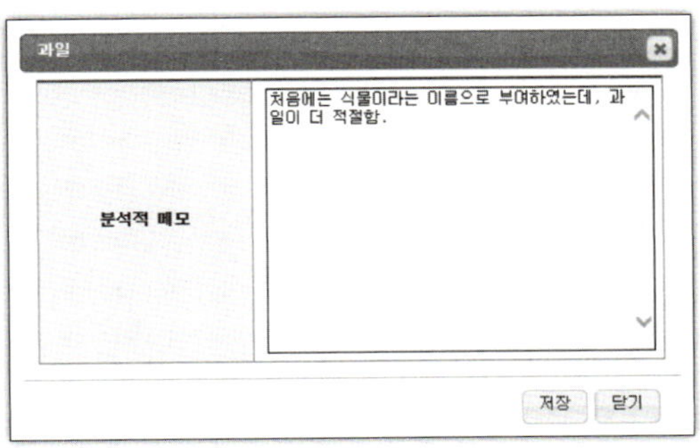

[분석적 메모]에 연구자의 반성적 성찰 활동이 적용된 내용을 입력한 후, 저장 버튼을 클릭하면 해당 카테고리 혹은 코드에 노란색의 포스트잇 모양의 아이콘이 생성된 것을 확인할 수 있다.

노란색 포스트잇 모양의 아이콘이 있으면 해당 카테고리 혹은 코드에는 분석적 메모가 삽입되어 있다는 것을 의미한다. 이때 이 아이콘을 클릭하면 연구자가 어떠한 내용을 메모하였는지를 확인할 수 있고 수정하거나 삭제하는 기능까지 제공하고 있다.

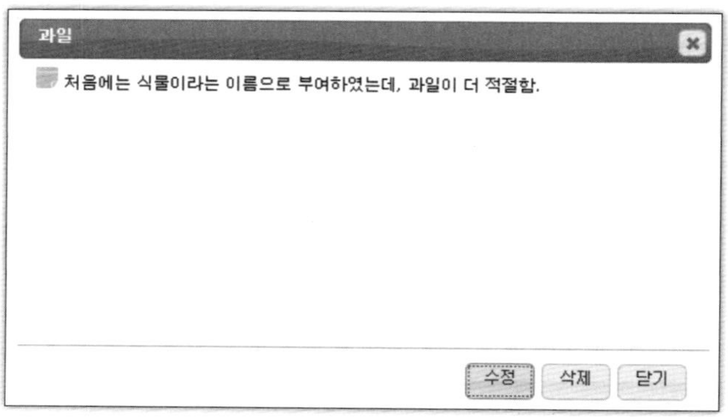

이제는 카테고리와 코딩목록 간의 관계를 통해 실제 질적자료 분석 및 관리 방법에 대해 알아보도록 하자. 코딩목록에 있는 여러 가지 코드들을 검토한 결과 사과, 바나나, 배, 귤은 '과일'이라는 카테고리에 포함될 수 있음을 확인할 수 있다. 이에 따라 좌측의 카테고리에서 '과일'이라는 이름의 카테고리를 생성하였고, 사과, 바나나, 배, 귤이라는 코드들을 과일에 포함시키는 작업을 수행할 필요가 있다. 이를 위해 먼저 좌측의 카테고리에서 과일을 클릭해놓은 후, 코딩목록에서 사과, 바나나, 배, 귤을 선택하고 중간에 있는 화살표를 클릭하면 선택한 코드들이 해당 카테고리에 포함되게 된다.

선택한 코드들이 해당 카테고리에 포함된 것을 확인할 수 있다.

주제생성

[주제생성]에서는 연구자가 생성한 카테고리들을 바탕으로 연구의 목적과 맥락을 부각시킬 수 있는 주제를 생성하는 기능을 제공한다. 이때 주제생성은 질적연구가 이루어진 맥락이 최대한 반영될 수 있도록 비유적이고 상징적인 표현으

로 구현될 수 있도록 해야 한다. 그렇기 때문에 최초에 생성된 주제는 연구가 완결될 때까지 지속되기보다는 전사, 코딩, 주제생성의 순환적인 반복과 연구자의 지속적인 이론 탐색 및 반성적 성찰의 과정 속에서 변경, 수정, 정선되는 과정을 거쳐 완성되는 경우가 많다. 그렇기 때문에 질적연구자는 여기서 소개하고 있는 주제생성 역시 순차적이고 선형적인 과정에서의 독립적인 활동이라기보다는 전사 및 자료입력, 코딩, 주제생성이 동시에 순환적이고 유기적으로 이루어지는 활동이며 이 세 가지를 유기적이고 통합적인 관점에서 접근하려는 노력이 필요하다는 사실을 명심해야 한다.

[주제생성]은 카테고리, 코딩내용, 주제생성, 주제목록이라는 네 가지의 작업공간으로 이루어져 있다. 먼저 왼쪽에 위치한 [카테고리]는 연구자가 코딩구조에서 생성한 카테고리 목록을 보여준다. 이때 각 카테고리에 있는 흰색의 작은 삼각형을 클릭하면 검정색 삼각형으로 바뀌면서 그 속에 포함된 코드들을 보여준다. 다시 검정색 삼각형을 클릭하면 해당 카테고리 안에 포함된 코드들은 제시되지 않는다.

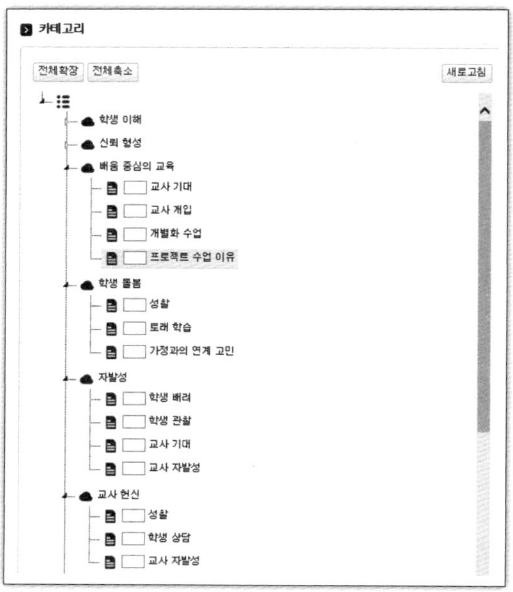

[주제생성]의 가운데에는 [코딩내용]이 위치하고 있다. [코딩내용] 부분에는 우측의 카테고리에서 카테고리 안에 포함된 코드를 클릭하면 실제로 어떠한 내용들이 코드화되었는지를 구체적으로 보여주게 된다. 실제로 구체적인 내용들은 실제 논문에 활용하게 될 인용구에 해당하게 되는 실증적인 자료로서의 역할을 한다. 아래에서처럼 왼쪽에서 '학생 상담'이라는 코드를 클릭하면 실제 코드화된 텍스트를 코딩내용에서 보여주게 된다.

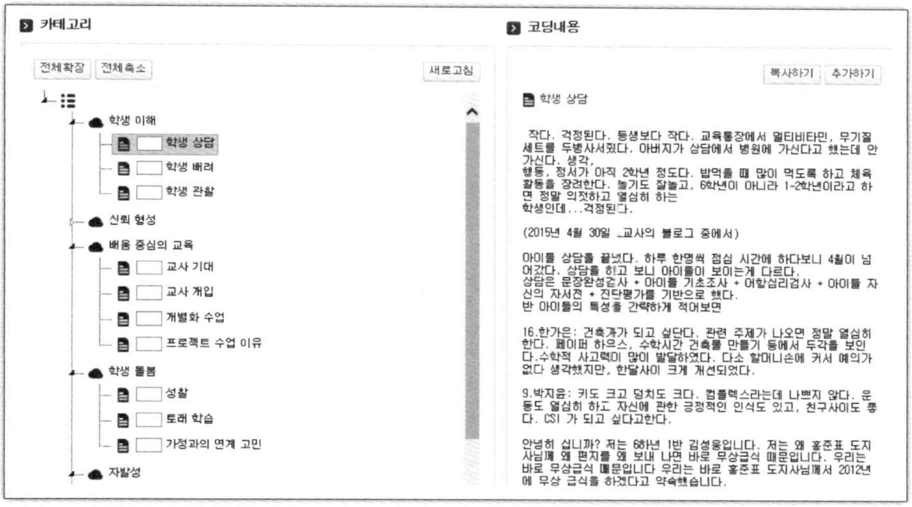

우측에 위치하고 있는 [주제생성]은 가운데 [카테고리], [코딩내용]과 연계한 기능으로 실제 논문을 작성하는 부분이기도 하다. 먼저 연구자가 생성한 카테고리를 바탕으로 주제를 생성하게 된다. 예를 들어, 학생 이해, 신뢰 형성, 배움 중심의 교육의 세 개의 카테고리를 활용하여 '학생이해와 신뢰에 기반한 배움 중심의 교육'이라는 주제를 생성하였다면 아래와 같은 과정을 거칠 수 있다.

① 연구자는 카테고리를 바탕으로 의미 있는 주제를 도출한다.

② 연구자가 생성한 주제를 기술하고 설명하는 데 바탕이 될 각 코드의 전사본을 가져온다. 이때 인용할 전사 자료는 카테고리에 있는 코드를 클릭하

면 코딩내용에 나타난다. 코딩내용에 있는 복사하기 와 추가하기 버튼을 활용하여 주제생성란에 가져올 수 있다.

③ 주제생성을 통해 전사본을 가져오고 주제를 저장하면 새로운 주제가 [주제목록]에 생성된 것을 확인할 수 있다.

④ 위와 같은 반복적인 과정을 통해 연구자는 주제를 생성하고 수정하며 확정하게 된다.

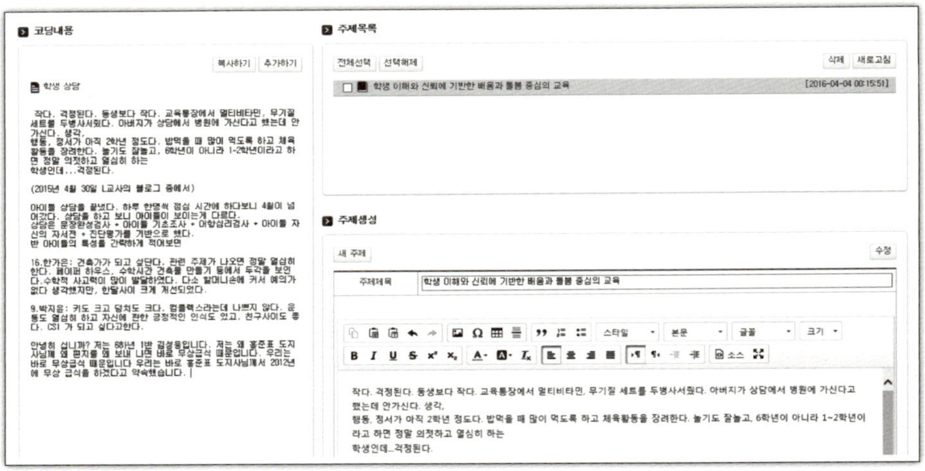

질적연구자는 연구 목적을 드러내줄 수 있는 주제가 도출되면 카테고리들의 특징이 드러날 수 있도록 타당한 인용문을 제시하면서 기술하고 해석하는 글쓰기를 통해 자신의 논리를 전개해간다. 위의 예를 통해 제시한 것처럼, '학생이해와 신뢰에 기반한 배움 중심의 교육'이라는 주제가 생성되었다면 연구자는 '학생이해', '신뢰 형성', '배움 중심의 교육'이라는 세 개의 카테고리의 특징들이 효과적으로 부각될 수 있도록 인용문을 활용하면서 독자와 공명할 수 있는 글을 쓰게 된다. 이때 [코딩내용]에서 추가하기 버튼을 클릭하면 왼쪽의 [주제생성]에 해당 인용구가 삽입된다. 이처럼 연구자는 파랑새 시스템에서 즉각적으로 논문을 작성할 수 있는 장점이 있으며 이를 복사하여 특정 학회 혹은 대학에서 요구하는 논문의 편집 양식에 붙여넣기하여 편집하고 활용할 수 있다.

그림_ 질적자료 분석 과정과 글쓰기 과정

이 그림에서 보는 것처럼 질적자료 분석 과정은 수집한 자료를 전사하고 이를 바탕으로 코딩 작업을 수행한다. 코딩 작업을 통해 생성된 다량의 코드들을 바탕으로 카테고리를 만들고 최종적으로 주제를 생성하는 과정을 거친다. 그런데 질적 글쓰기 과정은 이와 반대의 과정이라고 할 수 있다. 연구 목적과 맥락을 반영할 수 있는 주제를 먼저 제시하고 이를 타당화하는 과정으로 카테고리와 코드들의 내용들이 실증적으로 반영될 수 있도록 적절한 인용문을 삽입하면서 기술하고 해석하는 글쓰기를 하게 된다.

주제목록

[주제목록]에는 [주제생성]에서 연구자가 도출한 주제들의 목록들을 보여준다. 여기서도 주제를 수정하거나 삭제하는 기능을 제공하고 있다.

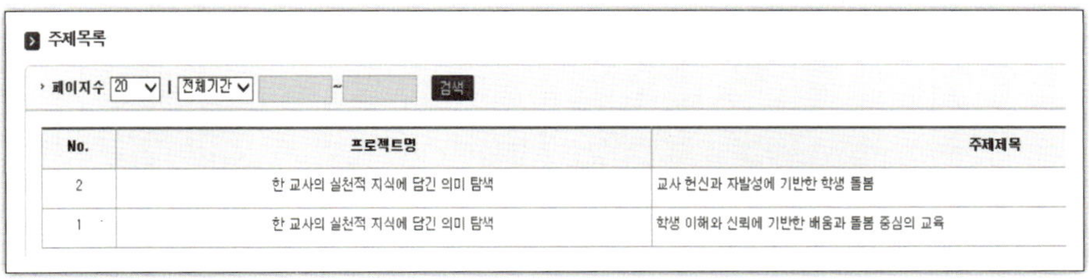

No.	프로젝트명	주제제목
2	한 교사의 실천적 지식에 담긴 의미 탐색	교사 헌신과 자발성에 기반한 학생 돌봄
1	한 교사의 실천적 지식에 담긴 의미 탐색	학생 이해와 신뢰에 기반한 배움과 돌봄 중심의 교육

코딩목록

[코딩목록]은 연구자가 연구를 수행하면서 생성한 모든 코드들의 목록을 보여주는 공간이다. 구체적으로 [코딩지정횟수], [카테고리지정횟수], [등록일], [최종사용일]과 같은 정보 제공과 함께 [내용보기]와 [자료수정]의 기능을 제공하고 있다.

코딩	코딩지정횟수	카테고리지정횟수	등록일	최종사용일	내용보기	자료수정
귤	0	1	2016-02-25 14:11:52	2016-02-25 14:23:42	내용보기	자료수정
배	0	1	2016-02-25 14:11:42	2016-02-25 14:23:41	내용보기	자료수정
바나나	0	1	2016-02-25 14:11:34	2016-02-25 14:23:41	내용보기	자료수정
사과	0	1	2016-02-25 14:11:25	2016-02-25 14:23:40	내용보기	자료수정
협력을 통한 배움	0	1	2016-01-21 16:04:00	2016-01-21 16:04:20	내용보기	자료수정
연구회 활동	0	1	2016-01-21 16:03:39	2016-01-21 16:04:17	내용보기	자료수정
동료성 기반 협력	0	1	2016-01-21 16:03:18	2016-01-21 16:04:18	내용보기	자료수정
교사 자발성	0	3	2016-01-21 15:47:40	2016-01-21 15:49:08	내용보기	자료수정
자동차 공장	0	1	2016-01-21 15:44:56	2016-01-21 15:55:29	내용보기	자료수정
원리 탐색	0	1	2016-01-21 15:41:19	2016-01-21 15:48:42	내용보기	자료수정
팀 티칭	0	1	2016-01-21 15:40:49	2016-01-21 15:48:33	내용보기	자료수정
실생활 전이	0	2	2016-01-21 15:39:52	2016-01-21 15:55:23	내용보기	자료수정

[내용보기]를 클릭하면 어떠한 내용이 구체적으로 코드화되었는지를 별도의 창의 생성과 함께 제시해준다. 이를 통해 연구자는 자신이 코딩한 내용의 적절성을 재검토하고 구체적으로 어떠한 내용이 코드화되었는지를 확인함으로써 질적연구의 전체 과정을 유기적으로 조망할 수 있는 편의를 도모한다. 이때 [코딩 내용보기] 창이 활성화되면서 원래의 [코딩목록]은 비활성화된다. [코딩 내용보기] 창을 닫으면 다시 [코딩목록]이 활성화된다.

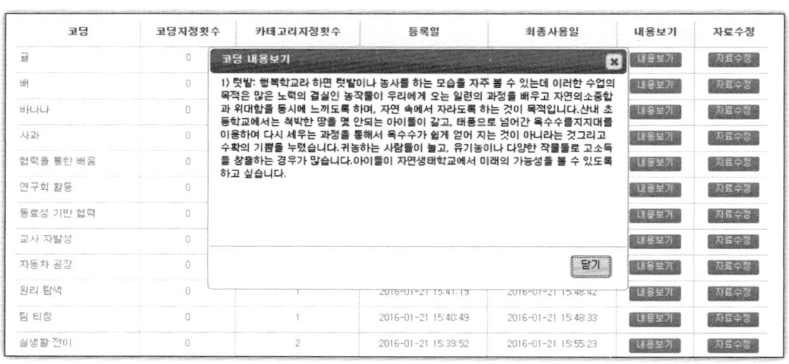

만약 연구자가 재검토 과정을 통해 수정할 필요가 있을 경우에는 자료수정 버튼을 클릭하여 작업할 수 있다.

글쓰기

글쓰기에서는 연구자가 그 동안 작업한 내용을 바탕으로 실제 논문 작성과 연계할 수 있는 편의를 제공하였다. 즉, 질적연구자가 자료수집 및 전사, 코딩, 주제생성으로 이어지는 일련의 과정을 유기적이고 통합적인 관점으로 조망하면서 전체 연구 맥락을 반영한 글쓰기를 하도록 도와주고자 한 파랑새 개발진들의 의도가 숨어 있다.

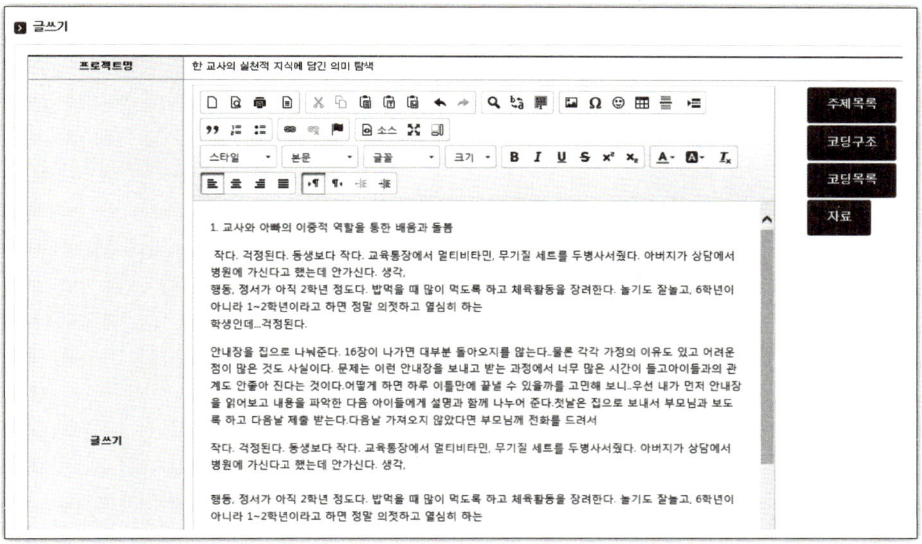

위에서 보는 것처럼 연구자는 그 동안 수집한 기초 자료와 코드, 생성한 주제들을 참고하면서 글쓰기를 수행할 수 있다.

4) 결과

파랑새 시스템의 메인 메뉴 중에서 [결과] 메뉴에 대해 살펴보고자 한다. [결과] 메뉴는 [코딩] 메뉴를 통해 전사, 코딩작업, 주제생성의 최종 결과를 보여주는 [프로젝트 결과], 그리고 코딩 작업에 관한 전반적인 내용을 수량화해 통계 자료로 제시하는 [코딩빈도]로 구성되어 있다. 우선 [결과] 메뉴를 클릭하면 아래의 그림과 같이 두 개의 하위 메뉴가 오른쪽으로 펼쳐지는 것을 확인할 수 있다.

(1) 프로젝트결과

[프로젝트결과]에서는 연구자가 수행하고 있거나 완료된 모든 연구의 상태를 보여주고 [출력], [주제목록], [프로젝트삭제]와 같은 기능을 제공하고 있다.

No.	프로젝트명	상태	등록일	게시일
6	한 초등학교 교사들의 SNS 사용의 특징과 의미에 대한 인터넷 문화기술지	진행중	2016-02-24 14:56:03	
5	한 교장 선생님의 생애사 연구	진행중	2016-01-21 17:23:36	
4	한 간호사의 삶에 관한 질적 연구	진행중	2015-11-05 14:34:33	
3	다문화 연구	진행중	2015-10-17 16:03:04	
2	수업 이야기	진행중	2015-08-05 16:34:45	
1	한 교사의 실천적 지식에 담긴 의미 탐색	주제확정	2015-07-07 05:00:01	2016-01-21 11:16:31

최종주제생성일	출력	글쓰기	주제목록	프로젝트삭제
	출력	글쓰기	주제목록	프로젝트삭제
	출력	글쓰기	주제목록	프로젝트삭제
	출력	글쓰기	주제목록	프로젝트삭제
	출력	글쓰기	주제목록	프로젝트삭제
	출력	글쓰기	주제목록	프로젝트삭제
2016-04-04 00:27:09	출력	글쓰기	주제목록	프로젝트삭제

[출력]은 프로젝트 결과를 인쇄물의 형태로 출력함으로써 가독성을 좀 더 살리는 데 효과성을 제공하기 위한 것이다. 모니터로만 장시간 작업할 경우 전자파에 노출되어 눈의 피로도가 누적될 우려가 있다. 활자화된 인쇄물로의 출력으로 모니터 화면상의 출력 상태에서와는 다른 차원의 검토를 수행할 수 있다. 또한 공동 연구 수행의 경우 파랑새를 통해 작업한 내용을 인쇄함으로써 동료 연구자와 공동 사고를 구현할 수 있다.

[글쓰기]는 연구자가 수행하고 있는 질적연구 논문을 작성할 수 있는 글쓰기 공간으로 이동하게 해준다. 비록 연구자는 잠정적인 글쓰기를 완성하였을지라도 지속적인 이론 검토, 자료 검토, 반성적 성찰의 과정이 통합되면서 수정 및 보완 작업을 거듭하며 하나의 연구물을 완성하게 된다. 따라서 글쓰기는 이러한 여지를 제공하는 기능이라고 할 수 있다.

[주제목록]은 연구자가 연구 과정을 통해 생성한 주제목록을 보여주게 된다. [주제목록]을 클릭하면 연구자가 도출한 주제 리스트를 보여주는 공간으로 이동하도록 해주며 수정하거나 삭제하는 기능을 제공하고 있다.

[프로젝트삭제]는 현재 진행 중이거나 종료된 연구 전 과정을 삭제하는 기능이다. 연구자가 장기간 질적자료를 수집하고 체계적으로 관리한 전 과정이 들어있기 때문에 삭제하기 전에 신중을 기해야 한다.

(2) 코딩빈도

[코딩빈도]에서는 연구자가 [코딩 지정횟수], [카테고리 지정비율], [코딩 상세내역]을 양적 수량화된 형태인 통계 자료로 제공함으로써 질적연구 수행의 타당하고 신뢰로운 과정을 보완할 수 있는 장치로 활용할 수 있도록 하였다.

[코딩 지정횟수]는 특정 코드가 얼마나 많이 지정되었는지를 보여준다. 즉, 각각 다른 자료에서 동일한 코드명으로 지정되는 횟수를 말한다.

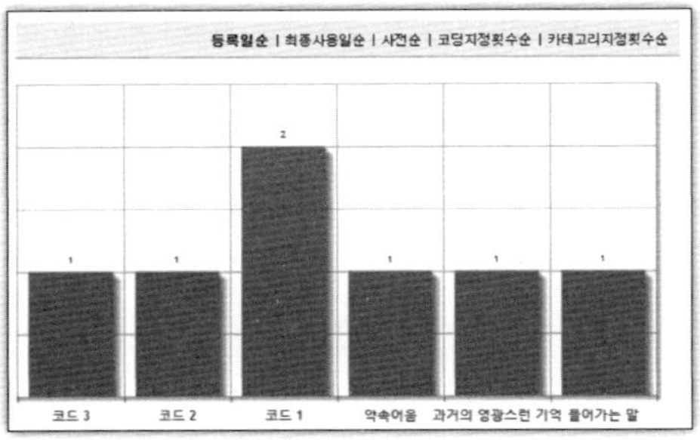

[카테고리 지정비율]은 특정 코드가 다른 카테고리에 얼마나 많이 지정되었는지에 대한 비율을 나타내는 것이다.

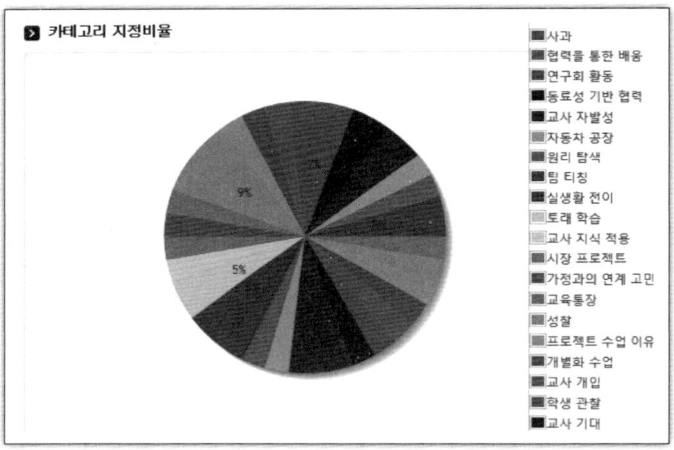

5) 파랑새2.0의 새로운 기능

파랑새2.0이 1.0과 비교하여 새롭게 추가되거나 개선된 기능들에 대해 보다 집중적으로 살펴보고자 한다.

(1) 자료 수집 날짜 표시 기능

[코딩]/[코딩구조] 메뉴 접속 후 프로젝트를 신규 추가하거나 기존 등록된 프

로젝트에서 선택한 후 [전사 및 자료입력] 탭을 클릭하면 기초자료를 입력할 수 있는 게시글 작성 툴이 나타나는데 하단 항목 중 [자료정보], [참고URL], [첨부파일] 항목에 대해 자료 수집 일자를 직접 입력하는 기능을 추가하였다.

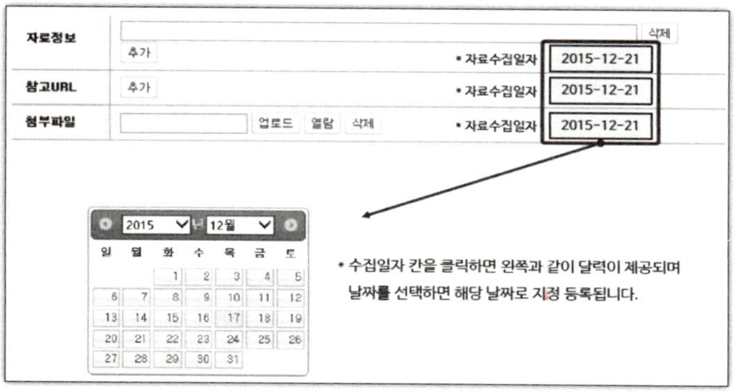

(2) 코딩 제목, 색상, 내용의 수정 기능

파랑새1.0에서는 코드명을 수정할 수 있는 기능이 없었으나, 파랑새2.0에서는 이를 개선하여 코드명뿐만 아니라 색상 및 내용까지도 수정이 가능하도록 하였다.

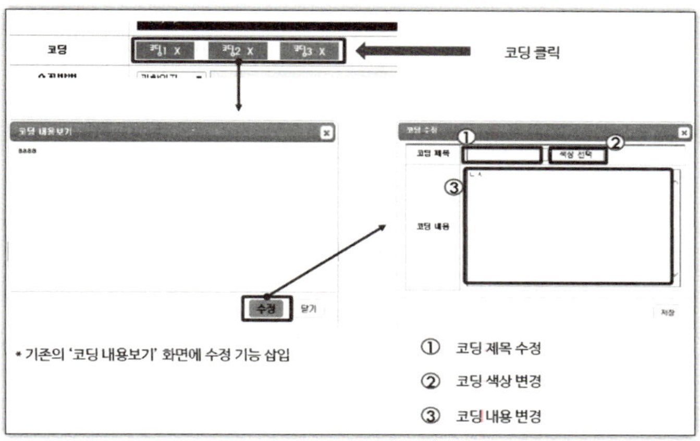

(3) 더욱 편리해진 카테고리 기능

카테고리를 생성해가는 과정을 사용자 중심의 편의성을 추구해 개선하였으며 코드들을 카테고리에 포함하는 방법도 더욱 간편하게 개선하였다.

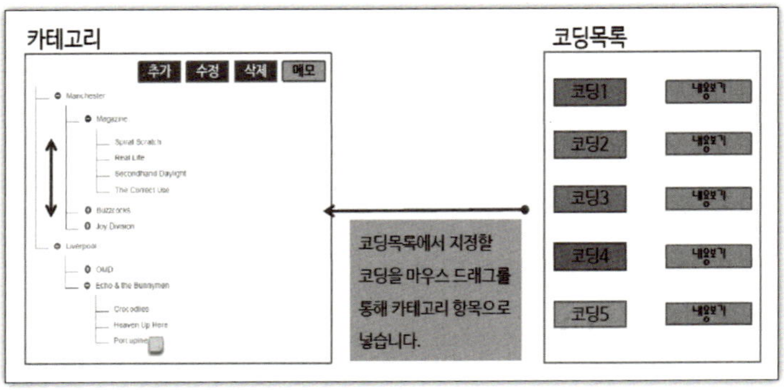

(4) 카테고리 항목에 추가된 분석적 메모 기능

[카테고리] 항목에 '분석적 메모' 기능을 추가함으로써 질적연구 과정에서 연구자의 반성적 성찰 과정에 효과적으로 통합될 수 있도록 개선하였다.

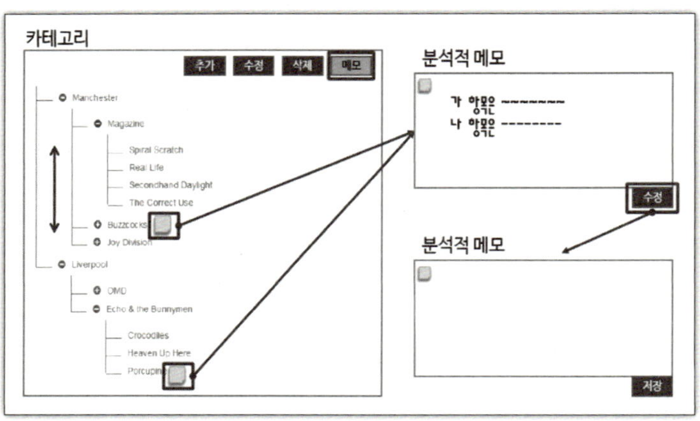

(5) 주제생성 과정의 체계화

주제생성의 과정을 보다 체계적으로 접근할 수 있도록 개선하였다. 구체적으로 [주제생성]과 [주제내역]으로 분리하여 주제를 생성하는 과정과 실제 주제를 검토해가면서 보다 섬세한 주제 도출 작업에 몰입할 수 있는 편의를 제공하였다.

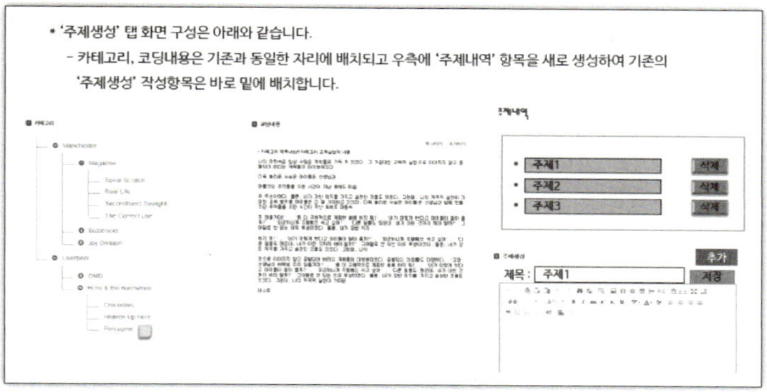

(6) 즉각적인 논문 작성의 지원 체계 강화

최종적인 글쓰기 작업을 위해 연구를 진행하면서 작업한 결과인 [주제목록], [코딩구조], [코딩목록], [자료], [코딩북]을 제공함으로써 더욱 효과적인 논문 작성 지원 체계를 강화하였다.

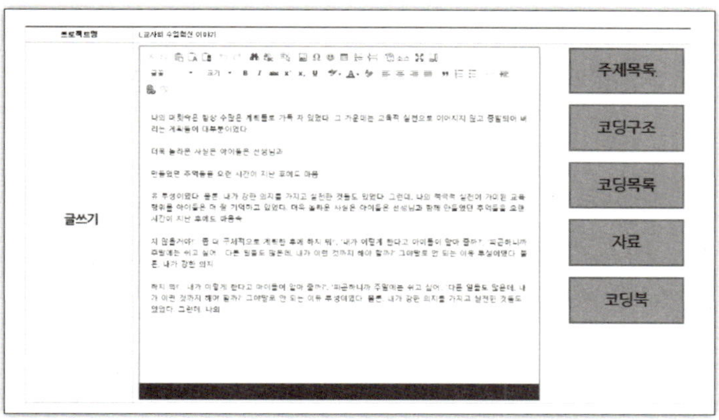

(7) 코드북을 활용한 연구의 초점화 유지

[코드북] 기능을 추가하여 연구자가 연구 수행 과정에서 생성한 코드들을 일목요연하게 살펴보면서 연구를 유기적으로 조망할 수 있도록 개선하였다. 이를 통해 장기간의 연구 과정이 특정 맥락 및 시점에만 초점화되는 것을 지양할 수 있다.

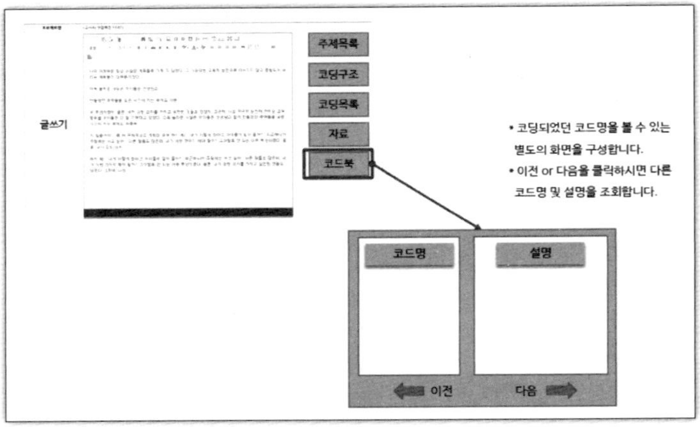

제6장

파랑새를 활용한 질적연구 사례

파랑새 프로그램이 질적연구자들에게 소개된 지 얼마 되지 않음에도 불구하고 파랑새 프로그램을 기반으로 하여 다수의 질적연구들이 수행되었다. 이에 여기서는 이러한 연구물들을 살펴보며 그들의 연구에서 자료 분석과 관련하여 파랑새가 어떻게 사용되었는지, 분석 결과가 어떻게 드러났는지 살펴보도록 한다.

질적연구 결과물은 크게 학위 논문, 학술지 논문, 연구서적으로 나눌 수 있을 것이다. 하지만 파랑새가 출시된 지 얼마 되지 않은 이유로 질적연구 서적은 아직 출판된 바가 없다. 따라서 여기서는 학위 논문 한 편과 학술지 논문 한 편을 소개하도록 하겠다.

질적연구 사례 1, 2 개요

질적연구 사례 1
세 마을평생교육 지도자의 삶과 마을평생교육 실천전략: 홍은진(2015)의 박사학위 논문
Ⅴ. 마을평생교육 지도자들의 경험의 특징
질적연구 사례 2
클라이맥스(Climax), 한국 고등학생의 학원 경험에 대한 질적연구: 조재성, 최성호(2015)의 학술지 논문
Ⅳ. 고등학생들의 학원 경험에 대한 단계별 분석
Ⅴ. 고등학생들에게 학원 교육의 의미

세 마을평생교육 지도자의 삶과 마을평생교육 실천전략: 홍은진(2015)의 박사학위 논문

홍은진(2015)은 현대사회의 개인화, 도시화, 파편화된 삶의 대안으로 공동체의 복원에 주목하며, 공동체 복원의 중요한 요소인 마을평생교육과 마을평생교육 지도자들의 삶을 탐구한 자신의 박사학위 논문을 발표하였다. 이 연구에서는 마을평생교육 지도자들의 삶을 중심으로 한 생애사 연구가 주요한 연구방법으로 이루어졌는데, 그 연구 주제는 다음과 같다.

표_ 홍은진(2015)의 연구 문제

1. 마을평생교육 지도자들은 어떠한 삶을 살아왔는가? 그들은 마을평생교육을 추진하면서 주민들과 어떠한 관계를 맺으며, 삶을 고민하고 성장하면서 발전적인 학습마을을 만들어가고 있는가?
2. 마을평생교육 지도자의 마을평생교육 경험 및 성장의 과정에서 나타나는 공통적인 특징이나 삶속에 내재하는 경험의 특징들이 있는가?
3. 세 마을의 사례에서 마을평생교육 지도자들의 마을평생교육 실천전략은 무엇인가? 그 전략들은 어떤 단계나 과정에서 구사되고 있는가?

위의 연구 문제 중 특히 두 번째와 세 번째의 연구 주제와 관련된 분석에서 파랑새가 중점적으로 사용되었다. 연구를 위한 참여자는 총 3명이었고 그들에 대한 정보는 다음의 표와 같이 정리할 수 있다.

표_ 연구참여자 정보(홍은진, 2015)

참여자(가명)	최상록	이필승	김보람
나이	50	43	44
직업	농업	학원강사	목회자 사모
학력	대졸	대학원 졸	대학원 졸
주소지	경상북도 칠곡	경상남도 창원	경상북도 안동
활동연수	12년	7년	5년

연구 기간 동안 위 참여자들과의 심층면담, 참여관찰, 문서 수집 등을 통해 자료를 수집하였는데, 그 중 인터뷰를 통한 자료를 분석하는 데 파랑새가 중점적으로 사용되었다. 그 인터뷰 자료는 다음의 표와 같이 정리할 수 있다.

표_ 연구참여자의 주요 면담 일정과 면담 주제(홍은진, 2015)

대상	횟수	일자	소요시간	장소	면담의 주요 내용
최상록	1차	6.16	40분	마을회관	마을평생교육 지도자의 과거 삶
	2차	6.22	1시간 40분	마을회관	마을교육 에피소드
	3차	7.29	1시간 20분	마을회관	가족사
	4차	9.1	2시간	마을회관	마을교육에 의한 변화
	5차	9.4	1시간 30분	마을회관	활동가 조건, 역할
	6차	9.13	1시간 30분	집하장	마을 콘테스트 준비 과정
이필승	1차	6.24	1시간 30분	주민사무실	어린 시절, 청년 시절 회상
	2차	7.3	2시간	마을 도서관	마을 도서관 운영
	3차	7.24	1시간 30분	마을 도서관	사회운동가
	4차	9.6	1시간 40분	마을 도서관	마을평생교육 활동의 의미
	5차	9.23	2시간	마을 도서관	가족관계
김보람	1차	6.19	1시간 30분	마을 도서관	마을활동가 계기
	2차	7.11	2시간	카페	어린 시절 이야기
	3차	7.27	1시간 20분	강의실	인생에서 결정적 사건
	4차	7.27	40분	식당	마을평생교육에 대한 의견
	5차	9.3	45분	전화면담	교육관 및 철학
	6차	9.12	2시간	카페	연구 검토 면담

연구에서 파랑새의 활용

홍은진(2015)에서 파랑새는 두 번째 연구 주제인 마을평생교육 지도자들의 삶에서 드러나는 공통적 요소와 그들의 마을평생교육 실천전략의 도출에 중점적으로 활용되었는데, 특히 연구참여자인 그들의 인터뷰 자료에 대한 분석이 큰 부분을 차지하였다. 그 분석의 전체적인 흐름은 다음과 같이 이루어졌다.

그림_ 홍은진(2015)에서의 분석 과정

그럼 이러한 각 과정에서 구체적인 분석이 어떻게 이루어졌는지 살펴보도록 하자.

인터뷰 자료 입력

이 연구에서는 하나의 프로젝트에 각 연구참여자의 인터뷰 자료를 모두 입력, 분석하기보다는 각 참여자별로 별도의 프로젝트를 지정하여 별도의 코딩을 진행하였다. 왜냐하면 이렇게 함으로써 각 연구참여자들의 인터뷰 자료 속에 내재되어 있는 각각의 코드들을 좀 더 특색 있게 추출하고자 의도했기 때문이다. 즉, 모든 연구참여자의 자료들을 하나의 프로젝트에 모아서 분석을 진행하면 그들의 삶의 공통점에 너무 매몰되어 자료를 좀 더 다양하게 볼 수 있는 시각이 방해를 받을 수 있기 때문에 이를 피하기 위해 별도의 프로젝트를 지정하여 각 연구참여자들의 인터뷰 자료를 입력하고 분석하였다. 이러한 의도에서 다음의 그림과 같이 세 개의 프로젝트를 동시에 진행하게 되었다.

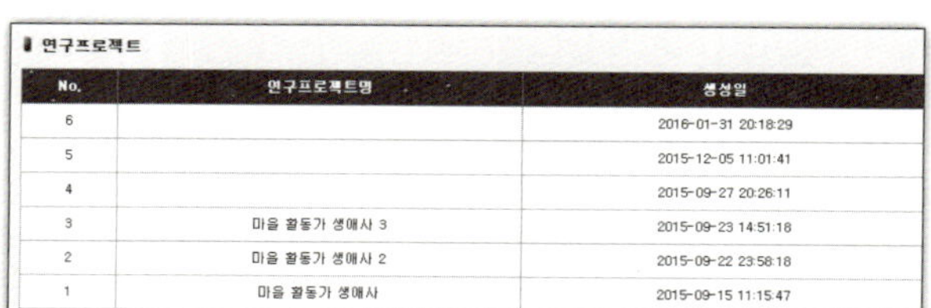
연구프로젝트

No.	연구프로젝트명	생성일
6		2016-01-31 20:18:29
5		2015-12-05 11:01:41
4		2015-09-27 20:26:11
3	마을 활동가 생애사 3	2015-09-23 14:51:18
2	마을 활동가 생애사 2	2015-09-22 23:58:18
1	마을 활동가 생애사	2015-09-15 11:15:47

그림_ 파랑새에서의 프로젝트 구분

여기서 '마을 활동가 생애사'는 최상록, '마을 활동가 생애사 2'는 이필승, '마을 활동가 생애사 3'은 김보람과 관련된 자료와 분석이다.

이렇게 구분한 후 각 연구참여자와 관련된 자료들을 입력하여 다음의 예와 같은 목록의 자료들을 입력하였다.

· 페이지수 20 ▾ | 전체기간 ▾ 검색 등록일순 | 지정일순 | 사전순

No.	자료	코딩지정	등록일	최종지정일	수집방법
13	창원 자서전	코딩지정	2015-09-23 14:28:06	2015-09-23 14:45:48	관찰일지
12	창원 5차 - 4	코딩지정	2015-09-23 13:49:17	2015-09-23 14:26:03	관찰일지
11	창원 5차 - 3	코딩지정	2015-09-23 13:48:13	2015-09-23 14:25:09	관찰일지
10	창원 5차 - 2	코딩지정	2015-09-23 13:47:17	2015-09-23 14:19:09	관찰일지
9	창원 5차	코딩지정	2015-09-23 13:45:45	2015-09-23 14:08:13	면담
8	창원 4차 - 3	코딩지정	2015-09-23 11:02:33	2015-09-23 11:58:29	면담
7	창원 4차 - 2	코딩지정	2015-09-23 11:00:53	2015-09-23 11:50:03	면담
6	창원 4차	코딩지정	2015-09-23 10:59:18	2015-09-23 11:44:45	면담
5	창원 3차 -2	코딩지정	2015-09-23 10:00:33	2015-09-23 10:56:48	관찰일지
4	창원 3차	코딩지정	2015-09-23 01:47:18	2015-09-23 10:27:08	면담
3	창원 2차-2	코딩지정	2015-09-23 01:39:49	2015-09-23 01:45:26	관찰일지
2	창원 2차	코딩지정	2015-09-23 01:08:53	2015-09-23 01:33:39	면담
1	창원 1차	코딩지정	2015-09-22 23:58:57	2015-09-23 01:06:41	면담

그림_ 파랑새에서의 자료 입력(이필승의 예)

참여자별로 코드 도출

위와 같이 각 참여자별로 프로젝트를 지정한 후 코드 부여가 이어졌다. 자료를 반복적으로 읽으며 개념을 찾아 코드를 부여하였는데, 이러한 활동은 다음의 그림과 같이 진행되었다.

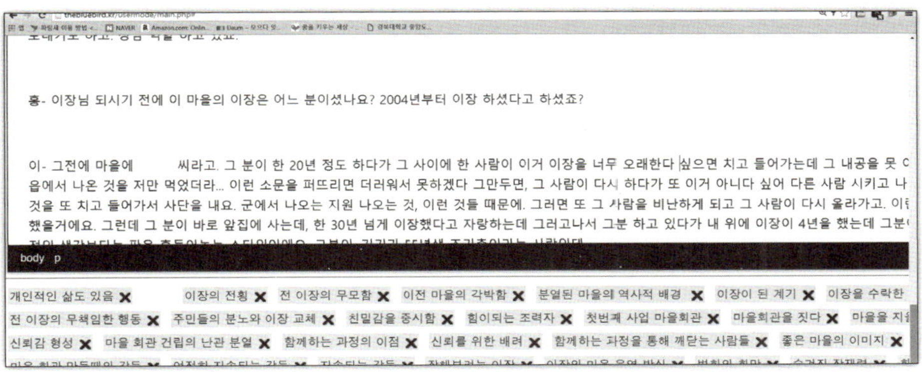

그림_ 코드 부여 화면

이렇게 코드를 부여한 결과 다음의 표와 같이 각 연구참여자별로 코드를 추출할 수 있었다.

표_ 연구참여자별 코드의 수와 예(홍은진, 2015)

연구참여자	코드수	코드의 예
최상록	109	활동을 통해 변해가는 마을평생교육 지도자, 마을 경영전략–토론의 장 만들기, 청춘의 증발, 세대를 이은 지역사랑, 신뢰 쌓기–필요한 정보 제공, 리더의 조건–신뢰, 이상적인 공동체, 조력자의 도움, 일상속의 시대정신, 외연확대를 위한 노력, 마을 공동체 외연 확대의 필요성, 미래에 있을 수 있는 어려움, 교육을 통해 변해가는 마을, 의사소통을 통해 진행되는 마을일, 숨겨진 잠재력, 마을회관을 짓다, 힘이 되는 조력자, 분열된 마을의 역사적 배경, 아픔을 겪은 사람들이 헌신한다.
이필승	121	집(지역)에 대한 애착으로 마을 활동에 참여, 행동하던 대학시절, 시대정신이 담긴 시, 가난으로 인해 꿈조차 사치였던 어린 시절, 마을에 대한 지식을 기반으로 문제를 해결한다. 신뢰 쌓기–필요로 하는 것 주기, 스타팅 그룹을 통해 마을 활동이 지탱된다. 주요 조력자로서 스타팅 그룹의 중요함, 울타리의 속성, 울타리의 양면성, 마을 주변의 변화–적극적 참여자로 전환, 마을평생교육 지도자에 대한 지원보다 활동에 대한 인정이 중요하다.
김보람	97	울타리 허물기의 어려움, 조력자 간의 신뢰가 무너지면 사람들이 떠난다. 지역의 배타성과 공동체의 중요성, 조력자 그룹이 마을 지도자를 지탱하는 힘이다. 변화를 보여주는 마을 주민, 단순한 프로그램 제공자로서의 한계, 희생과 헌신을 통해 신뢰를 구축하려 노력, 대화의 창의 통해 신뢰를 형성한다. 전문가가 되어가는 마을 지도자, 활동을 통해 지도자로 거듭난다. 성취감 · 정체성을 찾음으로써 기쁨을 얻는 마을평생교육 지도자, 활동을 통해 배우고 배움을 통해 활동한다.

하위 범주 도출

연구자는 분석의 과정에서 코드들을 묶을 수 있는 몇 개의 범주들을 도출하였고 이를 중심으로 하위 범주를 도출, 혹은 범주를 변경하며 하위 범주들을 도출하였는데, 이러한 과정은 파랑새에서 다음 그림과 같이 이루어졌다.

그림_ 파랑새를 통한 하위 범주 도출

이러한 과정을 통해 각 연구참여자별로 하위 범주가 도출되었는데, 그 수와 예는 다음 두 개의 표와 같았다.

표_ 연구참여자별 하위 범주의 수(홍은진, 2015)

	최상록	이필승	김보람
하위 범주	31	28	25

표_ 연구참여자들의 코드를 통해 추출된 범주들의 예(홍은진, 2015)

활동가	범주명	코드들
최상록	마을평생교육 지도자가 됨	• 마을평생교육 지도자가 되기로 결심함, 이장이 된 계기 • 이장직을 수락한 이유, 이장직을 거절한 이유 • 주민들의 분노와 전임 이장의 전횡
	성장하기 위해 노력함	• 교육은 활동 중에 시작함, 교육을 통해 풍부한 정보를 얻음 • 교육을 통해 변한 마을평생교육 지도자 • 비판적 학습자로서의 활동가, 활동을 통해 변해가는 지도자
	공동체의 가치를 경험함	• 함께 살아가는 기쁨 • 공동체를 위한 삶이 가치가 있음을 깨달음 • 아픔을 겪은 사람들이 헌신함
이필승	조력자의 역할	• 조력자 그룹을 통해 도움을 얻음 • 조력자 그룹을 통해 영향을 받음 • 활동을 하는 데 조력자의 역할이 중요함 • 주요 조력자로서 스타팅 그룹의 역할 • 스타팅 그룹을 통해 공동체 활동에 참여함
	울타리 만들기	• 도서관은 단순한 책을 보는 공간 이상임 • 도서관을 사랑방으로 만듦 • 마을 공동체의 사랑방이 된 도서관 • 울타리로 사람들 모으기 • 규모가 작기에 실현가능했던 사랑방 • 울타리의 양면성, 울타리의 속성
김보람	조력자를 통한 애착형성	• 조력자 그룹과의 만남, 스타팅 그룹 간의 신뢰 만들기 • 조력자를 통해 형성된 지역에 대한 애착 • 조력자 그룹이 활동가를 지탱한다.
	참여하는 삶을 경험	• 어렸을 적 참여하는 활동을 경험한 마을평생교육 지도자 • 봉사하는 삶의 배경 • 참여하는 삶의 즐거움을 깨달은 마을평생교육 지도자 • 참여하는 삶을 지속함, 마을평생교육 지도자로서의 장점
	공동체의 변화를 통해 자아 효능감 확인하기	• 신뢰를 통해 변해가는 지역 주민 • 자신의 정체성 확인(조력자와의 관계를 통해 확인) • 마을평생교육 지도자의 보람(관계의 중요성) • 활동을 통해 개인의 성취감을 느낌 • 성취감(개인효능감)을 느낌, 성취감 · 정체성을 확인함

주제 도출

이러한 하위 범주들은 그것을 묶어주는 범주(상위 범주)들로 서로 관련지을 수 있었는데, 그러한 상위 범주의 예는 다음의 표와 같다.

표_ 상위 범주의 예(홍은진, 2015)

상위 범주	하위 범주
더불어 살아가는 의미를 경험	참여하는 삶을 경험, 교육자로서의 경험, 어린 시절의 가난, 나를 변화시킨 선생님, 나로 인해 타인이 변화할 수 있음을 경험함, 불의에 대한 경험, 학생운동, 참여의 형태는 변했으나 지속되는 참여의식, 공동체의 가치를 경험, 지속되는 시대정신
신뢰 구축하기	신뢰 구축, 신뢰 구축 전략, 마을 주민들과의 인간적인 관계, 스타팅 그룹에서 신뢰 쌓기, 마을 주민들과의 신뢰 쌓기, 신뢰를 쌓는 전략

이와 같이 하위 범주를 상위 범주를 통해 초점화시켜주는 작업 또한 파랑새에서 코딩 구조를 도출함으로써 이루어졌는데, 그 과정은 다음 그림과 같이 파랑새에서 이루어졌다.

그림_ 파랑새를 통한 코딩 구조 형성

이러한 과정에서 도출된 범주들을 통해 문화적 주제들을 도출할 수 있었는데, 그 주제들은 다음과 같다.

표_ 분석을 통해 추출된 주제들(홍은진, 2015)

하위 주제	주제
• '더불어 사는 삶'의 가치를 체험 • 마을에 대한 애정의 생성 • 마을과 함께하는 성장 • 활동방해 요인의 적극적 극복 • 활동을 통한 자존감, 자기 가치 발견	마을평생교육 지도자들의 경험의 특징
• 조력자 확보하기 • 울타리 만들기: 학습공간과 프로그램 • 마을 이해하기 • 주민과의 신뢰 구축하기 • 울타리 허물기: 공동체 확장	마을평생교육 지도자들의 실천전략

글쓰기

위의 분석 과정을 통해 주제의 구조를 도출할 수 있었는데, 이는 글쓰기의 뼈대가 되었다. 이는 주제의 구조와 논문에서 'Ⅴ. 마을평생교육 지도자들의 경험의 특징', 'Ⅵ. 마을평생교육 지도자들의 실천전략'의 글의 구조를 비교해보면 뚜렷이 이해할 수 있을 것이다.

표에 정리한 5장과 6장의 글의 구조를 살펴보면 분석을 통해 발견한 범주와 범주들의 관계가 연구 결과로서의 논문 글쓰기의 전체적인 뼈대를 구성하였다는 것을 확인할 수 있다. 연구자는 이러한 전체적인 구조 속에서 자신이 작성한 분석적 메모를 기반으로 글쓰기를 수행하였는데, 분석적 메모가 연구에서 드러난 개념, 범주, 주제에 대한 연구자의 반성적, 성찰적 글쓰기임을 감안하면 주제에 대한 연구자의 분석적, 해석적 활동의 산물인 분석적 메모가 글쓰기에 반영되는 것은 너무나 당연한 결과일 것이다. 이 연구의 분석 과정에서 작성된 분석적 메모의 예는 다음과 같다.

표_ 글쓰기에서 5장과 6장의 글의 구조

장	글의 구조
5장 마을평생교육 지도자들의 경험의 특징	**1. '더불어 사는 삶'의 가치 체험** 1) 청춘이 증발한 세대: 최상록의 학생운동 2) 나로 인해 타인이 변한 경험: 아버지, 선생님, 그리고 학생운동 3) 봉사를 통해 삶의 의미 발견: 김보람의 봉사하는 삶 **2. 마을에 대한 애정의 생성** 1) 마을의 과거와 현재 그리고 미래를 공유한 최상록 2) '고향 같은 마을' 만들기로 애정을 키워가는 이필승 3) 조력자와의 관계 속에서 마을에 대한 애정을 키워가는 김보람 **3. 마을과 함께하는 성장** 1) 최상록: 마을 이장에서 마을평생교육 지도자로 2) 이필승: 마을 도서관장에서 마을평생교육 지도자로 3) 김보람: 교육 전문가에서 마을평생교육 지도자로 **4. 활동방해 요인의 적극적 극복** 1) 재원 확보의 어려움 2) 마을평생교육 활동 주체들 간의 갈등 **5. 활동을 통해 자존감, 자기 가치 발견** 1) 마을의 변화는 마을평생교육 지도자에게 존재 의미를 부여한다. 2) 활동을 통한 자신의 가치 확인은 새로운 에너지가 된다.
6장 마을평생교육 지도자들의 실천전략	**1. 조력자 확보하기** 1) 조력자의 중요성 2) 조력자의 역할 **2. 울타리 세우기: 교육장소와 프로그램 개발하기** 1) 실재적 울타리: 교육장소 확보 2) 개념적 울타리: 프로그램 개발과 그 확장성 **3. 마을 이해하기** 1) 마을 지식에 기반 2) 네트워크 구축 **4. 주민과의 신뢰 구축하기** 1) 헌신하는 모습 보이기 2) 공개적으로 의사결정하기 3) 주민들이 필요로 하는 서비스 제공하기 4) 정보를 투명하게 공개하기 5) 서로 간의 인간적 관계 맺기 **5. 울타리 허물기: 공동체 확장하기** 1) 울타리의 한계와 공동체의 확장: 김보람의 고민 2) 천천히 조금씩 나아가기: 이필승의 공동체 확장 3) 마을을 넘어 세상과의 연결: 최상록의 새로운 도전

표_ 연구자의 분석적 메모(홍은진, 2015)

범주명	마을 지식을 기반으로 문제 발견하기
자료	새로 만든 공립 작은 도서관이 있는데 그 도서관을 위탁받아서 운영하게 된다면 할 일이 진짜 많아요. 그 지역에는 장애인들 임대 아파트가 있거든요. 장애인들이 상당히 많아요. 근데 그 아파트 도서관은 2층에 있어요. 그러니까 그 지역에 맞는 프로그램들. 일주일에 한두 번씩 1층으로 도서를 가지고 내려온다든지. 이런 것들을 할 수 있는데 하나도 안 하고 있거든요. 그래서 저는 많이 답답해요. 어떻게든 우리가 다시 가져와서 그 지역에 맞게 좀 운영을 했으면 하는데. 심지어는 이제 그 청소년 자원봉사를 이용해서 가정에 책 배달까지도 할 수 있는 거고. 할 수 있는 게 상당히 많더라구요.
분석적 메모	이 인터뷰에서 마을평생교육 지도자는 인근 도서관에서 유용한 프로그램을 운영하지 못하는 사실에 대해 안타까워하고 있다. 그렇다면 그 도서관을 운영하고 있는 책임자는 왜 그것을 발견하지 못하며, 오히려 마을평생교육 지도자가 그러한 문제에 대해 더 민감하게 반응할 수 있는 것인가? 이는 마을에 대한 지식이 마을평생교육 지도자의 문제인식을 좀 더 민감하게 만드는 것이라 볼 수 있다. 인터뷰 내용에서 볼 수 있듯이 이필승은 인근에 있는 마을 도서관의 운영방식에 대해 상당한 문제의식을 가지고 있다. 왜냐하면 그 마을 도서관이 지역특성에 맞는 프로그램을 전혀 운용하지 못하고 있기 때문이다. 이필승이 보았을 때, 장애인이 많은 그 마을의 특성에 맞춘 프로그램을 통해 마을 주민에게 더 많은 혜택이 돌아갈 수 있음에도 불구하고 그러한 프로그램을 운영하지 않는 도서관이 답답하기만 하다. 이러한 마을에 대한 인식이 문제를 해결하는 데도 영향을 미치고 있는 부분이 많은데, 이필승이 다문화 인구와 저소득층이 많은 마을임을 감안해 이에 맞춘 다문화 프로그램이나 저소득층 무료 특강 같은 여러 프로그램을 구성한 것은 이러한 마을에 대한 지식이 마을평생교육 지도자의 문제 민감성에 영향을 미친 것이라 할 수 있다.

논문 글쓰기

그렇다면 여기서는 이러한 분석과 글쓰기가 연계된 결과물로서 실제 논문 글쓰기가 어떻게 이루어졌는지 살펴보기로 하자. 다만 지면의 한계로 인해 글 전체를 제시할 수 없기에 여기서는 홍은진(2015)의 논문 중 일부를 발췌하여 5장을 살펴보도록 하겠다. 아울러 발췌는 논문의 내용이 잘 전달될 수 있도록 각주, 미주 등은 생략하였음을 밝혀 둔다.

세 마을평생교육 지도자의 삶과 마을평생교육 실천전략(홍은진, 2015)

V. 마을평생교육 지도자들의 경험의 특징

제4장에서 세 마을평생교육 지도자들의 삶을 생애사적인 측면에서 살펴보았다. 그들의 생애사는 서로 다른 성장 배경과 삶의 궤적을 보여주며 다양한 모습으로 전개되고 있다. 하지만 마을에서 평생교육 활동을 하는 마을평생교육 지도자로서의 삶은 서로 교차되는 지점이 있었다. 이러한 삶의 교차점은 마을평생교육 활동 속에서 경험하는 공통적인 특징들에서 발견할 수 있었고, 경험의 특징들은 서로 간 시간적 선후관계를 기반으로 하여 연결되어 있었다. 마을평생교육 지도자들이 공통적인 삶의 모습들을 공유하고 있다는 것은 각각의 요소들이 지도자의 자질이나 성향에 영향을 미치는 것이라는 점에서 그 의미를 추론할 수 있다. 제5장에서는 마을평생교육 지도자들의 삶을 관통하는 경험의 특징들을 살펴보고자 한다.

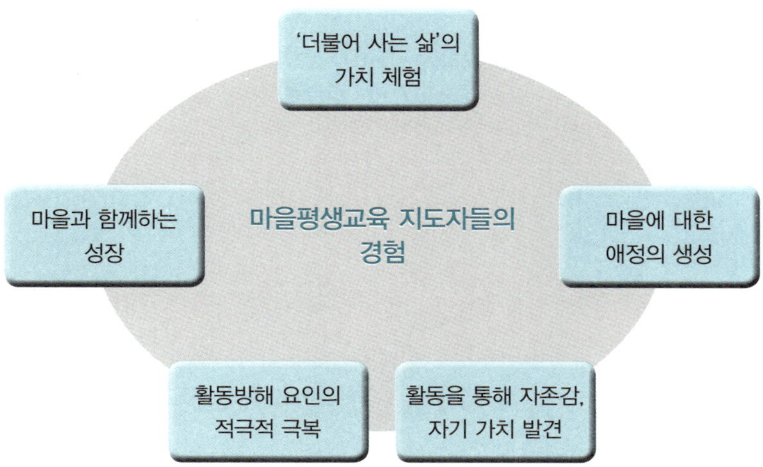

그림_ 마을평생교육 지도자들의 경험의 특징

'더불어 사는 삶'의 가치 체험

세 명의 마을평생교육 지도자 삶 속에 나타난 첫 번째 유사점은 그들이 자라면서 자신의 삶의 여건 속에서 행복한 사회를 만들기 위해 헌신한 경험이 있다는 점이다. 마을평생교육 지도자들의 생애를 살펴보면 그들 각각의 삶은 동일하게 전개되지는 않았으나 타인과 함께하는 삶의 의미에 대해 고민하고 그것에 높은 가치를 두었음을 알 수 있다. 이러한 과거의 경험들은 그들이 주민과 마을을 위해 헌신하는 현재의 삶에 영향을 미치고 있었다. 마을평생교육 지도자들의 삶 속에 드러나는 '더불어 사는 삶'의 실천경험을 살펴보면 다음과 같다.

표_ '더불어 사는 삶'을 위해 노력했던 과거의 교육적 경험

마을 지도자	과거의 교육적 경험
최상록	학생운동('나'보다는 '우리'에 삶의 가치를 둠) 선생님과의 경험(교육자에 의해 삶이 변할 수 있다는 경험)
이필승	학생운동('나'보다는 '우리'에 삶의 가치를 둠) 아버지와의 경험(자신이 타인의 삶에 영향을 주는 경험) 담임 선생님과의 경험(타인에 의해 자신이 변하는 경험)
김보람	어린 시절 봉사의 경험(스스로 하는 봉사를 경험함) 대학시절 봉사의 경험(공동체를 위해 봉사와 헌신을 즐김) 대학 졸업 후 경험(교육자로서 타인의 삶에 영향을 줌)

청춘이 증발한 세대: 최상록의 학생운동

동남마을 최상록은 1980년대 대학을 다니면서 시대의 아픔과 상황을 청춘시절에 고스란히 겪어야만 하였다. 그가 말하는 '청춘이 증발한 세대'의 의미는 그가 20대에 당연히 누릴 수 있었던 청춘 시절을 시대적 상황에 의해 포기할 수밖에 없었다는 말이다. 1980년대의 정치적 불안과 사회적 모순들을 경험한 그들은 기꺼이 자신들의 청춘을 시대를 위해 희생했고 최상록 역시 대학시절 시대적 상황에 눈감지 못하고 학생운동에 뛰어들었다. 그리고 그는 그 속에서 시대의 아픔과 정의 그리고 타인과 함께 살아가는 것에 대한 의미를 경험할 수 있었다.

> 그 시대는 80년대로 청춘이 증발된 시대에서 공부한 세대니까 어떻게 살아야 하는지에 대한 생각들을 많이 했던 세대들이고, 철학은 그에 대해 생각하게 한 것들이니까 강의실보다는 강의실 밖에서 있었던 시간들이 더 많았지요. 도서관에 공부하러 갔더니 누가 점거하러 왔대. 하하하. (중략) 그때는 도서관 아이들도 미안해가지고 시위한 날에는 나오면서도 부끄러워하고 안타까워했어요. 뭐 복학생들 위주로 도서관에 있기는 했지만 나머지 사람들은 모두 역사에 대해서 회피하지는 않았잖아요. (중략) 그런 것이 우리 80년대 세대들이 입은 은혜가 아닌가 싶어요. 그런 사람들이 보았던 뜻과 새로이 꿈꿨던 것들, 고민했던 것들, 같이 고민하고 손잡았던 것들이 (부질없는 것이 아니라) 성과 있게 와 닿는 것들이 아닌가 싶기도 하고. 그런 것들을 보면서 우리가 우리를 통해 마을 사람들이 기뻐하는 모습을 보며 내 것을 손해 보더라도 그것이 손해라는 마음을 안 가지고 산다는 가치관을 배웠잖아요.
>
> (동남마을 최상록 인터뷰. 2015.06.16.)

최상록은 학생운동을 하면서 사회 불의에 맞서며 함께 살아가는 삶을 꿈꾸었던 많은 사람들을 만났고 그 속에서 최상록이 경험한 것은 단순한 학생운동이 아니라 타인과 더불어 살아가는 공동체적 가치와 그러한 가치를 위한 희생의 숭고함, 그리고 숭고한 희생에 공감하는 사람들의 모습이었다. 최상록의 이러한 경험은 단순히 과거의 어느 시점에 머물러 있는 액자 속의 경험이 아니라 현재의 삶에도 지속적으로 영향을 미치고 있고, 그가 마을에서 여러 가지 활동을 할 수 있게 만든 요인이기도 하며 마을평생교육 지도자의 가치관을 형성한 토대이기도 하였다. 이와 같은 경험을 통해 형성된 마을평생교육 지도자의 가치관은 현재 마을평생교육 활동을 하는 데 있어서도 '내 것'보다는 '우리의 것'이 가장 큰 가치라는 믿음으로 작용하며 최상록의 삶을 이끌어가고 있다.

> **연구자:** 어찌됐든 보통의 학생은 아니셨잖아요? 그 당시 많은 학생들이 그런 활동을 했지만 이장님은 좀 더 강하게 하셨는데 그런 경험들이 현재의 삶에 어떤 의미가 있으신가요?

> 최상록: 음, 사람을 대하는 것이 많이 진지하지요. 그러니까 '내 것'보다는 그래도 좀 '우리의 것'이라는 것을 먼저 생각한다든가, 조금 더 선한 의지가 있다는 느낌을 가지려고 하는 그런 것 있잖습니까? 종교에 대해서 그렇듯이. 어쩌면 종교보다 더, 종교는 어떤 신에 대해서 하는 것이지만, 이런 가치들은 역사에 대한 믿음과 사람에 대한 믿음이 없으면 불가능하잖아요. 그것도 막연한 믿음이 아니고 사람에 대해서. 함께할 수 있다는 그러한 것들에 가치관들을 틀림없이 (저에게) 심어줬지요. 절대적인 존재로서의 민주주의라든가 이들이 함께 행복하지 않으면 모두가 행복해질 수 없다는 가치관들을 갖게 된 거죠. 어쩌면 영악해지는 것도 기술이라는데 그런 기술들은 기본적으로 못 배우게 된……. 하하하.
>
> (동남마을 최상록 인터뷰. 2015.09.04.)

젊은 시절 최상록의 경험은 사람에 대한 믿음을 통해 모두가 행복하게 살아가는 세상을 만들 수 있다는 확신과 비전과 갖게 하였고, 자신만의 이익만을 좇는 개인적인 삶이 아니라 공동체를 위한 희생에 높은 가치를 부여하는 시민 운동가로서 삶을 살게 만들었다.

나로 인해 타인이 변한 경험: 아버지, 선생님 그리고 학생운동

이필승은 청소년 시기에 자신이 타인에 의해 변할 수 있고 타인 역시 자신에 의해 변할 수 있다는 것을 깨달았다. 그의 이러한 경험은 중학교 3학년 시절 선생님을 통한 자신의 변화를 경험함으로 시작되었다.

> 저는 어렸을 때 꿈이 정확하게 뭐다라고 없었던 것 같아요. 중학교 때 수행평가로 자기 꿈을 발표하는 시간이 있었거든요. 국어시간에. 그때 제가 아무것도 안 되고 싶다고 했어요. 하하하. (중략) 아무것도 안 되겠다. 시골에서 농사지으면서 평범하게 살다 가고 싶다. 그러고 뭐 그 당시 제가 했던 말이 스피노자라는 철학자가 지구 종말이 오더라도 오늘 한 그루의 사과나무를 심겠다 했는데 저는 절대 사과

> 나무를 안 심겠습니다. 아주 현실적으로 살아가겠습니다. 이런 식으로 이야기한 기억이 나거든요.
>
> (외서마을 이필승 인터뷰. 2015.07.03.)

중학교 담임선생님을 만나기 전 이필승은 미래의 삶에 대해 꿈꾸지 못하는 가난한 빈농의 자식이었다. 어떻게 보면 어렸을 때의 지독한 가난이 어린 이필승에게 꿈을 꿀 수 있는 희망조차 앗아간 것이라 볼 수 있다. 만일 그가 이러한 삶의 태도를 지금까지 고수하였다면 현재는 대부분의 사람들처럼 자신의 생존만을 위해 살아가는 삶을 살고 있었을 것이라고 말한다. 하지만 그 당시 꿈꾸지 못했던 이필승의 앞에 나타난 선생님은 그를 일으켰고 변화시켰으며 미래의 꿈을 심어주었다.

> 그게 제 중학교 3학년 담임선생님 영향인데, 제가 아무런 꿈도 없이 집에서는 매일 집안일 돕고 방학 때는 지게 지고 풀 베러 다니고 이렇게 생활했었어요. 그런데 3학년 올라와서 월(매월)마다 시험을 쳤는데 제가 우등상을 받은 거예요. 그러니까 담임선생님이 탁 잡은 거죠. 저희 집에 찾아와서 애를 00연합고사에 보내자. 집에서 일 그만시키고 맡겨 달라. 당신이 알아서 진주까지 보내주겠다 하셨어요. (그 후에) 집에서도 집안일 돕는 것 그만두고 아침 일찍 도시락 2개 싸들고 학교 가서 공부하다가 학교 숙직실에서 자고, 그 다음날 아침 일찍 집에 와서 밥 먹고 또 도시락 2개 싸들고 학교 가고, 이걸 반복했거든요.
>
> (외서마을 이필승 인터뷰. 2015.07.03.)

중학교 시절 이필승의 담임선생님은 제자의 능력을 발견하고 그가 자신의 능력을 발휘할 수 있도록 적극적으로 이끌어주었다. 직접 집으로 찾아와 이필승의 부모에게 이필승이 자신의 능력을 발휘할 수 있도록 도와줄 것을 호소하였다. 그리고 단순히 호소에 그치지 않고 이필승이 능률적으로 공부할 수 있도록 편의를 제공하고 지속적으로 뒷받침해주었다. 즉 중학교 시절 선생님은 무력하고 의식 없던 이필승의 삶을 미래로 향할 수 있게 만들어준 사람이다. 선생님의 노력과 헌신은 꿈도 비전도 없이 지내던 어린 이필승을 미래에 대한 희망을 엿보고 미래를 향해 달려가는 존재로 변하게 하였다. 이것은 결국 타인을 통해 자신이 변화할 수 있음을 느낀 경험이라 할 수 있는데, 이러한 경험은 단지 여기에 머무르지 않고 더 나아가 자신을 통해 타인을 변화시킬 수 있다는 경험으로 확대된다. 그리고 그 타인은 바로 이필승의 아버지였다.

> 그러다 내 인생을 바꾸어놓는 계기가 찾아왔다. 중학교 3학년 첫 월례고사에서 우등상을 받은 것이다. 시험을 잘 봐서가 아니라 시험이 쉽게 출제되어 한 반에서 10여 명이 우등상을 받았던 것이다. 그러나 나의 첫 우등상을 보신 아버지는 나보다 더 기뻐하셨다. 아버지가 기뻐하셔야 집안이 평온하기에 나는 계속 우등상을 받기 위해 더 열심히 공부를 했고, 그 이후 계속 우등상을 받아 갔다. 아버지의 변화가 시작되었다. 고달픈 농사에 지쳐서 집에 들어오시면 화를 많이 내시고, 또 술에 의지할 때가 많았는데 그 빈도가 확연히 줄어갔다. 술기운으로 말씀하시던 '대학원까지 공부시켜주겠다'는 아버지의 자격지심이 현실적인 기대로 변하고 있었던 것이다.
>
> (외서마을 이필승 자서전)

> 그게 (우리 집이) 형편이 상당히 어려웠죠. 그 속에서 아버지가 좀 뭐라고 해야 할까. 여린 면을 숨기고 그렇게 좀 억세게 사셨던 거죠. 그리고 뜻대로 안 되는 일들을 어머니에게 다 풀어내고, 그런 모습들을 저희들이 봤으니까 아버지는 무섭게만 느껴졌고. 그러셨던 아버지가 우등상을 받아 가니까 조금씩 변하셨고 결정적으로 제가 진주로 고등학교로 진학하는데. 그 때 당시에 저희 집 형편으로는 하숙시킬 형편은 안 되었거든요? 근데 하숙집을 잡고. 아버지랑 둘이서 이불을 사 들고 책상은 거기 있던 것 빌려쓰기로 하고. (중략) 아버지가 하숙비를 한 번도 안 밀리고 다 대주셨어요. 지금 생각해보면 아버지가 그 때 저를 통해 뭔가 희망을 갖지 않으셨나 생각이 들어요.
>
> (외서마을 이필승 인터뷰. 2015.09.06.)

어린 기억 속에 이필승의 아버지는 무섭고, 술을 많이 마시며 어머니와 자식들에게 때로는 폭력적인 모습도 보여주었던 사람이었는데, 아들의 우수한 성적표를 보면서 아들이 현재의 삶을 벗어날 수 있게 하는 가족 전체의 희망으로 생각된 것이다. 그 후부터 아버지는 이전의 삶의 태도를 버리고 성실하게 살아갔다. 이러한 아버지의 변화는 이필승으로 하여금 자신으로 인해 타인이 변할 수 있다는 생각을 심어주었다. 자신과 타인이 서로 연결되어 있으며 서로가 서로에게 영향을 미치며 세상과 삶을 변화시킬 수 있음을 깨달은 것이다. 자신의 노력으로 사람들이 변화할 수 있다는 경험들은 이필승의 대학시절에도 영향을 미쳐서 사회 변화를 위해 학생운동에 적극적으로 투신하게 만들었다.

동남마을의 최상록과 마찬가지로 학생운동에 참여하여 시대의 저항과 아픔을 함께했던 이필승은 비록 대학시절, 많은 고통을 받고 대학생으로서 누릴 수 있는 많은 일들을 하지 못했지만 '함께하는 삶'에 대한 진지한 고민과 활동은 그를 세상과 연결시키는 끈으로 작용하였다.

> 연구자: 대학시절 학생운동의 경험이 현재 선생님의 가치관에 어떤 영향을 주었나요?
>
> 이필승: 그때, 그러한 경험들을 통해 무언가 잘못된 것은 바로잡는 것이 맞다는 생각을 가지게 되었거든요. (중략) 제 가치관은 일단 그런 삶(함께하는 삶)을 추구하고 있기 때문에, 그 가치관은 물론 대학생활을 하면서, 학생운동 하면서 정립되었고. 그때는 조금 다듬어지지 못했던 가치관이었다고 하면 여기 외서에 와서 다듬어진 거죠. 어떻게 보면 좀 더불어 살자, 내가 이 세상에서 살다간 흔적을, 내가 어떤 사람이라는 것을 내 나름대로 만족할 만한 흔적을 남기고 가면 좋겠다. 이런 생각을 하게 된 거죠.
>
> (외서마을 이필승 인터뷰. 2015.07.03.)

이필승이 다른 사람들과 더불어 살아가는 삶에 큰 의미를 두는 가치관을 형성하도록 도운 것은 유년시절의 선생님과 아버지이었고, 자신의 변화가 계기가 되었으며 대학시절 학생운동을 통해 형성되었다. 그로 인해 현재까지 재산 증식이나 가족의 행복만을 추구하는 개인적인 삶이 아니라 사회적인 삶, 사회 속에서 자신의 가치를 발견하는 삶을 추구하는 마을평생교육 지도자로서의 신념을 갖게 되었고 이러한 신념은 단순히 구호에 그치기보다는 이필승의 삶 속에 그대로 투영되어 마을평생교육을 통해 일상에서 풀어내고 있다.

봉사를 통해 삶의 의미 발견: 김보람의 봉사하는 삶

앞의 두 마을평생교육 지도자가 사회문제에 관심을 갖고 적극적인 행동으로 변화를 꾀하며 '더불어 사는 삶'을 경험하였다면 감상마을 김보람은 어린 시절부터 스스로 찾아서 하는 봉사를 통해 '함께하는 삶'의 의미를 경험하였다.

> 어렸을 때는 항상 뭐든지 일을 계획하고 친구들과 같이 뭔가 해보려고 하고 그랬던 것이 굉장히 많았어요. 초등학교 2학년 때인가, 학교 뒤에 온실이 있었어요. 온실이 너무 좋은데 버려져 있어서 친구들과 모여가지고 '우리 온실을 아지트로 만들자'라고 하고 쉬는 시간마다, 점심시간마다 가서 청소해서 정말 우리 아지트로 만들었거든요. 그랬다가 나중에는 우리 아지트로 쓰는 것보다 진짜 온실을 만드는 게 좋겠다. 그래서 같이 몇몇 아이들하고 교장선생님한테 찾아간 거예요. 우리가 온실을 청소를 하고 썼는데 이게 실제로 온실로 쓰여졌으면 좋겠다.
>
> (감상마을 김보람 인터뷰. 2015.07.27.)

어린 시절 김보람은 우연한 기회에 봉사의 참맛을 느꼈다. 처음에는 봉사한다는 마음보다는 그냥 자신들의 아지트를 가지고 싶다는 마음으로 학교에 버려진 온실을 청소하였다. 하지만 말끔히 청소된 온실을 보면서 자신들만의 아지트로 쓰고 싶다는 욕심보다는 모든 친구들이 활용하는 온실이 되었으면 좋겠다는 마음을 가지게 되었고 교장선생님에게 건의하여 전교생의 온실로 만들어 놓았다. 초등학교 2학년의 제안이 현실로 받아지자 김보람은 자신의 조그만 노력이 다른 사람들에게 도움이 될 수 있다는 사실을 처음으로 경험한 것이다. 그 이후 김보람은 타인을 위한 봉사활동에 적극적으로 나서게 되었다.

> 어떤 마음에서 그랬는지 잘 모르겠는데 동네에 쓰레기 매립장 같은 게 있었는데 어디 공장에서 나오는 쓰레기들을 파묻은 거예요. 거기에 뭐가 있었냐면 인형인데요. 사기로 만든 인형인데 색칠되기 전에 인형들을 거기다 갖다 버렸어요. (중략) 우리가 그 인형을 거기서 다 갖다가 씻어가지고 칠을 하는 거예요. 니스칠 같은 거, 겉에 반짝반짝한 것도 칠을 해가지고 애들하고 '우리 이걸 뭘할까', '이걸 팔자' 그래서 우리가 시장에 가서 천 원씩 받았나? 얼마 안 받고 팔았는데 잘 팔렸어요. 그래서 우리가 쓰레기장 가서 맨날 주워다가 애들끼리 색칠하고 앞에다 놓고 팔고 이랬었거든요. (중략) 근처에 장애인 재활센터가 있었어요. 어려서 버려진 아이들도 있는 그런 곳이 있었거든요. 거기에 한 달에 한 번씩 우리 5학년 애들이 모여서 봉사활동 다녔었어요. 그때 팔았던 돈 가지고 휴지 사가지고 갔었어요. 그 기관에서는 한두 번 하고 그칠 것이라고 생각했던 것 같은데 거의 1년 넘게, 2년을 계속 갔거든요. 그랬더니 6학년 됐을 때 그 기관에서 학교에다 전화를 하신 거예요. 학생들이 계속해서 이렇게 봉사를 한다. 그래가지고 학교에서 6학년 때 상도 받고…….
>
> (감상마을 김보람 인터뷰, 2015. 07. 27.)

초등학교 5학년 학생들이 쓰레기 매립장의 폐품을 재활용하여 상품으로 만든 뒤 그것을 판매한 금액으로 휴지를 사서 봉사기관에 간다는 것은 모든 학생들이 할 수 있는 일은 아니다. 김보람은 어린 시절 그녀가 했던 봉사의 이유에 대한 연구자의 질문에 뚜렷한 이유는 없고 다른 사람을 위해 봉사하는 것이 '그냥 좋았다'라는 말로 대답하였다. 그녀는 초등학생 때부터 시작한 봉사활동이 습관이 되어 '왜?'라는 물음보다는 '당연히'라는 개념으로 인식하고 있는 것처럼 보였다. 김보람의 타인을 위한 삶의 태도는 대학 졸업 후에는 다른 형태로 전개되는데 바로 교육자로서의 삶이다.

> 졸업할 때쯤 유치원 원장님 한 분이 '너는 아이들 가르치는 것을 정말 잘하는 것 같

> 은데 아이들 가르치는 것으로 진로를 정해보는 것이 어떻겠냐?'라고 하셨어요. (중략) 그 교육을 소개시켜 주셔서 제가 그것을 받고 '어! 이거 나하고 맞다. 아이들 가르치는 게 내 적성에 맞다'는 생각이 들더라고요. 그리고 졸업하면서 바로 서울로 올라가 이모님 댁에 2년 정도 있으면서 영재교육원에서 아이들 가르치는 걸 했었어요.
>
> (감상마을 김보람 인터뷰. 2015.07.27.)

봉사와 교육의 공통점은 무엇일까? 그것은 자신과 타인의 상호작용을 통해 이루어진다는 점이고 또한 자신의 노력으로 타인이 변화하고 그러한 변화한 타인의 모습을 통해 자신의 가치를 발견한다는 점이다. 그런 점에서 김보람이 다른 무엇보다 교육자로서의 삶에 매력을 느낀 것은 봉사의 경험에서 비롯되었다고 볼 수 있다. 봉사와 교육의 경험은 그녀로 하여금 타인과 함께 살아가는 삶의 의미를 가르쳐준 것이라 할 수 있다.

마을에 대한 애정의 생성

마을에서 리더가 다양한 역할들을 실천할 수 있는 가장 근본적인 심리적 추진동력은 마을에 대한 애착심(노윤구, 2006)이며, 이러한 마을에 대한 애정은 마을을 위해 봉사할 수 있는 힘의 원천이라 할 수 있다. 세 명의 마을평생교육 지도자들은 기본적으로 마을에 대한 애정을 가진 사람들이었다. 하지만 그들의 애정이 모두 공통된 요소로부터 온 것은 아니다. 동남마을의 최상록은 고향에서 활동하고 있지만 이필승과 김보람은 외부에서 현재의 마을로 유입된 외지인으로서 활동하는 사람들이다.

이들이 공유하고 있는 마을에 대한 애정의 기반은 크게 두 가지 시각에서 설명될 수 있었다. 첫째는 역사성의 공유다. 동남마을의 최상록의 경우는 과거와 현재 그리고 미래에 대한 역사성의 공유로부터 애정이 형성되었으며 외서마을의 이필승은 현재와 미래에 대한 역사성을 통해 마을에 대한 애정을 가지게 되었다. 둘째로 지역 주민들과의 관계성을 통해 형성된 마을에 대한 애정이다. 감상마을 김보람의 경우는 마을 자체에 대한 애정보다는 마을 주민들과의 관계성이 마을에 대한 애정으로 발전한 경우이다.

표_ 마을에 대한 애정의 기반

마을평생교육 지도자	마을에 대한 애정의 기반
동남마을 최상록	과거의 공유(최상록이 유년기를 공유한 마을) 현재의 공유(최상록과 같은 생각을 하는 마을 주민들) 미래의 공유(최상록의 아들을 통해 이어질 미래)
외서마을 이필승	현재의 공유(이필승에게 행복함을 안겨준 마을) 미래의 공유(이필승의 아들이 살아갈 마을)
감상마을 김보람	마을에 대한 긍정적 인식(김보람이 마을 주민이 되었을 때 첫 느낌) 마을 주민들과의 관계(조력자들의 인간적인 관계를 통한 애정)

마을의 과거와 현재 그리고 미래를 공유한 최상록

최상록이 활동하고 있는 동남마을은 그의 고향이다. 그렇기 때문에 동남마을의 과거와 현재를 공유한 최상록이 마을에 애정을 갖는 것은 어쩌면 당연한 것이라 할 수 있다. 그의 어린 시절은 지역의 역사와 함께 공유된다. 어렸을 적 추억이 서려있는 자신의 고향, 그리고 조용한 시골 농가가 보여주는 성실한 삶의 모습들은 대학 졸업 후 최상록을 자신의 고향으로 돌아올 수 있게 한 이유가 되었다. 또한 비판의식을 가진 사제들이 있는 성당이 동남마을 안에 있다는 점도 최상록으로 하여금 귀향을 결심하게 하였다.

> (분열된 마을의 상황에 대한 이전 내용) 그러한 가운데 제가 역할을 하는 것도 의미가 있겠다. 그런 생각 속에서, 또 지역에 있는 성당이 베네딕트 수도원이거든요. OO수도원. 그 분들이 옛날에 광주사태 때도 역할을 했는데 비판의식을 가진 사제들도 있고. 그분들과의 만남이 괜찮았죠. 그래서 (내가 할 수 있는 선택 중 귀농의) 선택지

> 로서 고민 없이 결정할 수 있었지요. 농사지면서 같이 사는 것도 괜찮겠다. 의미 있겠다. 그런 생각이 들어가지고 왔죠.
>
> (동남마을 최상록 인터뷰. 2015.06.16.)

최상록의 마을에 대한 애정은 고향에서 미래의 시간도 함께하고자 하는 희망이 있었기 때문인데 그 미래의 중심에는 최상록의 아들이 있었다.

> 우리 아들내미가 농협대학에 다니거든요. 1월 달부터 ##농협에 취직해서 있을 건데. 인생을 크게 꿈꾸는 것도 좋지만, 고향에 와도 괜찮다고 생각해요. (중략) 아들 보고 네가 여기에 있으면 네가 좋은 것도 있지만 네 친구들이 좋을 거다. 어차피 네가 고향 출신이고, 멀리서 고향 떠난 네 친구들이 너에게 연락하면 네가 그러한 친구들을 연결하는 허브역할도 할 수 있을 거고, 네가 고향을 지키고 있으니 서울이나 타지에 있는 친구들이 너를 찾을 수 있으니까, 네가 의미 있는 일을 할 수 있는 기회가 될 수 있을 거다. 그리고 네가 정년퇴직하고 나면 아버지가 하던 농사를 이어서 지어도 좋고, 그 때까지 안 팔아먹을 테니까. 60 넘어 할 일 없으면 참 지겹거든. 고향에 있는 것도 괜찮다고 하니 '네' 하더라고요.
>
> (동남마을 최상록 인터뷰. 2015.07.29.)

최상록은 자신이 현재의 주민들과 합심해서 만들어가고 있는 마을살이가 자신의 삶에 그치지 않고 그의 아들을 통해 미래까지 이어지기를 바랐고 이러한 희망은 아들의 진로에서 현실화되자 마을에 더욱 깊은 애정을 갖고 활동할 수 있게 하는 원동력이 되고 있다.

'고향 같은 마을' 만들기로 애정을 키워가는 이필승

외서마을 이필승의 고향은 경남 남해이다. 결혼 후 직장과 경제적인 이유로 현재의 외서마을에 터전을 마련하게 되었다. 흔히 도심 외곽지역에 대규모 아파트 단지가 조성되고 입주자가 들어오게 되면 그 지역의 정주민보다는 타지에서 온 사람들로 아파트 주민들이 구성되는 경우가 많다. 외서마을의 아파트 단지 역시 도시개발 과정에서 주거지역으로 조성되었기 때문에 이주민이 많았고 대부분이 생면부지의 주민들이어서 한동안은 낯선 시간들을 보내며 '주민 되기'를 탐색하게 된다. 그러나 이필승은 논과 밭, 산이 어우러진 외서마을이 흡사 고향마을과 비슷해서 정감을 느꼈고 시간이 지날수록 마을에서 이필승이 누린 작은 행복들은 그로 하여금 마을에 대한 관심을 갖게 했으며 그러한 관심들은 마을 활동으로 이어지게 되었다.

> ○○마을 아파트로 입주하면서 처음으로 마련한 '내 집'에 대한 애착이 매우 컸다. 그 아파트를 분양받은 것은 우리 부부에게 아주 큰 행운이었다. 어딜 가도 그 비용으로는 마련할 수 없는 집이었다. 서민들을 위한 임대아파트가 임대기간이 끝나서 분양으로 전환한다는 정보도 지역사회에 발을 들여놓았기에 얻을 수 있었던 정보였다. 어렵게 마련한 집인 만큼 아파트 운영에 무관심할 수 없어서 동 대표로 출마하여 초대 입주자대표회의의 일원이 되었다. 10명으로 구성된 입주자대표회의에서는 아파트관리규약을 만들고 관리업체를 선정하는 등 '임대아파트'의 흔적을 하나씩 지워나갔다. 분양 전환 1주년에는 음식을 마련하고 노래자랑, 어린이 퀴즈대회, 짚풀 공예 체험 등의 다양한 행사를 열어 입주민들과 잔치를 벌이기도 하였다.
>
> (외서마을 이필승 자서전)

고향을 떠나 외지에서 처음으로 내 집 마련을 하게 된 이필승은 남다른 감회에 젖었고 '내 집'이 주는 행복감은 내 마을에 대한 관심과 애정으로 발전하였다. 주민으로서 정주의식을 갖고자 아파트 동 대표도 맡았고 마을 도서관 건립을 추진하여 주민들의 소통공간을 만들고 그곳에서 마을평생교육을 운영하게 되었다. 이러한 활동을 가능하게 만든 마을에 대한 애정은 단지 내 집을 가진 행복감이 전부는 아니었다. 최필승의 마을에 대한 또 다른 애정의 원천은 그의 자녀가 살아갈 마을에 대한 희망이었다.

이제 하는 데까지 하다가 여기를 떠날 생각을 하고 있거든요. 50대 쯤에 남해로 다시 내려갈 생각을 하고 있는데 가기 전까지 이 마을을 정말 살기 좋은 마을로 만들고 싶다는 거죠. (중략) 처음에는 40이 되면 고향으로 내려갈 거다. 그러다 지금은 10년을 연장한 거거든요. 이 일 하면서 변화가 보이면서. 제 능력이 인정을 받고 하면 그게 또 더 늦춰질 수 있겠죠. 제 아이는 여기가 고향이나 마찬가지거든요. 태어나자마자 여기로 이사 왔기 때문에 우리 애가 자라는 이 마을을 정말 사람 사는 마을로 만들고 싶다는 거. 그래서 예전에 우리가 시골에서 자랄 때, 그때는 마을에 애가 한둘이 아니고 엄청나게 많았잖아요. 많았는데 불구하고 남의 애, 내 애 없이 다 가리지 않고 누가 울고 있으면 자기 애처럼 얼러주고 닦아주고 그렇게 했잖아요. 그런 사회를 다시 만들고 싶다는 게 꿈이죠. 제 아이가 계속해서 사는 고향이 되도록.

(외서마을 이필승 인터뷰. 2015.07.03.)

이필승은 40대가 되면 고향으로 돌아가겠다는 계획을 가지고 있었으나 그 계획은 자녀로 인해 원래 계획보다 10년이나 미루어졌으며 그것도 앞으로의 활동 상황에 따라 더 늦춰질 수 있다고 말하고 있다. 그 이유는 자신의 자녀가 살아갈 이 마을이 좀 더 행복한 마을이 될 수 있도록 활동하기 위해서이다. 자녀의 고향이자 앞으로 자녀가 살아갈 외서마을이 사람 사는 냄새가 나는 행복한 마을이 되기를 바라는 마음은 그가 마을에 대해 갖는 애정을 더욱 강화시켜 주었다. 그는 마을에 대한 애정이 점점 커져가고 있다고 말하고 있다.

음, 활동을 하면서 애정이 더 많이 생겼다고 봐야 되겠죠. 처음에는 어떤 목적의식을 가지고 활동을 했었거든요. 그러니까 저보다 먼저 이 지역에서 활동을 해오신 분들이 지역에 대한 애정이 저보다 확실히 많았겠죠. 하지만 (중략) 활동을 하다 보니까 이 지역에 대한 애정이 계속 생기게 되는 거죠. 그러면서 지금까지 여러 가지 활동을 해보고 했는데 지금 하고 있는 마을 도서관 활동이야말로 저한테 딱 맞는 활동이라고 생각되고요. 그러니까 이 도서관 활동을 통해 이 지역에 기여하고 싶어지는 거고.

(외서마을 이필승 인터뷰. 2015.09.20.)

앞에서 살펴보았지만 이필승이 마을평생교육 활동에 뛰어든 것은 이 지역에 살고 있던 자신의 조력자들과의 교류를 통해서이고 처음 활동을 시작할 때는 마을에 대한 관심도 있었지만 별도의 정치적 기반의 사회 변화라는 목적도 일부 있었다. 마을 도서관 공간을 통해 마을평생교육을 추진하면서 예상하지 못한 주민들의 변화를 체험하면서 자신의 활동과 마을에 더욱 애정을 갖게 되었다. 지금은 사회 변화라는 거창한 구호보다는 오히려 주민들의 평생학습 활동을 통해 이루어지는 작은 변화들이 더 큰 사회 변화를 일으킬 수 있다는 생각에 마을평생교육과 공동체 활동에 매진하고 있다.

조력자와의 관계 속에서 마을에 대한 애정을 키워가는 김보람

김보람 역시 외지인으로 아무런 연고도 없는 감상마을에 이사 왔지만 목회자의 사모였기 때문에 이방인으로서의 낯설음은 없었다. 보통의 이주민이라면 새로운 환경에 적응하는 기간이 필요하지만 그녀는 적응 기간을 지역사회와 마을을 살피면서 '할 수 있는 일'을 탐색하는 것으로 보냈다. 그러던 그녀가 마을에 대한 애정을 본격적으로 형성하게 된 계기는 마을평생교육 추진을 위해 만난 조력자들과의 만남에서 비롯되었다.

"우린 서로 진짜로 잘 만났다." 계속 그러고요. 가족같이 살아요. 그래서 제가 평생학습마을 만들기에 대한 회의가 느껴질 때마다 그분들을 보면서 '이런 거지'라는 생각이 들어요. 내가 감상마을이라는 곳에 와서 이 분들을 만나서 이렇게 행복하게 살아갈 수 있는 것이, 이게 평생학습마을 만들기이지 않을까 생각하면서. '내가 잘못 가고 있는 거 아닌가?' 회의가 들 때마다 '아니야, 그대로 잘 가고 있어.' 그러면서 조금씩 위로를 받아요. 그 분들을 통해. 그 분들도 그러실 거구요.

(감상마을 김보람 인터뷰. 2015.06.19.)

그녀의 조력자들은 그녀와 마을을 이어주는 연결고리가 되었다. 그리고 그들 사이의 관계 속에서 형성된 애정은 자연스레 마을에 대한 애정으로 이어졌고 그녀가 마을평생교육 활동을 할 수 있는 기반이 되었다.

> 저는 이 마을에 외지인으로 와서 마을 주민과 만나면서 함께 가자는 공동체의 느낌을 많이 느꼈고 지금도 그것 때문에 가고 있는 것 같아요. 함께 가는 게 그 분들과 함께여서 그럴 수 있는 것 같아요. 그 분들과 관계가 없다면 지금 당장이라도 '안 합니다. 그만둡니다.'라고 말할 것 같아요.
>
> (감상마을 김보람 인터뷰. 2015.09.12.)

마을평생교육 지도자들이 지역에 대한 애착도가 높다는 것은 정미경·김승용(2009)의 연구에서도 확인된다. 마을평생교육 지도자 양성 프로그램에 참여한 사람들을 대상으로 지역 애착도를 조사한 결과 예비마을평생교육 지도자들은 지 역정체성과 지역의존성이 일반 주민들보다는 높다(정미경·김승용, 2009). 지역의존성과 지역정체성은 지역에 대한 애정을 기반으로 한다. 즉 마을평생교육 지도자들이 애착심, 지역에 대한 애정이 클수록 지역에 대한 희생과 봉사정신으로 마을활동에 적극적으로 참여하게 되며 주민 간의 공동체적 유대를 강화시키는 역할을 한다(한권상, 2006). 세 마을평생교육 지도자들 역시 마을에서 활발하게 평생교육 활동을 실천하는 저변에는 마을에 대한 깊은 애정이 있으며 최선을 다해 쏟는 애정의 결과들이 마을 주민을 행복하게 하기 때문에 그 애정은 지치지 않고 끊임없이 새로움을 모색한다.

마을과 함께하는 성장

마을평생교육 지도자는 단순히 마을에서 마을평생교육을 추진하는 지도자라기보다는 마을평생교육 활동 속에서 주민들과 교류하며 스스로를 변화시키는 변증법적 관계에 놓인 사람들이다. 그들은 프로그램을 통해 지속적으로 마을을 변화시키고 그 속에서 자신 또한 변화되어 간다. 연구자는 연구기간 동안 면담과 참여관찰을 통해 연구참여자들의 마을 내 역할 변화내용과 마을평생교육으로 인한 상징적 변화모습을 발견할 수 있었다.

표_ 마을평생교육 지도자의 역할과 변화의 상징적 모습

지역	역할	변화
동남마을	마을 이장 → 마을평생교육 지도자	분열의 마을 → 함께하는 마을
외서마을	도서관장 → 마을평생교육 지도자	도서관 → 마을의 사랑방
감상마을	교육 전문가 → 마을평생교육 지도자	프로그램 운영 → 공동체 구축 (진행 중)

최상록: 마을 이장에서 마을평생교육 지도자로

최상록이 살고 있는 동남마을은 다양한 역사적 배경으로 인해 태생적으로 분열을 잉태하고 있던 마을이었다. 동남마을은 과거로부터 이어온 집성촌이기보다는 생계를 위해 지속적으로 주민들이 유입되어 형성된 마을이다. 이러한 배경으로 인해 토박이들과 이주민들 사이의 주도권 경쟁이 일상화되어 있었고 주민들은 마을을 공동체라고 생각하기보다 각자도생(各自圖生)의 단순한 주거지로 여겼다. 그러다 보니 마을은 점차 분열되었고 산업화 시대를 거치면서 세대 간의 갈등이 극명하게 나타났다. 산업화 이전의 세대들은 고향을 지키기 위해, 가족을 돌보기 위해 고향에 남은 사람들로 인식되었던 반면 산업화 시기에 고향에 남은 주민들은 능력이 있는 사람들은 모두 외지로 떠나고 할 수 없이 남아 있는 일종의 패배자로 인식되었다. 그로 인해 갈등은 늘 상존해 있었다.

> 우리 마을에서 옛날부터 어른들 말을 들어보면 오래된 사람들이 한 4대조 5대조 해서 살러 들어왔고. 살러 들어온 게 뼈를 묻고 중심에 있는 게 아니고, 일제시대 때

과수원을 경영하기 위해 왔거나, 술도가에 일을 하러 왔거나, 관리하기 위해 온 사람들이 뿌리 내리고 있고 (중략) 과수원 위주로 되다 보니까 뜨네기들이 많았어요, 일하러 오는 사람들, 이북에서 온 사람들로부터 젊은 사람들이 일하러 와서 그곳에서 먹여주고 하니까 머물고 본토백이들은 이들에게 안 밀리려고 나이별로 패거리 지어 싸움도 하면서, 뭐 길들이기도 하면서 주도권 안 뺏기려고. 이런 식으로 살아온 동네였던 거죠. 그러니까 각자도생을 했지요. 각자도생. (중략) 그 위의 어른들은 장남이니까, 뭐 고향을 지킨다든가 하는 걸로 남은 사람들이었는데, 그 아래로 남은 사람들. 그 당시에 고향에 남는 사람들을 보면 본인의 선택으로 남은 사람이기보다는 약간은 루저 같은. 뭐라 그러나 패배자들로 인식되었죠. 못 떠나가지고 남아 있는 경우였죠. 그래서 느낀 감정들이라든가 이런 것들이 다들 안 좋았죠.

(동남마을 최상록 인터뷰. 2015. 06. 22.)

마을의 분열, 전임 이장의 독단과 무능에 지쳐 있던 마을 주민들은 시골에서 대학까지 졸업하고 고향에 귀농하여 생활하던 최상록에게 이장직을 맡아줄 것을 부탁하기에 이른다. 전임 이장들이 보여준 전횡과 실패로 갈등과 반목으로 뿔뿔이 흩어진 주민들은 이장직을 맡은 최상록에게는 넘어야 할 커다란 산이었다. 주민들이 결집할 수 있는 무엇인가를 찾던 최상록은 이장을 맡은 첫 마을 사업으로 마을회관 건립을 결정하였다. 흩어진 주민들을 모으기 위해서는 무엇보다 공간이 있어야 된다고 생각했기 때문이다. 마을회관이 건립되기까지 그 기간은 온전히 주민들이 무형식학습을 경험하는 과정이었고 최상록은 이 과정을 통해 주민들이 마을을 생각하고 마을의 주인으로서 주민의 역할을 생각해보는 계기가 되도록 하였다. 그 결과 마을회관은 동남마을 주민들의 놀이터가 되었고 그 놀이터에서 2005년 풍물을 비롯하여 다양한 학습 프로그램이 진행되면서 마을에는 놀라운 변화가 일기 시작하였다.

동남마을 주민들은 과거의 마을과 비교하면 천지가 바뀌었다고 표현할 만큼 최상록이 이장하기 이전 과거 10년과 그 이후의 마을의 변화를 모두가 실감한다.

연구자: 어르신, 마을이 예전에 사시던 때와 많이 바뀌었나요?

주 민: 아이고, 많이 바뀌었지. 천지가 바뀌었지. 좋아졌지.

연구자: 무엇 때문에 지금처럼 바뀌었어요?

주 민: (마을 이장을 가리키며) 저기 때문이지.

연구자: 그럼 이장님이 마을을 떠나시면 어떻게 될 것 같아요?

주 민: 아이고, 안 되지. 못 가게 해야지.

(마을 주민 인터뷰. 2015.09.01.)

마을 주민들은 최상록을 이장으로가 아니라 진정한 그들의 리더로 신뢰하고 있었다. 마을평생교육을 통해 주민의 새로운 관계망을 엮어내고 그들의 연대와 참여를 이끌어냈고 주민들을 단순한 거주자가 아닌 마을 주인으로서 자치가 가능하도록 만들었다. 이와 같은 마을의 변화는 곧 마을평생교육 지도자인 최상록의 변화로도 볼 수 있다. 새로운 학습 프로그램이 개설될 때마다 그 운영과정의 체험은 최상록으로 하여금 마을평생교육에 대한 통찰력을 갖도록 하였다.

최상록은 마을평생교육을 자체적으로 추진하다가 2009년 지자체에서 실시하는 평생학습마을 지도자 과정을 이수하면서 마을평생교육을 효과적으로 내실 있게 운영하기 위해서는 자신이 전문가 수준의 지식을 갖추어야 함을 느꼈다. 또한 이장직을 맡고 있어서 당연히 참석해야 하는 의무교육들은 마을뿐 아니라 다른 지역, 세상을 바라볼 수 있는 안목을 키워주었고 비판적 학습자, 비전을 가진 학습자로 성장시키면서 그를 비전을 가진 마을평생교육 지도자가 되도록 자극제가 되었다.

> 교육도 (자꾸 듣다 보니까) 이제 어느 정도 수준인지 판단도 할 수 있고, 그 전 같으면 교육을 들으면 지가 (잘 알지도 못하면서) 무슨 교육이냐 이런 식이었는데. (이제는) 아, 이렇게도 할 수 있구나, 학습이 재미있구나 하는 것을 알게 되었죠.

(동남마을 최상록 인터뷰. 2015.06.22.)

이제 최상록은 행정과 주민 사이에서 단순히 마을의 일을 처리하는 이장의 수준을 넘어서 마을을 하나로 모으는 마을 전문가, 마을을 세상과 연결시키는 지구촌의 한 부분으로서의 마을 개념을 꿈꾸게 된 비전을 가진 전문가로 성장하고 있었다.

> 세상을 움직이는 것은 민중이지만, 한편으로는 한두 명의 적극적인 노력과 배려를 통해 많은 혜택을 받을 수 있다 그런 생각이 들지요. 그러니까 전체적으로 봤을 때 좋든 싫든 간에 이장들이 역할을 좀 잘해야 하는데 그런 부분에서 우리 동남마을이 (다른 마을에) 매뉴얼이 될 만큼 중요한 위치가 되었고, 마을에서 지도자, 이장, 노인회장, 활동가 직책을 맡은 사람들이 헌신성을 가지고 정말 열심히 하니까. 그런 모습들이 자꾸 회자되어 가고 모델로 되니까 나쁘지는 않지. 공치사는 아니지만.
>
> (동남마을 최상록 인터뷰. 2015.09.04.)

최상록의 마을과 주민을 위한 헌신의 행보로 인해 최상록은 지역에서 가장 부지런하고 역량 있는 마을평생교육 지도자로 평가받고 있고 동남마을은 다른 마을의 모델로, 실천 매뉴얼로 주목받고 있다. 최상록의 이러한 노력으로 인해 마을 조직에서 직책을 맡아 역할을 수행하고 있는 주민 모두도 최상록의 모습을 닮아가고 있다. 마을평생교육 지도자가 행동으로 보여주는 실천이 주민들에게는 또 하나의 학습이 되고 있다.

이필승: 마을 도서관장에서 마을평생교육 지도자로

앞에서 언급한 바와 같이 외서마을은 이필승이 이주하기 이전에 마을 공동체 활동이 이미 시작되고 있었다. 지역의 조력자들의 권유로 마을 활동에 참여하게 된 이필승은 처음에는 자신의 위치를 마을평생교육 지도자로 자리매김하기보다는 일반적인 도서관장이 갖는 역할로 여기고 있었다. 하지만, 마을 도서관이 갖는 기능과 역할은 공공 도서관의 기능과 역할과는 다르다는 것을 알게 되면서 이필승은 자신의 아파트 단지에 만들어진 마을 도서관의 역할을 고민하게 되었다.

마을 도서관의 공간을 주민들이 '책을 보는 장소', '책을 빌려가는 곳'이라는 인식을 뛰어넘도록 해야 한다는 생각을 갖게 되었다.

> 도서관이 단순히 어느 시기에 책 보는 장소가 아니라 이렇게 아파트 안에 있는 마을 도서관은 주민의 소통 공간이고 주민 모두가 학습할 수 있는 그런 공간이라는 인식, 그래서 꼭 책을 빌리거나 보러 오지 않더라도 누구든지 와서 이야기도 할 수 있고 참여할 수 있는 공간이라는 인식들을 전보다는 많이 갖는 것 같아요.
>
> (외서마을 이필승 인터뷰. 2015.09.06.)

이필승의 마을 도서관에 대한 생각은 도서관 공간에서 이루어지는 다양한 활동에 고스란히 담겨져 추진되었다. 그 공간에서는 연령에 관계없이 주민 누구나 강사가 될 수 있고 학습자가 될 수 있으며, 크고 작은 배움과 나눔이 자체적으로 계속해서 이루어지면서 주민들에게는 마을 도서관이 '좋은 공간'으로 인식되었다. 이필승은 활동을 지속하면서 그 지역의 마을평생교육 지도자가 아니면 발견할 수 없는 주민들의 인식 변화 같은 섬세하고도 의미 있는 변화들을 감지하면서 마을 도서관을 중심으로 하는 평생교육 활동의 가능성을 발견하게 되었다. 즉 이제는 마을 도서관을 공동체의 사랑방과 같은 만남의 장으로 인식하고 주민 누구나 자연스럽게 도서관 문을 넘나들게 되었다.

이는 도서관장을 맡았던 초기의 이필승의 생각과 현재의 생각이 가장 결정적으로 달라지는 지점이다. 즉 초기에 이필승은 자신의 역할을 마을 도서관의 상징적인 관장, 주민의 편의를 위한 자원봉사자의 역할로 생각했으나 점차 도서관에서 평생교육 프로그램을 운영하면서 마을 도서관은 공동체 운동이라는 생각을 갖게 되었다. 마을 도서관에서 이루어지는 프로그램을 통해 아이와 어른이 만나고, 이웃과 만나는 관계 형성의 계기가 되었지만 그 계기를 발판으로 서로에 대해 '관심'을 갖게 됨으로써 그들의 학습은 도서관 밖 마을 전역으로 확장되었다. 학교에서, 놀이터에서, 시장에서, 이웃집 거실에서 아이들과 어른들은 또 다른 만남을 통해 일상의 경험들을 나누게 된 것이다.

이필승은 이러한 변화들을 계속해서 만들어가고 발전적으로 유지시켜야 한다고 생각한다. 따라서 그의 활동은 점차 마을의 도서관장의 역할에서 공공의 교육 프로그램으로 주민들과 함께하는 마을평생교육 지도자의 역할로 중심이 이동하면서 자신의 역량에 대해 끊임없이 성찰한다. 또한 함께하는 도서관 사서들도 마을평생교육 지도자로서의 마인드를 갖고 전문성을 키워가야 한다는 생각을 강하게 갖고 있다.

> 제가 아니라 같이 마을 도서관 활동을 하고 있는 사서 선생님들과 관련해서 겪는 어려움은 마인드인데, 저는 마을 도서관을 운동적 관점에서 보는데 그분들은 도서관 운동이라고 생각 안 하고 있거든요. 그러다 보니 도서관에서 조금이라도 더 많은 교육들이 일어나도록 계획을 짜고 하는데 사서 선생님들은 그것을 다 자기 부담으로, 일로 받아들이니까 거기서 어려움이 많이 있어요. 헌신성이라든지, 마을교육의 필요성이라든지. 그런 것들이 왜 중요한지. 이런 것들을 지자체에서 교육할 때 좀 강의해주면 참 좋겠다는 생각을 많이 했거든요.
>
> (외서마을 이필승 인터뷰. 2015.09.06.)

그가 마을평생교육 활동을 하면서 느낀 마을평생교육 지도자가 갖추어야 할 역량으로서의 핵심은 '마인드'라고 생각한다. 즉, 마을에 헌신하려는 마음, 마을에 대한 애정, 타인들과 함께 살아가려는 마음가짐이다. 이필승이 거주하는 지자체에서는 마을평생교육 지도자를 양성하지 않는다. 평생교육기관 관계자 워크숍 등의 연수는 있지만 행정적 실무에 국한되는 경우가 대부분이고 체계적이고 전문적인 마을교육 및 마을평생교육 지도자로서의 내용을 제공하고 있지 않다. 그렇다고 직장생활을 하는 이필승이 마을평생교육 지도자에 관련된 교육을 찾아다니며 배운다는 것도 현실적으로 어렵다. 도서관 프로그램을 기획할 때마다 이필승은 기존 과정의 답습이 아니라 새로운 의미들을 부여하고 만들어내려고 고민한다. 그러한 고민과 준비과정은 이필승을 마을평생교육 지도자로 성장시키는 과정이기도 하다.

> 처음에 이제 이 지역에 와서 지역사회에 발을 들여놓게 되고 활동을 할 때만 해도 어떤 음, 전체적인 안목 같은 거는 전혀 없었죠. (중략) 이제 (도서관 일을 하면서) 좀 넓은 안목을 가지고, 좀 긴 안목을 가지고 바라보게 되는 거죠. 예를 들어서 매년 해 오는 도서관학교를 그냥 해 오던 거니까 해야지 이게 아니고 도서관학교가 나아갈 방향, 의미에 대해서 고민해보게 된다는 거죠. 그냥 계획대로 4차시 강의 진행하고 그냥 돈 되는 강사 초빙하면 끝나는 건데, '이렇게 해서는 안 되지 않나?'(생각을 하고) 기왕이면 이걸 통해 무언가 만들어보겠다는, 이런 고민을 하는 거죠.
>
> (외서마을 이필승 인터뷰. 2015. 09. 20)

김보람: 교육 전문가에서 마을평생교육 지도자로

김보람은 대학원에서 평생교육을 전공하고 있는 마을평생교육 지도자이다. 따라서 그녀는 최상록과 이필승과 달리 처음부터 마을평생교육에 관심이 있었다. 토착민이 아닌 외지인이라는 사실은 초기 배척의 느낌을 가질 만큼 활동하는 데 한계로 인식되었지만 뜻을 같이하는 조력자들을 만나 마을평생교육 활동을 시작한 김보람은 마을에 많은 변화를 이끌어냈다. 평생학습에 대한 이해가 부족하던 주민들에게 다양한 학습기회를 제공하면서 침체되어 있던 마을에 학습으로 활력을 불어넣었고 지역에서 감상마을의 인지도를 높였다. 하지만 김보람 자신은 평생교육 활동으로 나타난 결과가 모두 만족스러운 것만은 아니었다.

> 저는 관심 갖고 감상마을을 계속 봤죠. 평생교육하고 있는 곳도 보고. 여러 가지 경우들을 봤는데. (중략) 마을 만들기는 잘 되고 있고, 평생학습마을 만들기가 시작된 곳은 왜 잘 안 되고 있을까? 그런 고민들을 했거든요. 학습을 통해 마을 만들기를 하다 보니까 사람들이 처음 시작을 학습으로 시작한 거죠. 학습의 의미로 시작하다 보니까 제가 볼 때는 그 공동체 일원들이나 마을 사람들이 함께하고, 함께 즐기고, 함께 생각들을 나누고 공유할 시간 없이 프로그램이 먼저 들어갔다는 생각이 들어요.
>
> (감상마을 김보람 인터뷰. 2015. 06. 19.)

평생교육전문가로서 김보람은 교육을 통한 마을 만들기 활동의 한계를 느끼게 되었다. 한계로 여기는 이유는 주민들이 프로그램이 시작되기 이전에 생각을 나누고 함께 공유하는 시간이 없기 때문에 공동체를 생각하지 못하며 개인 학습자로 머물다 돌아가는 현상이 반복된다는 것이다. 그렇기 때문에 그녀는 감상마을을 바라보는 외부의 높은 평가와는 달리 자체적으로는 부족하였다는 평가를 한다. 이러한 평가와 진단은 자신이 참여하고 있는 활동이 무엇을 향해야 하는지, 자신의 역할이 무엇이어야 하는지에 대해서 진지하게 고민하도록 만들었다.

> (나의 역할은) 프로그램 운영자, 프로그램 기획자, 기관에서 프로그램 운영하고 기획해서 주민들에게 그냥 기회를 주는 그런 역할밖에 못하고 있다는 회의가 들 때가 있어요. 그 회의라는 게 정말 이 안의 공동체를 만들어내고 같이 함께 갈 수 있는 사람들을 만들어내지 못하는, 전문적으로 말할 때는 제가 준공무원, 그러니까 관공서의 역할을 하면서 주민 주도가 아닌 관 주도가 되어버리는. 그런 마을을 만들어가고 있지 않나 하는 회의가 들 때가 많아요.
>
> (감상마을 김보람 인터뷰. 2015.06.19.)

김보람이 생각하는 한계의 원인을 어느 하나로 집약할 수는 없지만 활동의 한계를 느낄 수밖에 없는 요인 중 하나로 김보람이 가지고 있는 사회적 위치를 들 수 있겠다. 김보람은 활동가 입장에서 보면 연고가 전혀 없는 지역일 뿐만 아니라 주민에게 쉽게 다가갈 수 있는 주민조직에 속해 있지도 않다. 동남마을의 최상록의 경우처럼 마을 이장이거나 부녀회장, 주민자치위원 등 마을 내 어떤 조직이든 소속되어 있어서 주민들에게 리더로 인식되어 있거나 조직의 구성원이라면 마을평생교육을 추진하는 데 주민들의 참여를 적극적으로 이끌어낼 수 있을 것이다. 그러나 김보람은 그 어느 것에도 해당되지 않은 평범한 이주민이며 목회자의 사모로서 활동하는 데 조심스러운 부분도 있다.

게다가 평생교육 프로그램 운영에만 중심을 두고 마을평생교육 활동이 전개될 때 필연적으로 겪게 되는 한계도 있다. 즉 마을평생교육 지도자가 프로그램 운영자로 고착될 때는 찾아오는 학습자 관리인 역할에 그치는 경우가 많다. 활동의 의미를 좀 더 확대하더라도 마을평생교육을 통해 주민학습을 돕고 주민들이 자기를 개발할 수 있는 학습의 장을 제공해주는 것에서 더 나아가지 못하는 것이다. 평생교육 프로그램은 공동체 회복을 위한 매개이기도 하다. 그런 측면에서 김보람은 감상마을이 프로그램을 통해 주민들의 관계망을 확대, 발전시키는데 부족함이 있었고 그녀 자신도 프로그램 운영자의 역할에 머물러 있었음을 토로한다.

평생교육 프로그램을 통해 다음 단계로 어떻게 발전시켜 나갈지, 한 단계 더 도약하기 위해 프로그램을 어떻게 기획해야 하는지, 학습자들이 '프로그램 쇼핑족'으로 남지 않고 학습이 하나의 계기가 되어 공동체로 발돋움하기 위해서는 어떠한 전략을 구사해야 하는지에 대한 고민은 결국 마을평생교육이 지향해야 할 목적지에 대한 고민인 것이다. 공동체 구축은 주민들의 프로그램 참여를 계기로 그 과정에서 파생되어 이루어지는 다양한 학습방법과 학습내용, 관계방식에 의해 이루어진다.

> 사실은 공부를 하러 간 거구요. 지금까지 봉사한 5년이란 시간들을 그냥 날아가게 하기에는, 봉사라고 하고 넘어가기에는 그렇게 큰 의미가 없는 것 같더라고요. 그렇다면 어떻게 해야 될까 생각하면서 공부하러 가면서 '정말 좋은 마을을 만들어보자' 행정이 원하는 마을이 아니라 정말 처음에 내가 몸담으려고 했던 그 마음을 가지고 좋은 마을을 잘 만들어보자 한 거죠. 나중에 그걸로 또 다른 마을을 만들 수도 있겠구나 하는 생각도 들더라고요.
>
> (감상마을 김보람 인터뷰. 2015.07.27.)

활동방해 요인의 적극적 극복

마을평생교육 지도자들은 평생교육 활동을 하면서 많은 난관에 부딪히게 된다.

정도의 차이는 있지만 공통적으로 마을 내부에서 촉발된 갈등들도 있고 마을 외부로부터 발생하는 요인들로 인한 갈등과 난관은 때로는 한 단계 나아가는 성장의 촉진제가 되기도 하고 반대로 활동 자체를 위협하는 요소가 되기도 하였다.

표_ 마을평생교육 지도자들이 경험하는 난관

난관	내부/외부적 요소	성격
재원 확보의 어려움	외부적 요소	실제적인 어려움을 줌.
활동 주체 간의 갈등	내부적 요소	주체 간의 관계성과 관련된 어려움. 감정적 소모를 일으킴.

재원 확보의 어려움

마을평생교육 활동에서 손꼽히는 어려움 중의 하나는 주민들에게 학습 프로그램을 지속적으로 제공하고 활동을 추진하는 데 필요한 재원의 확보였다. 마을평생교육 사업은 기본적으로 행정의 지원을 통해 이루어지는데, 이러한 지원은 지속성이 없고 또 가변성을 가지고 있어서 마을평생교육 지도자는 늘 지원기간이 종료된 이후의 활동을 고민하게 된다. 이는 많은 마을들이 지원을 받는 기간 동안에만 프로그램이 운영되고 지원이 중단되면 주민들의 학습도 중단되어 버리는 사례에서 그 어려움을 확인할 수 있다.

연구자: 그런데 언제까지나 재원을 행정에서 받을 수는 없는 거잖아요. 그에 대한 대책은 있으신 건가요?

최상록: 허……. 그래가지고 우리가 작년 같은 경우는 음식 쪽으로 요리하는 것, 내부 강사를 이용해가지고 했는데 아직까지는 예산지원이 이루어지니까 그 예산을 어떻게 활용할까 고민하고 있고. 사실 예를 들면 한글 선생님만 하더라도 2시간 나오는데 적은 돈은 아닐 걸요? 그것을 우리 주민들 돈으로 한다면 어려움이 있어요. (중략) 예를 들면 노인회에 주었던 마을회관 운영비를 갖다가 그것으로 (교육비) 처리해야 할 문제도 생길 수 있고, 아

> 니면 주민들 설득시켜 가지고 내도록 해야 하는데 지금 같은 경우에는 교육비까지 부담하라고 하면 조금 힘들어요.
>
> (동남마을 최상록 2015.06.22.)

동남마을의 경우 평생교육활동은 행정의 지원과 다을 주민들의 찬조금으로 운용되고 있다. 그렇다 보니 그 범위 안에서 집행이 이루어져야 하는데 하고자 하는 프로그램, 혹은 마을에 필요한 프로그램을 운영하기에는 부족하다고 한다. 최상록은 현재는 마을 주민들의 기금 범위 안에서 감당하고 있지만 만약 행정으로부터의 지원이 줄어들거나 더 많은 예산이 필요한 경우가 생겨 마을 주민들이 찬조금을 더 내야 하는 상황이 생기면 그 때도 마을평생교육 활동이 지금과 같은 생기를 유지할지에 대해서 장담할 수 없다고 한다.

이러한 재원에 대한 어려움은 비단 최상록뿐만 아니라 외서마을의 이필승도 동일하게 겪고 있는 문제이다.

> 여기서 더 뭐 해보자고 욕심 내기도 좀 어려운 게 이게 많은 월급을 받고 하는 일들이 아니고 다들 봉사하는 거니까 자꾸 해보자 하기도 어렵고 (중략) 월급 조금밖에 안 주면서 나오게 하는 상황은 아닌 것 같고.
>
> (외서마을 이필승 인터뷰. 2015.07.03.)

외서마을 이필승의 경우 마을평생교육과 관련된 재원 중 프로그램 강사비는 학습자들의 수강료로 마련하는데 문제는 사서들의 인건비와 관리비에 대한 어려움이 항상 존재하는 것이다. 마을 도서관에서 비상근으로 근무하는 이필승 자신은 무보수로 봉사하지만 행정으로부터 지원받고 있는 상근 사서들의 인건비는 워낙 보수가 낮아서 도서관 행정 및 관리업무 이외에 다른 일을 부가해서 요청하기가 어려운 실정이다. 따라서 현재는 이필승이 생각하는 것만큼 다양하고도 의미 있는 교육 프로그램들을 시도하지 못하고 있다.

이필승이 겪는 어려움은 현재 마을평생교육 현장에서 활동하고 있는 많은 마을평생교육 지도자와 활동가들의 어려움이기도 하다. 김보람 역시 본인은 대가를 바라지 않고 활동하고 있기 때문에 문제가 되지 않지만 향후 함께할 사람들을 생각하면 보상의 문제를 생각하지 않을 수 없다. 그래서 활동한 지 3년이 지나면서 수익구조를 낼 수 있는 사회적 기업이나 협동조합에 대한 검토를 내부적으로 진지하게 논의하기도 하였다. 그러나 교육 사업으로는 돈을 벌 수 없다는 결론을 내리고 현재는 그에 대한 생각을 접었지만 최소한의 활동비 보상에 대한 아쉬움은 과제처럼 가지고 있다.

유창복(2009)에 의하면 마을활동가 중에는 유급 활동가와 무급 자원활동가가 있는데 전자를 흔히 실무자라고 지칭한다. 이 둘 간의 경계는 확실하지 않지만 대부분 활동가의 의무수준, 업무의 성격 등을 고려하여 결정하는데 마을에서 활동 초기에는 자원 활동의 문화가 일반적이라고 보고한다. 이런 측면에서 마을평생교육 지도자들 역시 대부분 무급의 자원활동가로 봉사하는 것이 현실이다. 그러다 보니 활동 중에 소소하게 들어가는 경비들을 자비로 충당해야 하는 경우가 생겨서 사기가 저하되기도 한다. 반면, 마을평생교육 지도자가 활동비를 받는 유급 활동가일 때 활동의 본질을 흐리게 하는 우려의 면도 있기 때문에 활동 처우에 대한 '적정성'의 문제는 늘 민감한 사안이지만 해결해야 할 사항이기도 하다.

감상마을 김보람의 경우는 재정적인 측면에서 앞의 두 마을평생교육 지도자와는 조금 다른 어려움을 겪고 있다. 그녀는 재정 지원의 부족에서 오는 어려움보다는 지원예산 사용에 대한 어려움을 호소하였다.

> 예산 세울 때 가장 갈등을 많이 했던 것 같아요. 항상 예산을 세울 때, 이거 이렇게 해도 되나? 이렇게 하는 게 맞나? 우리 내부적으로도 가장 갈등을 많이 하고 행정기관하고도 갈등이 많이 생겨요. 이거 꼭 이렇게 해야 되나? 저는 좀 더 많은 프로그램을 해서 혜택을 많이 주고 가야 하지 않나 하고 생각하고. 우리 회계 선생님 같은 경우는 여유도 하나 없이 돈의 몇 배나 되는 프로그램을 해 가지고 사람들 힘들게만 한다고, 그래서 프로그램 수를 줄여라 이야기를 하고. 그래서 프로그램을 줄

> 여서 행정기관에 들어가면 그 돈 갖고 이 프로그램밖에 안 하면 너무 작다, 더 해라 하고. 그러면서 이걸 어떻게 해야 되지? 이 예산을 이렇게 잡아야 되? 이런 것들에 대한 정확한 원칙도 없고 기준도 없고.
>
> (감상마을 김보람 인터뷰. 2015.07.27.)

감상마을의 경우는 모든 지원이 행정으로부터 비롯된다. 감상마을의 행복학습센터에서는 행정에서 확정된 예산을 기반으로 프로그램을 기획하게 되는데 이 부분에서 내·외부적인 갈등이 존재한다. 외부적으로는 한정된 예산으로 진행해야 하는 위탁기관과 행정의 시각이 다른 데서 오는 견해 차이, 내부적으로는 많은 프로그램을 개설하여 더 많은 주민들에게 학습 참여기회를 제공하고 싶어하는 운영진과 여유 없이 운영될 때 발생할 수 있는 리스크를 염려하는 회계담당과의 견해 차이때문이다. 현실적으로 운용할 수 있는 프로그램의 규모는 한정되어 있는 반면 그 예산으로 합당한 결과를 보여주어야 하는 행정, 마을평생교육지도자, 회계담당의 지향점이 각기 다른 데서 생기는 갈등이다.

마을평생교육 활동 주체들 간의 갈등

마을평생교육 활동 속에는 다양한 활동 주체들이 존재한다. 그 중 가장 대표적인 주체는 마을 주민이라 할 수 있고 이와 더불어 행정기관, 마을 조직, 강사들이 활동의 주체가 된다. 마을평생교육 지도자는 마을평생교육 활동을 추진하는 동안 이러한 활동 주체들 사이의 갈등으로 어려움을 겪는다.

> 우리 마을에 최불암씨가 왔다. 방송국에서 미리 연락을 해 나에게 이러저러한 미리 준비해놓아야 할 것을 요청하였다. 방송국의 요청대로 3대가 살고 있는 집을 방송국과 연결해주고 마을 주민들도 모두 좋아하는 연기자라 촬영장에서 연락이 오기를 기다렸다. 한참을 기다려도 연락이 오지 않다가 곽○○(전임 이장)씨로부터 연락이 왔다.
>
> "이장, 빨리 온나. 이제 방송국 사람들 일 다 끝나간단다."

나는 무슨 일인가 싶었다. 벌써 일이 다 끝나간다니. 지금 가서 어떻게 해야 하나. 서둘러 곽○○씨 집에 도착하니 최불암씨와 방송국 사람들은 이미 녹화를 다 끝내고 갈 채비를 하고 있었다.

"이장님. 왜 이렇게 늦으셨어요. 바쁘셨나 봐요?"

방송국 피디가 웃으면서 나에게 말하였다. 나는 곽○○씨를 바라보았다. 나와 눈을 못 마주치고 먼 산만 바라보고 있었다. 혹여 내가 일찍 오면 방송이 나를 중심으로 촬영될까 싶어서 일부러 연락을 하지 않은 것이다.

'그래도 마을 일을 30년 이상 한 사람인데…….'

(동남마을 최상록 인터뷰를 재구성)

동남마을의 최상록이 주민들과 겪는 갈등 중의 대표적인 것은 고정적으로 마을 일에 비협조적이면서 마을에서 자기의 주도권을 확보하려는 몇몇 주민들이 보이는 태도에서 발생하는 갈등이다. 위의 일화에서 보는 것처럼 전임 이장은 마을에 촬영차 찾아온 연예인을 최상록을 통해 마을 주민 모두의 손님으로 맞이하지 않고 자신의 주도권을 확보하는 계기로 이용하였다. 물론 그러한 과정 자체가 마을평생교육 지도자의 활동에 큰 지장을 주는 것은 아니지만 그러한 이기적인 행동을 마을 주민 몇몇을 통해 목격할 때마다 상처를 받는 것은 어쩔 수가 없다. 이러한 갈등은 대부분 비협조 주민 몇몇에 의해 이루어지며 한두 번의 경험으로 끝나는 것이 아니라 평생교육 활동 중간 중간에 지속적으로 갈등을 불러일으킨다.

외서마을의 이필승이 겪는 마을 주민과의 갈등 중 대표적인 것은 이필승의 과거 정치적 배경과 관련된 부분이다.

오늘은 도서관 주민들을 위해 황○○ 박사님을 초청해 강연을 열었다. 이 분은 현재 ##정보연구원에서 일하시는 분이고 교육전문가이다. 황○○ 박사님은 스웨덴의 교육과 우리나라의 교육을 비교하면서 여러 가지 유익하고 재미있는 강연을 이어가셨다. 강연은 뜨거운 열기 속에서 마무리되었고 마지막으로 질의응답 시간이 이어졌다.

"박사님, 그럼 우리 교육이 스웨덴처럼 좋은 교육이 되기 위해서는 어떻게 해야 할까요?"

한 학부형이 일어나 질문을 하였다.

"우선 평가 위주의 교육시스템을 바꾸어서 좀 더 과정 지향적인 시스템으로 바꾸어야 합니다."

학부형들의 긍정의 끄덕임이 이어졌고, 참 좋은 강연이라는 생각을 하며 강연회를 마무리지었다. 웃으면서 모두가 자리에서 일어나는 와중에 한 학부형이 나에게로 와서 웃으면서 인사를 하고는 하나의 질문을 던졌다.

"그런데 관장님. 이거 왜 하신 거예요?"

"네?"

"저 분이 지금 교육감 후보 캠프에서 자문으로 계시는 걸로 아는데……."

(외서마을 이필승 인터뷰를 재구성)

앞에서 언급한 바 있지만 이필승은 특별한 정치적인 입장을 가진 사람이다. 어떠한 활동을 할 때마다 그런 그를 색안경을 낀 눈으로 바라보는 시선이 존재한다. 그러다 보니 순수한 마음으로 준비한 행사더라도 자신의 정치적 배경 때문에 참여자들로부터 그 행사의 의미를 오해하는 시선을 받을 때가 있고 그때마다 '내가 왜 이 짓을 하고 있나?' 하는 갈등을 느낀다고 한다.

마을평생교육 지도자의 갈등에는 마을 주민과 겪는 갈등 이외에 행정기관과 겪는 갈등도 있다. 행정기관은 보조금을 지급하는 경우 마을평생교육 활동을 총괄적으로 평가도 하며 활동 우수기관으로 선정되면 운용할 수 있는 예산도 일부 지원한다. 하지만 마을평생교육을 추진하는 주민의 입장에서 행정기관이 관리나 통제의 시각으로 평생교육 활동을 간섭한다고 느껴질 때 불편한 관계가 되고 갈등이 발생한다.

감상마을의 김보람은 이러한 행정기관과의 갈등에 대해 다음과 같이 회상하고 있다.

> 솔직히 말씀드리면 그럴 때가 제일 힘들어요. 저는 봉사자잖아요. 선한 의도를 가지고 나와서 일을 하고 있는데 시의 보조금을 받다 보니까 때로는 시에서 막 지시할 때가 있어요. 그리고 잘못할 수도 있죠. 우리가 주민이기 때문에 모르잖아요. 처음에는 일을 어떻게 진행해야 되는지도 모르고 저도 전공을 했지만 실질적으로 보조금을 어떻게 사용해야 하는지 이런 부분들에 대해서 저는 잘 모르기 때문에 실수할 수도 있잖아요. 근데 그런 부분들에 대해서 막 왜 그렇게 했냐, 그 다음에 프로그램을 개설했는데 사람이 많이 오지 않았을 때 그것에 대해서 질책했을 때는 '내가 이 일을 왜 해?' 하면서 속으로 화가 날 때가 있어요. (중략) 질책하는 것은 봉사하는 사람들의 기운을 뺏는 것이더라고요.
>
> (감상마을 김보람 인터뷰. 2015.06.16.)

보통의 경우 행정기관은 자신들이 가진 위계적 위치 때문에 마을평생교육 지도자를 하위기관에서 일하는 직원으로 대하는 태도가 발생한다. 이러한 행정기관의 태도를 접할 때마다 김보람은 활동에 회의를 느낀다. 마을평생교육 지도자는 마을 주민들이기 때문에 마을에 대한 사항은 잘 알아도 행정절차나 내용에 대해서는 대부분이 문외한이다. 그런 사람들이 어느 날 갑자기 마을평생교육의 활동 주체로 등장하여 사업을 추진하면서 접해야 하는 정산서류들은 행정 감각이 전혀 없는 주민들에게는 최고로 어려운 문제이다. 한 번의 설명으로는 쉽게 이해되지 않는 행정관련 문서 및 사업정산 서류로 인해 좋은 일을 하고도 행정과 마을평생교육 지도자 간에 불만이 생긴다.

> 근데 지금 와서 생각해보니까 처음 한번 말해가지고 (정산서류를) 이해하고 그대로 하는 사람이 없더라고요. 두 번 설명해주고 세 번 설명해주고, 물어보면 또 설명해 주어야만 이 사람들은 서류 하나를 만들 수 있는 사람들이에요. 그게 경험이더라구요. 이걸 한 해 잘 배워서 하다 보면 그 다음 해에는 할 수 있어요. 그런데 첫 해부터 너희들끼리 알아서 하라고 해놓고 이 사람들이 못하면 거기에다가 질책하고 그러면 아무도 안 하고 싶죠. 그래서 다 내려놓은 거에요. 한 팀이 그렇게 해서 내

> 려놓고 다른 한 팀은 다른 이유로 내려놓았는데 저는 그걸 보면서 아, 평생학습마을이 만들어지려면 마을평생교육 지도자들에 대해서 꾸준한 관리와 교육이 어린아이처럼 그 사람들이 설 때까지는 정말 지도가 필요한 것 같더라고요.
>
> (감상마을 김보람 인터뷰. 2015.07.11.)

마을평생교육 지도자의 갈등은 내부적으로 활동을 같이하는 조력자들 사이에서도 생기기 마련이다. 감상마을은 마을평생교육 추진 조직이 봉사자들로 구성되어 있다. 활동을 하다 보면 이해관계가 서로 다른 일이 생기면서 감정적인 응어리로 번질 우려도 생기는데, 이들은 활동 처음부터 현재까지 매주 월요일 진행되는 회의를 통해 갈등이 심화되기 전에 소통을 하면서 풀어가고 있다. 하지만 정말 어려운 문제는 봉사자인 내부인들에게 해야 할 역할에 대한 책임을 묻는 일이라고 한다.

> 협의회 안에서 우리가 5년을 오다 보면 이 사람은 이렇고 저 사람은 저렇고 다 알잖아요. 그런데도 때로는 누군가가 잘못하고, 자기의 책임을 다하지 않았을 때는 안 좋은 소리도 나가고 이래야 되는데 이게 돈을 주고 집단이 구성된 게 아니기 때문에 그 사람도 어려운 시간 나와서 하는 봉사이기 때문에 그 봉사에 대한 책임을 묻는다는 게 사실 굉장히 어렵더라고요. 그 사람이 안 해도 되는 일을 나와서 봉사하고 있는 거잖아요. 근데 이건 또 협의회 차원에서 사업으로 보게 되면 그 사람이 그 책임을 다해주지 않으면 이게 굴러갈 수가 없거든요. 그런 부분에 있어서 어디까지가 내 책임이냐, 봉사자로서 내 책임이 어디까지냐에 대해서 그걸 계산하고 들어오는 사람이 있다면 사실은 되게 어려운 것 같아요. 처음 시작할 때 우리 내부적으로는 그런 계산이 다 없었어요. 여기까지가 내 일이고 여기는 네 일이야 이런 게 없었고 다 내 일이라고 생각했기 때문에 굴러왔는데 어느 시점이 지나니까 사람들이 더 들어오려고 하면서는 어디까지가 내 일인지, 내가 어디까지 뭘 해야 되는지 이런 부분들에 대해서 굉장히 난해해하더라고요. 그것을 협의회 중심부에서 '당신은 여기까지 하시오' 이렇게 지시하는 그 자체도 굉장히 어색한 관계가 돼버리더라

> 고요. 그런 내부에서 봉사와 책임감에 대한 갈등이 있어요.
>
> (중략)
>
> 또 외부적으로 보면 마을에는 수많은 단체들이 있더라고요. 주민자치위원회부터 시작해서 많은 단체들이 있고 그 다음에 여기 동장님이나 행정기관이나 이런 부분들이 있는데 이들과의 관계도 굉장히 중요하다는 생각이 들었어요. 어쨌든 우리는 한 건물을 쓰고 있기 때문에 우리가 여기에서 독보적으로 우리만 드러낸다라든지 이랬을 때는 자치위원회 견제가 들어올 수도 있고, 서로간의 견제도 있고 그러면서 '너희가 어떻게 하나' 지켜보는 사람들도 있었는데, 그랬을 때 우리는 절대로 드러내지 않았어요. 우리가 여기서 정말 열심히 하고 저 사람들, 다른 기관은 돈을 받고 간사로 일하지만 우리는 그런 것도 없이 나와서 일하는데도 다른 기관에서 견학도 많이 오고, 프로그램도 많이 진행하고 있지만 우리의 모습을 절대 감상동 안에서 '감상마을 행복학습센터가 정말로 잘 한다' 그런 이야기들이 안 나오게끔 했어요. 그렇게 하다 보니까 다른 기관들한테는 우리 기관이 미움의 대상이나 질투의 대상이 아니에요. 있는 둥 없는 둥 그런 대상으로, 이 마을 안에서는 그런 존재로 있거든요. 저는 그게 맞다고 보구요. 이렇게 가다 보니까 외부 단체와의 갈등이 전혀 없다는 것, 그리고 외부 단체에서 오히려 우리에 대해 조금씩 알아가면서 '쟤네들은 저렇게 나와서 봉사하고 있대'라는 것을 아니까 가끔은 오가며 '내가 도와줄 거 없어?' 하면서 우리를 약간 불쌍하게 보셔요. 하하. 그래서 그런 관계는 참 좋은 것 같고…….
>
> (감상마을 김보람 인터뷰. 2015.07.27.)

한편 마을에는 많은 조직과 단체들이 공존해 있다. 이들은 때로는 협력관계이기도 하지만 주민들에게 '존재 드러내기'를 하면서 경쟁관계가 되기도 한다. 김보람이 속한 감상마을 마을평생교육 지도자 협의회도 활발한 활동과 긍정적 영향으로 타 단체로부터 견제를 받을 수 있는 조직이었지만 드러내지 않는 '현명한 관계설정'으로 외부기관과의 갈등을 만들지 않았다.

마을을 둘러싼 다른 세력이 자신들만의 셈법을 가지고 마을 활동에 참여하게 될 때 마을평생교육 지도자는 활동에 큰 어려움을 겪게 된다. 특정한 세력이 정치적 발판 구축이나 주민 동원 등의 별도의 목적을 가지고 접근할 경우, 그 목적 자체가 마을 주민을 위한 것이 아닌 경우가 많기 때문에 오히려 마을평생교육 활동을 방해하는 경우가 생긴다. 마을평생교육 지도자들은 외부적인 도전 상황에 처하였을 때 때로는 한 발 뒤로 물러나 자신들의 활동을 드러내지 않으면서 내실을 다지는 활동에 주력하였다.

활동을 통해 자존감, 자기 가치 발견

최근 들어 마을이나 지역에서 헌신적으로 봉사하고 있는 활동가들에 대하여 일자리 창출의 일환으로 접근하면서 실질적 활동비 지급의 필요성이 제기되고 있다. 활동 자체를 하나의 일로 본다면 활동비 지급은 당연하고 필요한 일인지도 모른다. 그러나 세 명의 마을평생교육 지도자들은 자신들이 하고 있는 활동을 '일'로 생각하고 있지 않았으며 자신들의 시간과 노력에 대하여 '희생'으로 평가되는 것도 원치 않았다. 그들은 마을평생교육 활동을 통해 '자기 존재'를 발견하고 '자기 가치'를 키워가고 있었다.

마을의 변화는 마을평생교육 지도자에게 존재 의미를 부여한다

마을평생교육 활동을 통해 나타나는 마을의 변화는 마을평생교육 지도자에게 자신의 존재 의미를 확인시켜 준다. 최상록이 생각하는 마을평생교육은 주민 각자의 삶 속에 던져진 많은 고민과 사람 관계 속에서 일어날 수 있는 갈등요소들을 학습을 통해 성찰하게 하고 걸러지게 해서 사람살이, 마을살이를 행복하고 재미있게 만드는 것이다.

> 보통 마을회관 지으면 '저 녀석이 장판쟁이한테 얼마 얻어먹을 낀데.', '목수한테는 얼마나 받아먹었겠노?' 이런 생각을 할 건데. 이번에는 (모든 과정을 투명하게 해서)

> 그런 판부터 깨지니까. '요새 얼마나 지었노?', '돈은 안 모자라나?' 이렇게 묻고, 그런 관계들이 참 좋았던 것 같아요. 이런 변화들이 세례받은 느낌이에요. 우리 모두, 사람이 어떻게 살아야 한다든가, 옆 사람을 바라봐야 한다든가, 그런 것들 때문에 (평생교육을) 하니까. 우리가 힘들고 부족하고 농사가 잘 안 돼도 웃을 수 있는 것들이 있으니까. 그게 재미죠.
>
> (동남마을 최상록 인터뷰. 2015.06.16.)

동남마을의 최상록은 마을 주민들의 변화가 놀랍기만 하다. 그렇게 분열되었던 마을, 찔러도 피 한 방울 흘리지 않을 것처럼 자기 이익만 추구하던 마을 사람들이 마을을 위해 돈을 내고, 자신의 농작물을 내어놓고, 심지어 마을을 위해 돈을 더 기부하고 싶어서 몰래 다른 사람들의 이름으로 돈을 더 내는 모습이 이어졌다. 최상록에게 이러한 경험은 마치 종교적 세례와도 같았다. 주민 모두가 힘을 합쳐 변화를 이끌어내기 위해 노력하고 그러한 노력으로 웃을 수 있는 마을이 되는 것. 그 과정들이 최상록에게는 무엇과도 바꿀 수 없는 재미와 감동을 주었고, 마을 안에서의 자기 존재와 가치를 발견할 수 있게 해주었다.

외서마을의 이필승은 자신이 추진한 사업들이 주민들의 호응을 받으며 좋은 결과를 맺었을 때 자기 존재감을 확인하게 되고 그 자체에서 성취감을 느낀다.

> 거리에 나가서 주민들을 만나면 어떤 분들은 '좋은 일 하시대요'라고 인사를 해주시는데 그런 것을 보면 제가 하는 활동들이 주민들이 보기에 '좋은 일'로 인식되는 것 같아요. 관심이 없으면 마을 도서관에서 하는 활동들이 눈에 보이지 않을 텐데. 참여는 못하지만 변화를 보고 있다는 것이고. 그런 점에서 자기들은 못하지만 누군가가 마을을 위해 대신 활동해주는 사람이 있다는 것, 그런 사람들 때문에 마을이 그래도 조금씩 좋아진다는 것, 그런 생각들을 심어준다고 봐요.
>
> (외서마을 이필승 인터뷰. 2015.07.24.)

일부 마을 주민들은 여건상 마을 도서관에서 운영되는 평생교육에 참여하지 못하지만 학습참여 주민들이 만들어내는 변화를 눈으로 보고 느끼면서 이들 역시 간접적으로 학습을 경험하고 있다고 할 수 있다. 이필승은 '좋은 일'을 한다고 인사를 건네는 주민들에게 계속적으로 긍정적인 변화를 보여주면 울타리 밖의 격려자에서 울타리 안의 참여자가 되리라고 생각한다.

활동을 통한 자신의 가치 확인은 새로운 에너지가 된다

마을평생교육 지도자들은 그 무엇보다 자신의 존재 의미 및 자신의 가치를 발견할 때 더욱더 활동에 몰입할 수 있는 힘을 얻는다.

> 개인적으로 저는 사는 보람을 얻었다고 할까요. 주변에 사람들을 많이 얻고 그리고 제가 제 나름대로 제 활동들을 하는 것을 페이스북이나 카스(카카오스토리) 이런 데 올리거든요. 한참 뒤에 몇 달치를 훑어보거든요. 나름대로 내가 보람되게 하고 있구나. 뿌듯함을 느끼고, 제 나름대로의 만족감이죠.
>
> (외서마을 이필승 인터뷰. 2015.06.24.)

이필승은 자신의 활동을 페이스북이나 카카오스토리 같은 SNS를 통해 세상에 알리고 자기고백 같은 기록으로 남긴다. 그리고 한 번씩 자신이 올린 글들을 보면서 과거의 활동들을 되새김질하며 자신이 의미 있게 살아가고 있다는 것을 확인하면서 자긍심을 갖게 된다. 또한 마을에서 주민들과 관계망을 만들어가는 과정을 인정받는 데서 성취감을 느끼며 어려움을 극복할 수 있는 에너지를 얻는다.

> 주민들과 하나하나 만들어가는 거니까요. 제가 계속 이런 활동을 할 수 있도록 붙들어주는 요인은 성취감 같아요. 주변 사람들의 인정, 저를 인정해주는 이런 부분들. 그런 데서 제가 힘들지만 이런 일을 계속할 수 있게 해주는 것 같아요.
>
> (외서마을 이필승 인터뷰. 2015.07.24.)

마을평생교육 지도자들은 주민들을 설득해서 어렵게 만들어낸 결과가 마을에 학습씨앗이 되어 새로운 배움 틀을 만들어낼 때 어려운 여건 속에서도 멈추지 않고 다시 활동에 매진하게 만드는 힘을 얻는다.

감상마을의 김보람은 심혈을 기울여 기획하고 개발한 프로그램이 성공적으로 운영되었을 때 가장 큰 보람을 느끼며 그 자체로 자신이 쏟았던 시간과 노력, 땀에 대한 모든 보상을 받았다고 여긴다.

> 프로그램이 성공했을 때 정말 보람되죠. 돈 안 받고 하는 것에 대한 모든 보상이 다 되는 거죠. 물건을 만들어내듯이 우리는 프로그램을 만들어내야 하잖아요? 우리가 만드는 프로그램에 많은 사람들이 산다는 것. 어떻게 보면 물건이 잘 팔렸다. 성공하였다. 이런 것들도 있고. 그리고 또 지역사회에서 프로그램에 참여하시는 분들은 거의 시장이나 길에서 만나시는 분들이잖아요. 그 분들이 다 '너무 고맙습니다. 고맙습니다.' 이런 표현들을 할 때 '아, 정말 잘하고 있구나.' 하는. 그런 감사 인사를 받을 때 너무 보람되지요. (중략) 저는 내가 가르치면서 그걸 통해 새롭게 생각하고 변해가는 모습을 볼 때 내가 가장 큰 기쁨을 느끼는 것 같아요. 그리고 내가 가장 보람을 느끼는 것 같아서 그런 삶을 계속 살아가려면 이런 평생교육의 길을 걸어가야 되지 않나 그런 생각도 많이 들어요.
>
> (감상마을 김보람 인터뷰. 2015.09.12.)

> 내 지식이 쌓여가고 이런 것들은 아닙니다. 삶의 질이라는 거죠. 내가 이걸 함으로써 행복하잖아요. 내가 행복하고 건강해지려고. 즐겁게 살려고. 나는 (지금 하는 일이) 봉사가 아니라는 생각이 들 때가 굉장히 많은 게 이 봉사가 나를 위해 하는 거다. 내가 행복하니까 이게 봉사가 아니라는 생각을 가끔 하죠. 사람을 만난다는 것, 거기서 얻을 수 있다는 것, 또 내가 바라봤던 동네에 대해서 새로운 것을 알고, 안에서 보지 못했던 것들을 보면서, 살아가는 모습들을 많이 보면서 내가 어떻게 살아가야 될까, 앞으로의 삶의 목표점을 두고 살아가자 하는 그런 것을 배우죠. 내가 봉사하면서 가장 큰 것은 많은 것을 볼 수 있고 배울 수 있다는 거죠. 그런 것

들이 간접적인 것들로 인해 내가 인생을 살아가는 데 많은 도움이 되죠.

(감상마을 조력자 인터뷰, 2015.07.11.)

어떤 이들은 금전적 보상을 통해 혹은 사회적 신분상승 등의 결과를 통해 만족을 얻지만 마을평생교육 지도자들은 자신이 거쳐온 삶의 궤적 자체가 무엇보다 가치 있는 자신에 대한 보상이라고 여긴다. 평생교육의 실천을 통해 공동체적 생활의 가치를 추구하고 경험하는 삶의 궤적을 돌아보면서 '잘 하고 있다'는 스스로의 평가와 '고맙다'는 주민들의 평가를 들을 때, 자신의 존재 가치를 확인하고 자신감을 얻어서 또다시 활동에 매진한다.

클라이맥스(Climax), 한국 고등학생의 학원 경험에 대한 질적연구: 조재성, 최성호(2015)의 학술지 논문

조재성, 최성호(2015)는 현재 우리나라에서 학교만큼이나 주요한 교육기관으로 자리 잡고 있는 학원에서의 학생들의 경험에 주목하며, 학원에서의 학생들의 학습 경험에 대한 질적연구를 수행하였다. 이를 위해 연구자들은 다음과 같은 연구 문제를 설정하였다.

표_ 연구 문제

1. 한국 고등학생들의 학원 수강 형태는 학년이 올라감에 따라 어떻게 변하는가?
2. 한국 고등학생들에게 학원이란 어떤 의미를 가지는가?

이러한 연구 문제를 탐구하기 위해 총 7명의 학생과 학원 관계자, 학원 강사들과의 인터뷰를 통해 자료를 수집하였는데, 연구참여자들의 분포는 다음의 표와 같이 정리할 수 있다.

표_ 연구참여자들 중 학생 참여자의 분포

구분	내용
학년별	1학년 2명, 2학년 2명, 3학년 2명
지역별	창원 4명, 진주 2명, 서울 1명
학원 형태별	입시 컨설팅 학원, 인터넷 학원, 대구지역 수학 전문학원, 창원지역 대입 전문학원, 논술학원

인터뷰와 함께 참여관찰과 문서 분석도 주요한 연구방법으로 함께 사용되었는데, 참여관찰 세부내용과 수집된 문서의 종류는 다음의 표와 같다.

표_ 참여관찰 세부내용(조재성, 최성호, 2015)

학원(가명)	참여관찰 대상 및 내용
빨강 입시 컨설팅 학원	학습 로드맵 작성 과정, 상담
노랑 인터넷 학원	교육과정 세부 교육내용 및 수업 과정
파랑 수학학원	수학 수업 내용
초록 대입 전문학원	교육과정 흐름과 입시 지도 과정
주황 논술학원	학원 논술 프로그램에서의 첨삭 지도 과정

표_ 수집된 문서의 종류(조재성, 최성호, 2015)

문서의 종류	학원 홈페이지, 인터넷 학원 커뮤니티, 샘플교재, 팸플릿, 교육과정 안내서, 학생 포트폴리오 예시, 홍보물, 대학 입시 자료

연구에서의 파랑새의 활용

이 연구에서는 자료에 대한 전체적인 분석이 파랑새를 통해 이루어졌는데, 그 구체적인 과정은 다음과 같다.

자료 입력

이 연구에서는 수집된 모든 자료를 파랑새를 통해 분석하였는데, 이를 위해 연구 중 수집된 인터뷰 전사 자료, 필기 노트, 수업 관찰일지를 모두 파랑새에 입력하였다. 또한 자료의 보관과 관리의 용이성을 위해 각 자료에 연월일과 제목을 표기하고, 특히 자료 속에 연구참여자의 특기사항들도 함께 포함시켰다.

코드 부여와 범주 도출

자료에 대한 코드 부여와 코딩을 통한 범주가 도출되었는데, 이러한 작업이 파랑새에서 이루어졌으며 그 작업 과정은 다음 그림과 같다.

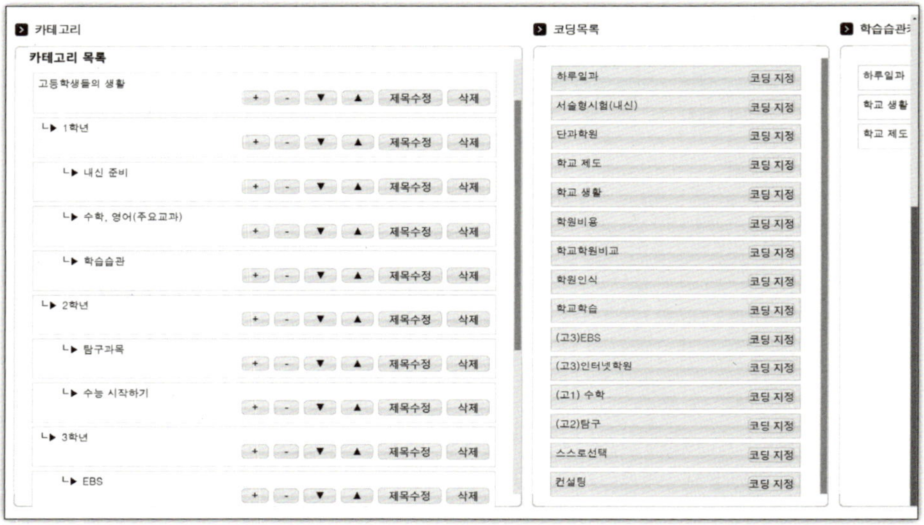

그림_ 파랑새에서의 코드와 범주들

이러한 분석 결과, 다음의 표와 같이 코드들을 도출할 수 있었다.

표_ 파랑새를 통해 도출된 코드들의 예

코드의 예	하루일과, 서술형시험(내신), 단과학원, 학교 제도, 학교 생활, 학원비용, 학교학원비교, 학원인식, 학교학습, (고3)EBS, (고3)인터넷학원

이러한 코드들에 대한 분석과 관계짓기를 통해 다음과 같은 범주들을 도출할 수 있었다.

표_ 도출된 범주와 하위 범주

<table>
<tr><th>범주</th><th colspan="2">하위 범주</th></tr>
<tr><td rowspan="3">고등학생들의 생활</td><td>1학년</td><td>내신 준비
수학, 영어(주요 교과)
학습 습관</td></tr>
<tr><td>2학년</td><td>탐구과목
수능 시작하기</td></tr>
<tr><td>3학년</td><td>EBS
대입</td></tr>
<tr><td rowspan="4">학원 교육의 의미</td><td colspan="2">수학, 영어</td></tr>
<tr><td colspan="2">컨설팅</td></tr>
<tr><td colspan="2">상담</td></tr>
<tr><td colspan="2">수동적 학습 재생산</td></tr>
</table>

글쓰기

위와 같은 범주들은 논문 글쓰기에 반영되어 논문의 전체적인 글의 뼈대를 구성하였는데, 이것은 전체적인 글의 구조를 통해 확인할 수 있다.

표_ 논문의 4장과 5장의 전체적인 구조(조재성, 최성호, 2015)

Ⅳ. 고등학생들의 학원 경험에 대한 단계별 분석

1. 고등학교 1학년: 수학, 영어 과목에 기초를 둔 내신 대비 학습
2. 고등학교 2학년: 집중적인 탐구과목 학습을 통한 수능 준비
3. 고등학교 3학년: EBS 학습과 치열한 대학 입시

Ⅴ. 고등학생들에게 학원 교육의 의미

1. 맞춤학습: 학원은 내가 선택한 곳
2. 컨설팅: 학원은 학습을 책임져주는 곳
3. 상담: 학원은 내 마음을 알아주는 곳
4. 수동적 학습: 학원은 나를 의존적으로 만드는 곳

논문 글쓰기

위의 분석을 통해 문화적 주제로서 범주를 도출한 연구자들은 이를 기본 뼈대로 하는 논문 글쓰기를 수행하였다. 여기서는 그들의 논문 중 4, 5장을 발췌하여 살펴보도록 하자.

클라이맥스(Climax): 한국 고등학생의 학원 경험에 대한 질적연구(조재성, 최성호, 2015)

Ⅳ. 고등학생들의 학원 경험에 대한 단계별 분석

제4장은 첫 번째 연구 문제와 관련이 있다. 고등학생들이 학원에서 어떠한 경험을 하는지, 이에 따라 결국 고등학생들이 왜 학원으로 가는지에 대해 심층적으로 논의하고자 한다. 고등학생들이 인생에서 가장 중요한 관문인 대학 입시를 학원에 의지하는 것에는 분명 몇 가지 이유가 있을 것이다. 이 분석 과정을 통해 고등학생의 학습을 규명하고 대학 진학에 있어서 학원이 어떠한 역할을 하는지 이해시키는 것을 목적으로 한다. 구체적으로는, 고등학생들이 왜 학원을 찾는지, 그리고 학원에서 어떠한 경험을 하고 구체적으로 무슨 도움을 받는지 아래 세 가지 주제를 중심으로 분석하고자 한다.

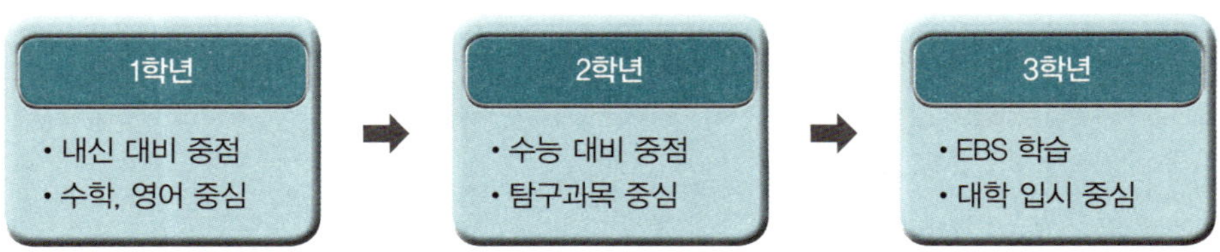

그림_ 고등학생들의 학원 경험 패턴

고등학교 1학년:
수학, 영어 과목에 기초를 둔 내신 대비 학습

고등학교 1학년 학생들의 학원 생활은 수학과 영어 학습에 기반을 두고 있다고 할 수 있다. 그 이유는 다음과 같다. 우선 고등학교 수준에서는 수학과 영어가 중요하다는 데 첫 번째 이유가 있다. 수학과 영어가 중요한 과목이라는 사실은 모두가 알고 있다. 그러나 구체적으로 왜 수학과 영어가 중요한지는 제대로 밝혀져 있지 않다. 이를 위해 다음 자료를 제시하였다. 구체적으로 고등학생들에게 수학과 영어가 중요한 이유는 수능과 관계있다.

표_ 한국 주요 대학교의 과목별 반영 비율

대학	국어(%)	수학(%)	영어(%)	탐구(%)
K대학	28.6	28.6	28.6	14.2
S대학	25	30	25	20
Y대학	28.6	28.6	28.6	14.2

서울의 주요 대학을 비롯하여 많은 대학에서 수능에 국어, 수학, 영어, 탐구 과목을 반영하고 있다. 위 표를 확인해보면, 학생들을 선발할 때 가장 많이 반영하는 과목은 수학과 영어이다. 즉, 수학과 영어는 다른 과목보다 항상 높거나 최소한 중요도가 같기 때문에 수학과 영어를 잘하는 것이 유리하다는 사실을 알 수 있다. 따라서 고등학교 1학년 학생의 학원 학습은 수학과 영어의 기초를 확실히 잡고, 앞으로 이루어질 수능 공부에 대비하는 과정이 중심이 되어야 할 것으로 보인다. 수능 공부에서 앞서야만 앞으로의 대학 입시에서 유리한 위치를 선점할 수 있을 것이다.

고등학생들이 수학과 영어를 공부하러 학원에 가는 두 번째 이유는 고등학교의 수학과 영어 수업 시수가 부족하기 때문이다. 앞에서 이야기했듯이 수학, 영어는 중요하면서도 또한 어렵기 때문에 학생들은 가장 먼저 이 과목들을 공부

목표로 설정한다. 학생들이 수학과 영어를 공부하기 위해 가장 먼저 도움을 청할 수 있는 장소는 학교일 것이다. 대부분의 학생들은 성실하기 때문에 학교 시간표를 충실히 따른다. 각 과목의 수업시간에는 화장실도 가지 않고 수업을 듣는다. 특히 수학과 영어 시간에는 더 열심히 공부한다. 그들은 학교 수업에서 최대한 도움을 받고자 한다. 집에서 교과서를 미리 읽어오기도 하고, 수업을 마치면 선생님께 뛰어가서 질문을 한다. 그러나 곧 학생들은 수학과 영어 수업시간이 적다는 사실을 깨닫게 된다.

> 학교에서 수학 배우는 데요. 하루에 한 시간 정도? 어쩌다 학교에서 보충수업을 하면 두 시간 정도 수업해요. 일주일 내내 배우는 것도 아니에요. 이게 조금 불만인 게, 수학이 좀 어렵고 까다로워서 매일매일 해도 모자란 것 같거든요. 물론 수학 수업 없는 날은 왠지 편하고 좋긴 하지만, 그래도 수학 실력을 올리려면 수학 수업이 좀 많았으면 좋겠어요.
>
> (고승욱 학생, 2015.5.7.)

그렇다면 학교에서는 왜 가장 중요한 수학과 영어를 제일 많이 가르치지 않는가? 그 이유는 사실 간단하다. 교육과정에 수학과 영어 수업 시수를 고정적으로 정해놓았기 때문이다. 수학과 영어뿐만이 아니다. 다른 과목들도 전부 최소로 수업해야 하는 수업 시수를 설정해놓았다. 실제로도 수학과 영어는 학교에서 제일 많이 가르치는 과목이 아니다. 고등학교 수업 시수에 관한 내용은 아래 표에서 확인할 수 있다.

표_ 고등학교 주요 과목의 표준 수업 시수(교육과학기술부, 2009)

교과	국어	수학	영어	사회, 도덕	과학	체육	음악, 미술	기타
수업 시수	15	15	15	15	15	10	10	16

• 1단위는 50분을 기준으로 하여 17회를 이수하는 수업량
• 각 이수 단위는 한 명의 학생이 1년간 최소로 이수해야 하는 단위

표에서 확인할 수 있듯이, 몇몇 교과를 제외한 각 교과의 수업 시수는 사실상 거의 같은 비율로 설정되어 있다. 수학과 영어가 가장 중요한 과목이라고 판단하기에는 수업 시수가 부족해 보인다. 이러한 사실은 어쩌면 당연한 것이기도 하다. 대학 입시와 고등학교의 교육 목표 사이에는 어느 정도 차이가 있기 때문이다. 지금 당장 고등학생들에게 필요한 것은 국어나 교양 수업보다는 수학과 영어 수업이라는 사실에서 근본적인 문제가 발생한다. 물론 학생들의 이상적인 삶을 위해서는 다양한 과목들을 학습하는 것이 꼭 필요하겠지만, 대학에 진학하려는 자신의 목표를 달성하기 위해서는 수학과 영어를 집중적으로 공부해야 한다는 딜레마가 생기는 것이다. 결국 학생들은 학교의 부족한 수학, 영어 수업을 보충하고자 학원을 찾는다.

이에 따라 고등학생들은 학원에서 집중적인 수학, 영어 교육을 받는다. 사실 이것은 쉬운 일이 아니다. 왜냐하면 고등학생이 되면 생활 방식이 많이 달라지기 때문이다. 학교에 다니는 것도 새로 적응해야 한다. 새벽같이 일어나 학교에 가면 대부분 오후까지 정규 수업이 있지만 그것이 끝이 아니다. 학생들은 저녁을 먹고 학교에서 실시하는 야간 자율학습을 한다. 평일 밤 9시, 10시에 마치는 것은 예삿일이고 심한 경우 자정까지 자습을 하고 새벽에 집에 들어가는 경우도 비일비재하다. 이것은 중학교에서의 학교 경험과 크게 달라지는 부분이다. 따라서 많은 고등학생들은 중학교 때처럼 수업이 마치자마자 저녁시간을 온전히 보내던 종합학원에는 다니기 어렵다. 그리고 고등학생들은 모든 과목을 공부하기보다는 어려운 수학과 영어 중심으로 공부하기를 원한다. 따라서 단과학원을 선호하게 된다. 단과학원은 주로 한 과목만을 집중적으로 수업하는 전문학원이다. 주로 수학 전문학원, 영어 전문학원과 같이 이름이 붙여져 있다. 종합학원보다 규모는 작지만 과목당 10만원이 넘는 수업료를 받기 때문에 저렴하게 전 과목을 수업하는 종합학원과 비교해보면 비싼 편이다. 단과학원도 야간 자율학습 실시 등으로 평일에는 다니기가 힘들다면 그나마 시간이 많은 주말에 집중적으로 학원에 가서 수업을 받는다.

한 과목에 대한 집중적이고 심화된 학습을 제공하기 위해 학원에서는 균일한 수준의 반을 구성하려고 한다. 그리고 한 반의 수준을 균일하게 만들기 위해 수준 테스트를 실시하고 있다. 수학학원에서는 두 달에 한 번 정기적으로 두 가지 종류의 테스트를 실시하는데, 하나는 레벨 테스트이고, 또 하나는 선행학습 수준 테스트이다. 학원에서는 이러한 테스트 결과를 철저하게 분석해서 학생들을 수준별로 나눈다. 학생들을 나누는 기준은 단순히 점수만이 아니다. 능력에 따른 분반, 그리고 학교 석차에 따른 분반 방법을 사용해서 학생들의 수준을 분류하고, 각 반의 수준을 균등하게 유지하려고 한다. 학생들의 수학 실력은 굉장히 다양하기 때문에 이를 고려하는 것이 필요하다. 두 가지 요소에 따라 반을 편성하면 각 반에 맞는 교육과정을 적용해서 운영하게 된다. 각 반은 교육 목표도 다를 뿐만 아니라, 수업에서 목표하는 바도 다르고, 교재나 수업 자료도 다르다. 대부분의 단과학원은 학원의 교육 특징과 전문성을 유지하기 위해 자체적으로 제작한 교재를 사용한다. 이러한 교재에 학원의 반 편성 제도가 그대로 녹아 들어가게 되는 것이다.

고등학교 1학년 학생의 학원 경험을 구성하는 또 다른 요소는 학교 내신이다. 내신은 학교에서 실시하는 시험을 뜻한다. 내신 점수가 고등학생들에게 중요한 이유는 대학 입시의 비중 있는 중요한 점수 요소 중 하나를 차지하기 때문이다. 서울의 거의 모든 주요 대학교에서 내신 점수를 대학 입시에 반영하고 있다. 따라서 내신 점수는 단순한 학교 시험 점수를 넘어서는 의미를 갖고 있다. 내신 점수는 학생이 얼마나 성실하게 학교생활을 했는지 증명하는 자료이기 때문에, 내신 점수가 낮은 학생은 학교에 지원 서류를 내더라도 합격할 가능성이 떨어진다. 이것이 고등학교 1학년 내신 성적을 잘 받아야 하는 이유인 것이다.

그러나 막상 고등학교에 갓 입학한 학생들이 내신 공부를 집중적으로 하는 것은 생각보다 쉽지 않다. 그 이유는 여러 가지가 있다. 첫째, 학교의 교육과정이 너무나도 방대하고 양이 많아지기 때문이다. 학생들이 내신 점수를 잘 받기를 원한다면, 교양과목과 제2외국어를 제외한 모든 과목을 반드시 공부해야 한다. 따라서 고등학생들은 절대적인 수업 시간이 많다. 학교 수업만으로도 하루 10시간 공부하는 경우도 많다. 이처럼 공부할 양이 많을 뿐만 아니라 상당히 어려워지는 것도 고등학생들이 겪게 되는 어려움 중 하나이다. 이에 따라 많은 고등학생들이 1학년 시절에 엄청난 좌절을 맛본다. 착실히 준비해서 성적을 유지하거나 오히려 올리는 학생들도 있기는 하지만, 대부분의 학생들은 성적이 떨어지게 된다.

학생들이 내신 공부에 어려움을 겪는 두 번째 이유는 학교의 시험 출제 방향이 달라지기 때문이다. 고등학교의 내신 시험은 완전한 상대평가이다. 이것은 초등학교와 중학교 시험과 또 다른 점이다. 학생들의 시험 점수는 다시 계산되어 9등급으로 나누어지는 정규분포곡선 안에 정리된다. 즉, 고등학교 내신 시험은 각 등급에 할당되는 비율 안에 모든 학생을 배치해야 하는 철저하고도 경쟁적인 상대평가 체제이다.

표_ 학교 내신 등급 배치표

내신 등급	1등급	2등급	3등급	4등급	5등급	6등급	7등급	8등급	9등급
비율	4%	7%	12%	17%	20%	17%	12%	7%	4%

이렇게 될 경우 학교에서는 어쩔 수 없이 학교 시험 문제를 까다롭게 출제할 수밖에 없다. 만약 학교 시험 문제를 초, 중학교와 같이 변별력 없이 출제한다면 모든 학생들의 등급은 전체적으로 5등급에 수렴할 것이다. 동점자가 높아져서 비율을 초과하게 되면 하위 등급으로 밀려나기 때문이다. 또한 시험 문제를 쉽게 출제하면 공부를 잘 하는 학생들에게 더 많은 피해를 주는데, 서울의 주요 대학을 노리는 상위권 학생들의 내신 점수가 낮아져 엄청난 타격이 될 것이기 때문이다. 가령, 시험 점수를 90점을 받고도 3~4등급이 될 경우, 학교는 학생과 학부모의 엄청난 항의와 비판에 직면할 수밖에 없을 것이다. 이처럼 학교 시험 결과를 통해 내신 등급이 산출되고, 대학 입시에 내신 점수가 활용되는 한 학교의 시험은 어렵게 출제될 수밖에 없는 것이다. 학교에서는 시험 난이도를 높이기 위해 시험 문제를 어렵게 출제한다. 그 방법으로 평소에는 학생들이 잘 보지 않는 교과서 구석에 있는 내용을 시험에 출제하거나 기존에 나와 있는 어려운 문제들

을 변형해서 학교 시험에 출제하는 것을 사용한다. 이러한 요인들이 학생들이 시험에서 낮은 점수를 받고 고등학교 학업에서 실패하는 한 원인이 되기도 한다.

학원에서는 최대한 학생들이 내신을 잘 준비할 수 있도록 수업 내용부터 교재에 이르기까지 최대한 맞춤식으로 지원한다. 고등학교 1학년 학생들이 다니는 학원은 크게 종합학원과 단과학원으로 나누어진다. 종합학원은 학생들이 학교에서 주로 배우는 전 과목(국어, 영어, 수학, 사회, 과학)을 수업하는 학원이다. 시간상으로는 저녁 6시 정도에 시작해서 학교 시간표와 같이 4시간 정도를 수업한다. 종합학원은 규모가 상당히 큰 경우가 많다. 교과목도 많고, 그에 따라 교사와 교실도 많다. 거의 작은 학교라고 생각하는 것이 더 정확할 것이다. 종합학원의 가장 큰 장점은 비용 대비 효과가 크다는 점이다. 학원마다 다르지만, 한 달에 대략 20~30만원의 가격으로 다섯 과목을 체계적으로 공부할 수 있다. 일반적인 단과학원이 한 과목에 10~20만원인 것에 비교하면 훨씬 저렴하다. 더군다나 이러한 대규모의 학원은 체계적이고 과학적인 시스템을 갖추고 있는 경우가 많다. 전자 출석 시스템을 운영한다든지, 별도의 온라인 학습을 제공하기도 한다. 따라서 학생들은 자신의 학습 습관을 다지는 데에도 도움을 받을 수 있다. 종합학원의 또 다른 장점은 내신을 대비하기가 용이하다는 점이다. 일단 전 과목 선생님들이 다 있기 때문에 여러 학원을 옮겨 다니지 않더라도 공부를 계속해서 할 수 있다. 그리고 학원의 규모가 대체적으로 크기 때문에 같은 학교 학생들끼리 모여 수업을 받기가 용이하다.

고등학생에게 가장 중요한 시험이 수능이라고 하더라도 수능은 2년 뒤의 일이고, 점점 대학 입시에 수시 전형이나 자유 전형이 많아져서 내신 시험을 소홀히 해서는 절대 안 된다. 따라서 고등학교 1학년 학생들이 학원에서 공부하는 형태는 학교 수업 내용에 대한 집중적인 반복 학습이 주를 이룬다. 즉, 학교 공부 및 시험 대비에 학원 역량에 대부분을 투자하고, 수능 공부는 맛보기 식으로 이루어진다. 학원 수업의 목적은 학생들이 최대한 학교 수업을 이해하고 학교 시험에 어떠한 문제가 나오더라도 문제를 바로 이해하고 풀 수 있도록 하는 데 둔다.

종합학원에서는 학생 개개인에 대한 입체적이고 종합적인 이해를 바탕으로 개별 면담, 학습일기 작성, 체계적 숙제 검사, 철저한 학생평가, 집중적인 학습관리, 포상제도 등을 적극적으로 활용하고 있다. 이 모든 것이 내신을 준비하기 위한 절차이다. 학생에게 적합한 교육을 제공하기 위해서는 선생님이 학생의 학습 수준은 물론이고, 학습 성향, 기술, 방법, 잠재성, 지능, 교우관계 등을 종합적으로 파악하는 것이 대단히 중요하다.

> 아이들의 학습 수준을 고려해서 수업을 해야 한다. 이 말은 너무나 당연한 것 아닌가요. 다만 실제로 그렇게 하려고 준비를 하다 보면 고려해야 할 것이 너무나 많음을 느끼게 될 겁니다. 민수는 이 학원에 오기 전에 다른 학원에서 고생을 좀 했어요. 왜냐하면 그 학원은 굉장히 강압적이고 스파르타식으로 공부를 시키거든요. 그게 맞는 애들은 성적이 올라요. 하지만 민수는 굉장히 힘들어했죠. 그래서 우리 학원에서는 진단을 해보니 굉장히 자율적이고 혼자 무엇을 해보는 것을 좋아하는 아이였어요. 따라서 관대하고 수용적인 선생님과 함께 수업을 듣게 했더니 성적이 좀 올랐네요. 민수도 편안해하고요.
>
> (T 학원 전진우 선생님. 2015.3.30.)

이처럼 학생의 학습 수준 및 가능성을 파악함과 더불어 학생의 학습 성향을 파악하기 위해 다양한 진단도구를 활용한다. 학습 수준 진단도구로는 입학 시험과 정기적으로 치르는 레벨 테스트 결과, 학습 이력, 학교 내신 점수 등이 활용되고, 학습 유형 및 학습 성향을 알기 위한 진단도구에는 학습 유형 판단 체크리스트와 적성검사 및 성격검사, 학습기술검사 등이 있다.

한편 고등학생의 공부 습관은 학업 성취에 큰 영향을 미친다. 학생이 아무리 학습 동기가 있고 열의가 있다고 하더라도 실제 공부를 열심히 하지 않으면 아무런 소용이 없다. 진학지도를 통해 목표의식과 동기가 부여되었다고 하더라도 지속적으로 공부하는 습관이 중요하다. 공부를 꾸준하고 성실히 해야만 점수가 올라가기 때문에 학원에서는 학생들이 숙제를 잘 해오고, 예습과 복습을 잘 하고, 수업 태도가 좋은지를 계속적으로 점검한다. 즉, 평소 학습 태도를 평가하는 것이다. 이러한 방식은 학교에서는 잘 이루어지지 않는 평가 유형이다. 학원에서는 이를 통해 학생들이 꾸준하게 학습하는지를 진단할 수 있어 학생의 학습에 대한 적절한 지도방안을 마련할 수 있다. 또한 학생이 자기 주도적으로 공부하는 방법을 모르거나 자신의 공부 방법을 반성하지 않을 경우 학습 효과가 나타나지 않는다는 사실은 어쩌면 당연한 것이다. 즉, 공부 습관을 바꾸고 새롭게 만들어가는 것이 가장 어려운 과제인 것이다. 따라서 학원에서는 매일 공부 습관을 점검하고 학습 태도를 평가한다.

이러한 평가를 가능하게 하는 구체적인 방법이 바로 학습일기를 작성하도록 하는 것이다. 학습일기는 과제와 함께 매일매일 학생들이 자신의 학습을 평가하는 평가와 성찰 제도이며, 이것을 통해 새로운 학습 모델을 발굴하고 시상해서 다른 학생들에게 교훈을 주는 등 여러 가지 목적으로 활용되고 있다. 학습일기는 크게 두 가지로 나누어져 있다. 첫째는 자신의 정체성에 대해서 생각해볼 수 있는 부분이다. 자신이 잘하는 것, 좋아하는 것, 장점, 공부를 하는 이유, 학원에 다니는 이유, 20년 후 나의 모습 등을 자세히 기록함으로써 스스로 공부를 해야 할 이유를 찾는 것이다. 이것은 스스로의 목표를 허황되지 않고 현실적으로 설정하는 데도 도움을 준다. 목표를 현실적으로 설정하게 되면 자신이 그 목표를 달성하기 위해 주도적으로 학습할 수 있게 되기 때문에 중요한 부분이다. 둘째는 학생들이 스스로 기록한 진로와 학습 목표를 매일 점검하는 것이다. 하루 동안 자기 생활을 되돌아보고, 학습 습관을 평가한다. 주간 목표 설정하기, 공부 내용 기록하기, 숙제 기록하기, 자기주도 학습 점검하기, 반성하기 등이 있다. 선생님은 매주 1회 학습일기를 점검하고 목표를 이룰 수 있도록 지도, 조언한다.

학습 습관 형성을 위한 또 다른 방법도 사용하고 있다. 그것은 공개적인 숙제검사이다. 단순히 숙제를 검사하는 것에서 벗어나 공개적인 장소에서 숙제를 확인하고 오늘 학습할 준비가 되었는지 테스트를 실시한다. 이것은 다양한 목적을 가진다. 다양한 정보를 전달하기도 하고, 공동의 장소에서 숙제를 검사함으로써 모든 선생님과 학원 관계자가 학생들의 학습 진도 및 성취 상태를 파악할 수 있도록 한다. 즉, 학생들의 문제는 모든 선생님들이 공동으로 해결하는 것이다. 그리고 수업 중에 숙제 검사를 함으로써 학습 분위기를 망치지 않기 위한 의도도 있다. 숙제는 항상 완벽하게 해올 수가 없기 때문에 숙제 검사 시간에 서로의 기분이 상하는 경우가 많다. 따라서 숙제 검사 시간을 별도로 편성함으로써 이것을 해결하려고 한다.

모든 과목을 가르치는 종합학원이라고 하더라도, 고등학생들은 우선 학원에 다닐 시간이 절대적으로 부족하다. 중학생 시절처럼 오후 4시부터 학원에 오지 못한다. 학원에서는 이 점을 가장 많이 고려한다. 학습 시간이 절대적으로 부족하다는 것은 학원에서 이것저것 많은 내용을 가르치거나 한번에 두세 개 교재를 학습할 수 없다는 것을 의미하기 때문이다. 그래서 학원에서는 학교에서 어떤 교재를 쓰는지를 제일 관심 있게 본다. 그리고 학교 시험 기간이 되면 최대한 내신 시험에 집중한다. 학교 시험 문제는 결국 교과서 지문이나 예제 안에서 나올 수밖에 없기 때문이다. 이것은 그동안 공부해오던 익숙한 방법이기도 하다. 내신 시험 기간에는 그 시험 범위의 내용을 반복하여 숙달하도록 한다. 결국 학교 시험은 학교 선생님이 가르친 내용에서 출제되므로 이러한 정보도 학원에서 입수하여 요점 정리를 하고 학생들에게 가르쳐준다. 사실 학원에서는 교과서의 어느 내용이 중요한지 이미 분석하고 있다. 그러나 학교 선생님의 말을 잘 들어야만 그 중에서도 더 핵심적인 내용을 뽑아낼 수 있다. 따라서 시중에 나와 있는 출판사의 문제집은 물론이고 학생들이 다니는 학교의 기출 문제를 미리 파악한다. 그동안 이 학교에서는 지문의 어느 부분에서 문제를 많이 출제했는지를 꿰뚫고 있는 것이다. 이렇게 중요한 부분을 미리 확인하고 대비한다. 그러면 학생들은 학원의 데이터를 바탕으로 빠르고 효율적으로 지문을 이해하고 공부한다.

한편 1학년 학생들의 내신을 준비하기 위해 학원에서는 또 다른 방법을 사용한다. 그것은 학교 시험 내용에 수능 문제 형식을 빌려와 사용하는 방식으로 문제를 제작하는 것이다. 이렇게 만든 문제를 가지고 수업을 진행한다. 비록 학교의 교과서 내용이지만, 수능 문제 형식을 갖추고 있기 때문에 상당한 사고력을 요구한다. 고등학교 1학년 학생들은 이러한 형식의 문제를 처음 보기 때문에 어려워하기도 한다. 학원에서 이렇게 어려운 문제를 학생들에게 풀게 하는 까닭은 어려워지는 내신 시험에 미리 준비할 수 있도록 그 실력을 배양하기 위함이다. 이것은 체감 난이도와도 관련이 있다. 학생들이 항상 어려운 문제만 풀다가 쉬운 문제를 만나면 본래 난이도보다 훨씬 쉽게 느끼는 것을 이용해서, 평소에는 약간 어렵게 수업을 진행하는 것이다. 학생들은 여러 가지 이점을 얻을 수 있다. 수능 문제 유형에 최대한 익숙해지면서 그 내용이 교과서에 기반하고 있기 때문에 교과서의 지문을 분석하거나 배울 내용을 미리 익히는 것도 가능하다. 이처럼 고등학교 1학년 학생들은 수능과 대학 입시를 준비하기 위해 강도 높은 학습에 적응하는 과정이 필요하다.

고등학교 2학년: 집중적인 탐구과목 학습을 통한 수능 준비

고등학교 2학년 학생들의 학원 경험에서 가장 중요한 것은 바로 탐구과목과 수능에 대한 준비이다. 이제는 새로운 과목들이 학생들을 기다리고 있다. 문과 학생들에게는 사회탐구, 이과 학생들에게는 과학탐구로 불린다. 이 과목은 8개 내지 10개 정도의 많은 과목이 합쳐진 종합적 선택과목이다. 탐구과목은 현재 학문들이 수많은 종류로 분화된 현실을 철저히 반영하고 있다. 즉, 대학교 학과들이 단순히 인문, 과학 등으로 분류되지 않고 아주 자세히 세부적인 전공으로 분류되듯이, 고등학생들이 본격적으로 배우는 사회나 과학과 같은 과목들 역시 여러 종류의 학문으로 나뉘게 된다. 상위권 대학이나 인기 있는 학과에 진학하고자 하는 우수한 학생들은 탐구과목에서 반드시 좋은 점수를 받아야 한다.

수능 시험에서는 탐구과목 중에서 최대 두 과목만을 선택해서 시험을 치르도록 하고 있다. 따라서 학생들은 2학년 때부터 두 과목 정도를 선택해서 집중적으로 공부한다. 많은 학생들은 자신이 좋아하고 잘하는 탐구과목을 배우기를 원한다. 그러나 딜레마는 여기서도 발생한다. 예를 들어 사회탐구를 생각했을 때, 학생들이 열 과목 중에서 두 과목을 고를 수 있는 경우의 수는 45가지에 이른다. 즉, 학생들로 하여금 완전히 자율적으로 과목을 선택하게 할 경우, 한 반에 자신과 같은 과목을 고르는 학생이 한 명도 없을 수 있는 것이다. 학교에서 이러한 상황을 전부 다 통제할 수는 없다. 학교 교육과정 운영에 제약이 생기기 때문이다. 따라서 많은 학교에서는 탐구과목을 '일괄 지정'한다.

> 저는 지리를 굉장히 좋아해요. 지리를 통해 그 장소가 어떻게 그러한 문화적 특징을 갖게 되었는지 배우는 것도 흥미롭고, 공부를 하다 보면 세계여행을 가는 것 같아서 좋아요. 다음에 어떤 나라를 가보아야겠다 상상도 많이 하게 되고요. 그래서 수능 시험 때 한국지리와 세계지리 두 과목에 응시하고 싶어요. 그런데 학교에서는 지리를 가르쳐주지 않겠대요. 물론 교과서에 있는 건 수업하는데, 별도로 수능 시험 준비는 윤리와 사상이랑 사회문화 두 과목만 해주겠대요. 그래서 선생님께 가서 제 생각을 말씀드렸더니 글쎄 그건 너 알아서 하라고 하시지 뭐예요.
>
> (김시훈 학생. 2015.6.22.)

이 같은 상황은 안 그래도 여러 가지 과목을 한꺼번에 공부해야 하는 학생들의 마음을 더 낙담하게 만든다. 그래도 많은 학생들은 이러한 학교의 방침에 대부분 수긍하고, 자신이 공부하고 싶은 과목을 포기한다. 그러나 한편으로 몇몇 학생들은 자신의 선택에 따라 공부하고 싶은 욕구를 충족시키기 위해 학원 문을 두드린다. 학생들이 탐구과목을 수강하기 위해 가는 학원은 주로 인터넷 학원이다. 인터넷 학원은 장소와 시간에 구애받지 않기 때문에 많은 학생들의 요구를 충족시키고 있다. 더군다나 탐구과목과 같이 수요가 비교적 적은 과목들도 저렴하게 제공하기 때문에, 학생들은 탐구과목을 배우기 위해 학원에 직접 가지 않아도 편하고 쉽게 강의를 제공받아 공부할 수 있다.

고등학교 2학년 학생들의 학습에서 또 다른 중요한 요소는 바로 수능이다. 고등학생들에게 수능이 중요하다는 사실은 새삼 강조할 필요도 없을 것이다. 그러나 고등학생들이 수능 시험을 준비하고 도전하는 과정은 그리 녹록지 않다. 왜냐하면 수능 시험은 지금까지 학생들이 준비해왔던 내신과는 질적으로 다른 평가 방법이기 때문이다. 많은 학생들은 수능 시험을 본떠 제작된 모의고사 문제를 풀어보고 굉장히 당황해한다. 그리고 수능 문제는 문제 자체를 이해하는 것부터 많은 시간을 요구한다. 쉽게 말하면 수능 시험은 무엇이 나올 것이라는 것을 미리 알지 못한 채 치르게 되는 시험이라고 할 수 있다. 이것이 학교 시험과 수능 시험의 가장 큰 차이점이다. 학교 시험은 성취도 평가이기 때문에 우선 수업에 나오지 않았던 내용은 절대 출제하면 안 된다. 학생들의 점수가 너무 낮으면 그것은 선생님이 수업을 잘못하였다는 의미도 되고, 시험을 치르는 학생들의 수준을 전혀 고려하지 않았다는 의미도 되기 때문이다. 이것은 학교 시험이 시험을 치르는 학생들이 어느 정도 높은 점수를 받을 수 있도록 설계될 필요가 있다는 것을 의미한다. 고등학교 내신은 약간 의미가 변질되기는 하지만 기본적으로는 학생들이 교과서에서 한 번은 봤던 내용과 문제라는 본질은 동일하다. 학생들은 선생님이 하신 말씀을 잘 새겨듣고, 교과서의 구석구석을 꼼꼼히 봤다면, 어떻게든 시험을 잘 치를 수 있다.

그러나 수능 시험은 전혀 다른 시험 체제이다. 일단 학생들은 시험 시간이 되면 아무런 예고 없이 처음 본 문제들을 접하게 된다. 물론 간혹 가다 몇몇 학생들이 지문으로 나온 뉴스 기사나 문학 작품 등을 알고 있기는 하지만 그것은 극히 드문 경우일 뿐이다. 즉, 100분 정도의 한정적인 시간 안에 처음 보는 30~50문제를 풀어내야 하는 학생들은 고득점은 고사하고 시험을 제 시간 안에 다 풀지도 못하는 경우도 많다. 이러한 좌절은 대부분의 학생들이 전에는 겪어보지 못한 것이다. 결론적으로 고등학교 2학년 학생들은 분명 1학년 때보다 공부할 것이 더 많아졌고, 학원에 갈 시간은 더 부족해졌다. 따라서 학생들은 학원에 내신과 수능 공부를 병행할 수 있는 방안을 요구한다.

대부분의 고등학생들은 수학 혹은 영어 학원과 과외를 선택하여 일주일에 2~3번 정도 번갈아가면서 다니는 방식으로 공부를 한다. 학생들이 한 곳의 학원에서 여러 과목을 배우지 않고 여러 학원을 돌아다니는 이유는 각 학원마다 잘 가르치는 과목이 있기 때문이다. 주로 수학 전문학원, 영어 전문학원 등으로 표시되어 있다. 학생들은 각 과목별로 여러 학원을 탐방한다. 학원 중에서도 자신과 잘 맞는 학원이 있고, 수업 방식이나 시설, 선생님이 마음에 들지 않는 학원이 있기 때문이다. 신중하게 다닐 학원을 선정한 뒤에, 일주일 시간표를 작성해서 일과를 운영한다. 학생들은 1학년 때처럼 더 이상 학원에서 내신을 준비할 수 없다. 그래서 내신을 준비하기 위해 학원에 가지 않는다. 수능을 준비하기 위해 학원에 간다. 다만 내신이 중요하다는 사실에는 변함이 없기 때문에 학교 시험 기간이 되면 잠깐 학원에서 실시하는 내신 특강을 듣거나 스스로 학교 수업 시간이나 자율학습 시간에 내신 시험을 준비한다. 그렇게 함으로써 수업 시간이 부족한 학원에서는 수능 시험을 집중적으로 준비하고, 학교나 집에서는 내신이나 자신이 부족하다고 생각하는 과목을 준비하는 학습 체제를 구축한다.

고등학교 2학년 학생들을 위한 학원에서는 본격적으로 입시 준비를 시작한다. 학원에서 가장 강조하는 점은 바로 입시 체제와의 완벽한 연계이다. 학생들을 우수한 대학교에 입학시키기 위해서는 입시제도와의 관계를 생각하지 않을 수 없다. 따라서 크게 두 가지 전략을 통해 대학 입시를 준비한다. 첫째는 다양한 입시 전형의 패턴을 분석해서 학생들에게 가장 잘 맞는 입시 전략을 만들어내는 것이다. 현재 대학에서 사용하고 있는 주요한 입시 전형에는 다섯 가지(학생부 교과, 학생부 종합, 실기, 논술, 수능)가 있다. 이 중에서 실기 전형을 제외한다면, 일반적인 인문계 고등학교 학생이 대학에 갈 수 있는 방법은 크게 네 가지가 된다. 학생들은 자신의 장점을 살려 다양한 입시 전형 중 한 가지를 선택해 전략적으로 준비할 필요가 있다. 그러나 이것은 대단히 복잡한 과정이기 때문에 학생 혼자서 준비하는 것이 어렵다.

학원은 대학교 입시 전형들을 분석한 뒤에, 수능과 논술을 중심으로 공부할 때 공부의 효율이 가장 높다는 결론을 내리고 있었다. 왜냐하면 수능의 경우 사용하지 않는 대학교가 없고, 논술 전형은 논술 시험의 반영 비율이 높고, 대부분의 우수한 대학교에서는 논술 능력을 측정하기 때문이다. 따라서 학생들에게 가장 유리한 입시 전략을 만들어주면서 수능과 논술에 치중한 공부를 하도록 권유하고 있다. 한편, 어려운 논술에 대비하기 위해서는 시간이 많이 필요하다. 특히 자연계의 논술 전형에 출제되는 문제는 고등학교 전 과정을 범위로 해서 난이도가 높기 때문에 제대로 준비하지 못하면 낭패를 보기 십상이다. 따라서 학원에서는 고등학교 전 과정을 2학년 시기까지 준비하도록 배려하고 있다. 고등학교 2학년 학생들은 우수한 내신 성적을 받는 것도 중요하지만, 최대한 시간을 확보하여 수능 준비와 논술 전형에 대비할 수 있는 여유도 필요하다. 이에 따라 2년 동안 학습할 내용을 1년 동안 끝내고, 나머지 1년 동안은 수능 심화 문제를 풀거나 논술 전형에 대비할 수 있도록 하고 있다.

> 국어, 영어, 수학은 차례대로 2년 동안 학습할 내용을 1년 동안 압축해서 배우게 됩니다. 탐구과목은 따로 방학 기간을 선택해서 학습하게 됩니다. 학교에서 가르쳐주는 과목과 같으면 좋겠지만, 그렇게 할지 말지는 학생 스스로 선택합니다. 학생이 수능에서 볼 과목을 미리 선택하면 겨울방학과 여름방학에 한 과목씩 학습합니다.
>
> (최준수 학원장, 2015.4.12.)

학생들은 이러한 집중적인 학습을 통해 자신의 옆에 있는 학생들보다 더 나은 위치에 올라감은 물론, 재수생들과도 같은 입장에서 시작할 수 있게 된다. 한편, 학원의 교육과정은 다음과 같은 특징이 있다. 첫째, 겨울방학과 여름방학을 포함하여 1년을 4학기 제도로 운영한다. 이는 방학 기간을 활용하여 부족한 학습시간을 최대한 확보하기 위함이다. 그래서 학원에서는 1년 12달 쉼 없는 학습이 가능하다. 둘째, 수능 대비와 내신 대비를 독립적으로 하고 있으나, 수능 중심의 교육이 이루어진다. 수능 대비는 예비고 1학년 때부터 이루어지며 학년별로 기초학습, 심화학습, 실전학습을 구분해서 실시한다. 즉, 고등학교 2학년 학생들에게 수능 심화학습을 실시하는 것이다. 그에 비해서 내신 대비는 수능 학습을 통한 실력을 바탕으로 해서 시험 기간을 앞두고 3~4주간 잠시 이루어진다. 이때는 학교 교과서 및 필기노트를 중심으로 하고, 기출문제 및 출제 예상문제를 풀어보면서 교과서 내용을 암기하는 방식으로 내신을 대비한다. 셋째, 학원에서는 앞에서 설명했듯이 3학년 때 수능 대비 집중적인 학습을 위해 2학년 시기에 수능 선행학습을 한다. 이는 정규 교과 내용을 반복함으로써 우수한 내신 성적을 얻는 동시에 수능 대비까지 한꺼번에 하려는 목적을 갖고 있다. 학생들이 배울 내용을 처음 접할 때는 그 내용이 생소하기 때문에 익히는 데 시간이 많이 걸린다. 이에 따라 반복학습을 통해 내신과 수능 대비를 효율적으로 하는 것이다. 내신을 공부하는 시간이 짧아지면 그만큼 수능 시험을 대비하는 데 시간을 더 많이 투자한다.

한편으로는 방학 기간과 학교 정규 수업 기간을 상호보완적으로 구성해서 내신 대비와 함께 수능을 대비한다. 방학 기간에는 학교 정규 학기에 공부할 내용을 학습하고 학교 정규 학기에는 반복학습을 하면서 필요할 경우 심화학습을 하는 것이다. 이렇게 수능 대비를 하면서 실력을 키운다. 중간고사나 기말고사 기간이 다가오면 약 4주 동안 학교 시험 준비에 집중하면서 효과적으로 내신 대비를 한다. 학교 시험을 대비하는 시간을 이처럼 줄이면서 방학 기간에도 학습을 하고, 학기 중에는 반복, 심화학습을 하는 방식을 통해 수능을 준비하고 내신까지도 잡는 일석이조의 수업을 해나갈 수 있다.

마지막으로 학원은 진학, 진로 컨설팅을 실시한다. 컨설팅은 다른 말로 하면 사전학습 준비 과정이라는 단어로 표현할 수 있다. 사전학습 준비라는 용어의 뜻은 학생들이 장기적인 목표를 달성하기 위해 무엇을 공부하고 어떻게 학습해야 하는지를 알려주는 것이다. 고등학교에 진학하는 대상부터 이루어지는 컨설팅 과정은 대학 입시를 위해 고등학교 전 과정 학습 방향을 자세히 알려주는 역할을 한다. 학원에서는 학생들에게 입시 현황과 고등학교 공부의 전체적인 과정, 그리고 원하는 대학에 가기 위해서는 지금 무엇을 공부해야 하는지를 안내해준다. 즉, 학습에 대한 장기적인 로드맵을 제공하는 것에 그 의미가 있다. 컨설팅에서는 학생들에게 이것을 왜 해야 하는지에 대한 목표의식을 심어주어야 하고, 학생의 상황을 완전히 파악해서 부족한 부분을 알려주고, 현실적으로 본인이 얼마나 이 대학에 진학할 가능성이 있는지를 직접적으로 가르쳐줌으로써 학생들이 할 수 있다는 자신감을 갖게 만들어준다.

고등학교 2학년들을 위한 입시 컨설팅은 학기별로 1번 이루어지는데, 2학년 1학기가 시작되기 전과 여름방학 기간이다. 학생들은 이 기간에 그동안의 1년을 어떻게 보냈는지 반성함과 동시에 2학년 때는 어떻게 공부할 것인지에 대한 방향을 확인한다. 학생은 컨설팅을 통해 자신이 성취할 목표를 생각하고 학습 동기를 확고히 굳힌다. 심리적으로 학생들이 만족할 수 있게 되는 것이다. 컨설팅에서는 학습에 관한 것뿐만 아니라 인성 상담도 이루어지며, 학생들의 진로와 꿈을 찾고 자신감을 찾아주는 데 주력한다. 그런 다음 학생이 어떻게 공부해야 하는지에 대한 상담을 한다. 처음 상담할 때는 내신 성적, 모의고사 성적, 봉사 활동 경력, 동아리 활동 정보를 파악하고 분석한 다음 상담을 한다. 상담할 때 가장 중요한 것은 학생이 자신의 이야기를 솔직하게 할 수 있어야 한다는 점이다. 상담을 통해 자신을 돌아보고 행동이 바뀌는 계기가 되기도 한다. 학습 상담에서는 인성 상담을 통해 학생이 갖게 된 인생의 목표에 따라 목표를 이루기 위해 무엇을 준비해야 하는지를 로드맵 형식으로 제시한다. 학생의 진로와 희망 사항에 적합하게 대입 제도와 대학별 진학 커트라인, 다양한 학습 사례 등 구체적이고 명확한 자료를 제시해서 학습 로드맵을 확인하고, 학생이 지금보다 얼마만큼 더 노력하면 가능할지에 대한 자신감을 심어주는 방식으로 상담을 진행한다.

고등학교 3학년: EBS 학습과 치열한 대학 입시

고등학교 3학년 학생들의 학원 경험을 가장 잘 표현해주는 단어가 바로 EBS와 입시이다. 고등학교 3학년 학생들은 공교육의 일종으로 생각되고 있는 EBS를 들으러 학원에 가고 있다. 따라서 여기에서는 수능 시험과 한국의 교육방송인 EBS의 관계에 대해 논의하고자 한다. 수능 시험이 왜 절대적인지는 이미 여러 번 설명한 바 있다. 따라서 대학 입시를 치를 때 자신의 얼굴이 되는 것이 수능 점수라는 사실은 잘 알고 있을 것이다.

EBS가 수능 공부와 학원 교육에 영향을 주는 이유는, EBS가 수능 공부의 방법을 근본적으로 변화시키고 있기 때문이다. 기존에는 학생들이 언제든지 수능형 문제를 이해하고, 해결할 수 있도록 사고력 훈련을 하거나 수능 대표 유형을 반복학습하는 등의 학습을 해왔다. 수능 준비를 하는 학생들이 한 번씩은 경험해보는 학습 방법이고, 전통적이지만 효과적으로 학생들이 수능 준비를 할 수 있도록 도와주는 방법들이었다. 그런데 EBS의 등장으로 새로운 공부 방법이 등장하기 시작하였다. 바로 완전 암기 방식이다. 암기학습은 수능 시험에는 적합하지 않은 방법이다. 그러나 EBS라는 새로운 학습 매체가 등장하면서, 이 법칙은 깨지기 시작하였다. 점점 수험생들의 합격 수기에서 EBS 교재를 몇 권 외웠는지, 몇 번 반복 학습했는지가 중요해지기 시작하였다.

표_ 2010년도 EBS 수능 연계 비율(한국교육과정평가원, 2011)

과목	직접 출제 비율	간접 출제 비율	합계
언어	30%	54%	84%
수리 가	40%	36.7%	76.7%
수리 나	56.7%	20%	76.7%
외국어	30%	50%	80%

교육부에서도 올해 수능 시험에 EBS 강의 내용이 얼마나 출제되었는지를 꼭 밝히고 그것을 성과로 내세우고 있다. 즉, 대학 입시 시험 수능에서는 EBS 교육방송에서 제공하는 수능 강의 내용을 활용해서 문제를 출제하고 있는 것이다. 사실 이것은 수능 출제의 큰 원칙을 깬다는 점에서 큰 의미가 있다. 이 때문에 학생들은 한 해에 출시되는 EBS 교재 수십 권을 쌓아놓고 공부를 하는 것은 예삿일이고, 심지어는 EBS에 나오는 수천 개의 문제와 지문 내용을 전부 외우기까지 한다. 학생들이 기존의 수업 내용과 공부는 그대로 유지한 채 EBS까지 공부하게 되면서 결과적으로 학생들의 수업 부담을 훨씬 더 가중시키는 결과까지 가져

오게 되었다. 이러한 EBS 학습에 대한 학생들의 요구는 학원에도 큰 영향을 주고 있다.

학생들은 EBS와 수능 준비 상태를 마지막으로 점검하고 짧은 시간 동안 최대한 효율적으로 학습하기 위해 학원에 간다. 그 중에서도 가장 인기 있는 학원은 인터넷 학원이다. 인터넷 학원은 그 가능성을 처음에는 의심받았던 것이 사실이다. 그러나 교육조건과 비용의 문제에서 벗어난 인터넷 학원은 가격도 과목당 10만원 이하로 저렴해서 수많은 고등학생들의 인기를 얻고 있다. 학원의 웹사이트에는 굉장히 활발한 질문과 답변이 오간다. 이것이 가능한 이유는 인터넷 학원의 엄청난 수강생 수 덕분이다. 인터넷 학원의 수강생은 일반 학원과는 규모부터 완전히 다르다. 인터넷 학원은 그 중에서도 고등학교 3학년 학생들의 수강비율이 압도적으로 높다. 왜냐하면 인터넷 학원에서 제공하는 강의들은 대부분 수능 시험을 준비하는 데 필요한 강의들이기 때문이다.

이러한 인터넷 학원 수업의 특징은 당연히 아주 잘 구조화된 수업에 있다고 할 것이다. 수만 명의 학생들에게 호평을 받는 수업을 제작하는 데는 수업을 얼마나 전달력 있게 만드는지가 가장 중요할 것이다. 강의 촬영 과정은 엄격한 준비를 바탕으로 이루어진다. 이러한 인터넷 학원이 가지는 강점은 명확하다. 시간이 부족한 고등학교 3학년 학생들이 찾을 수 있는 대안 중 하나가 되기 때문이다. 30만원이 넘는 과외는 부담스럽고, 그렇다고 학원에 12시 넘어서까지 다니기에는 걱정되는 학생들이 인터넷 학원을 선택한다. 인터넷 학원에서는 자신의 수준에 맞는 강의를 얼마든지 수강할 수 있다. 학생들은 강의를 선택하는 과정에서 수많은 정보를 수집한다. 인터넷 사이트에서 질문을 한다. 과목별로 어떤 선생님이 뛰어난지, 어느 사이트가 깔끔한 서비스를 제공하는지 등을 꼼꼼하게 따진다. 대부분의 강의는 맛보기 강의라고 해서 한두 시간 정도는 무료로 강의를 제공하는데, 학생들은 맛보기 강의를 보면서 구입 여부를 결정한다. 이러한 학생들의 강의 수강 정보와 댓글, 의견들은 그 강의를 가장 정확하게 표현해주는 증거 자료가 된다. 수천 명의 학생들이 칭찬한 강의는 그만큼 학생들에게 효과적일 가능성이 높다. 학생들이 한 번 수강하기로 마음먹은 선생님은 잘 바꾸지 않는데, 거의 3월부터 수능 전까지 이어진다. 가상의 공간에서 또 다른 선생님과 인연을 이어나가는 것이다.

시기별로 인터넷 학원의 교육을 살펴보면, 먼저 가장 기초적인 수준의 수업은 수능이 끝나고 곧바로 시작된다. 이때부터 내년 수능 시험을 대비한 선생님의 로드맵이나 기본 개념에 대한 강의들을 수강하면서 준비한다. 3월이 되면 본격적인 학습 진도가 나가면서 이론에서부터 문제풀이까지 다양하게 이루어진다. 특히 이러한 학습 진도는 평가원 모의고사나 수능 시험일과 같이 중요한 일정에 딱딱 맞춰서 제공된다. 그동안 인터넷 학원은 기본적인 강의와 더불어 계속해서 대학 입시를 분석한 자료들을 학습 자료 게시판에 탑재한다. 그 정보들은 강의를 수강하는 학생들에게만 제공되는 것이다. 학생들은 유용한 정보를 선별해서 암기하고, 다음 수업이나 자신의 공부에 반영한다.

인터넷 학원이 가진 또 다른 장점은 빅 데이터를 활용한 입시 컨설팅이다. 학원에서는 수많은 학생들이 자신의 점수를 입력하고, 점수에 따른 공부의 방향이나 목표하는 대학에 도달하기 위해 필요한 것들을 제공받는다. 이것은 여기서 끝나는 것이 아니다. 한 명의 학생의 자료가 다시 데이터화되어서 학원에 저장된다. 그리고 학원에서는 학생들의 성적을 분석한 자료들을 통해 또 다른 데이터를 만들어낸다. 어느 대학교에 어느 성적을 가진 학생들이 지원한다는 자료들은 어디서도 얻을 수 없는 중요한 정보이다. 지금도 학생들은 모의고사 점수를 웹사이트에 입력하는 것만으로도 입학 가능한 학교, 다른 수만 명의 학생들과 비교한 자료를 쉽게 확인할 수 있다. 그리고 복잡하게 인터넷 검색을 할 필요 없이 한 장소에서 많은 대학교에 대한 정보들을 손쉽게 확인할 수 있어 도움이 된다.

한편, 대학 입시와 관련해서 학원은 그 어느 시기보다도 철저하고 치밀한 전략을 학생들에게 제공한다. 고등학교 3학년 학생에게는 입시 전략이 중요하다. 입시 전략은 학생들이 같은 노력으로 더 높은 수준의 대학에 갈 수 있도록 만들어준다는 점에서 의미 있다. 더군다나 요즘 대학 입시는 굉장히 복잡하다. 이러한 전형 방법의 다양화는 결국 학생들에게 부담으로 다가오고 있다. 예전에는 수능을 치르고 나면 그 점수를 가지고 배치표에서 자기 위치를 찾아 맞는 대학에 지원하는 경우가 많았다. 그러나 이제는 대학에서 자신들의 요구에 맞는 인재들을 뽑기 위해 예전보다 학생들의 다양한 능력을 보려고 한다. 따라서 전형 방식이 대학별로 미세하게나마 제각각 다르다.

이처럼 학생들이 학원에 원하는 것은 결국 수능 시험 점수와 학생이 가진 역량을 최대한 활용할 수 있도록 하는 컨설팅이다. 따라서 대학 진학 지도는 고등학교 학원 교육에 있어서 가장 중요한 요소가 된다. 사실 진학 지도가 고등학교 3학년 시기에만 이루어지는 것은 아니다. 학생이 고등학교에 입학하거나 심지어는 중학교 시기부터 어느 대학교와 어느 학과에 지원할 것인지 지도가 이루어지기도 한다. 다만 고등학교 3학년 시기에 가장 활발히 이루어질 뿐이다. 그리고 대학 입시 컨설팅을 가장 잘 보여주는 것이 학원의 대학 입시 지도 과정이다. 학교에서도 이러한 입시 지도 과정이 있으나, 한 반의 학생 수가 너무 많고 다양하기 때문에 학교 선생님들의 입장에서는 모든 학생들의 진학 지도를 제대로 해주기가 어렵다. 결국 학원에서 학생들은 자신의 점수를 분석받고 이를 통해 진학 지도를 받고 있다.

학교에서는 우수한 대학에 입학하는 것보다는 대학에 입학할 가능성을 더 중요하게 생각한다. 그래서 학생들이 자신의 점수보다 조금 높은 대학에 지원하는 것을 가능한 한 막으려고 한다. 즉, 학생들이 원하는 대학에 입학하는 것보다는 합격할 수 있는 대학에 지원하도록 권유한다. 그러나 학원에서는 현재 입시 현장을 정확하게 분석해서 학생들의 점수와 갖고 있는 자료들을 바탕으로 더 우수한 대학에 지원하도록 하고 있다. 학원에서는 이러한 전략을 제대로 실행하기 위해 각종 인터넷 입시 사이트, 다양한 입시 관련 세미나, 교육청 자료 등을 수집한다. 이것은 학생이나 학부모 개인이 하기는 어려운 것들이다. 학원에서는 방대한 데이터를 바탕으로 학생들이 정확한 실력에 따라 과감하게 대학에 지원할 수 있도록 도와준다.

V. 고등학생들에게 학원 교육의 의미

이번 장에서는 고등학생들과의 심층면담으로 드러난 학원의 의미들을 제시할 것이다. 앞서 우리는 고등학생이 학원을 다니는 궁극적인 목적이 대학 입시에 있음을 확인하였다. 그렇다면, 과연 학원은 고등학생들에게 어떠한 가치관과 학습 태도를 형성하도록 유도하고 있는가? 학원에서의 학습의 결과로 학생들은 무엇을 깨닫고 있는가?

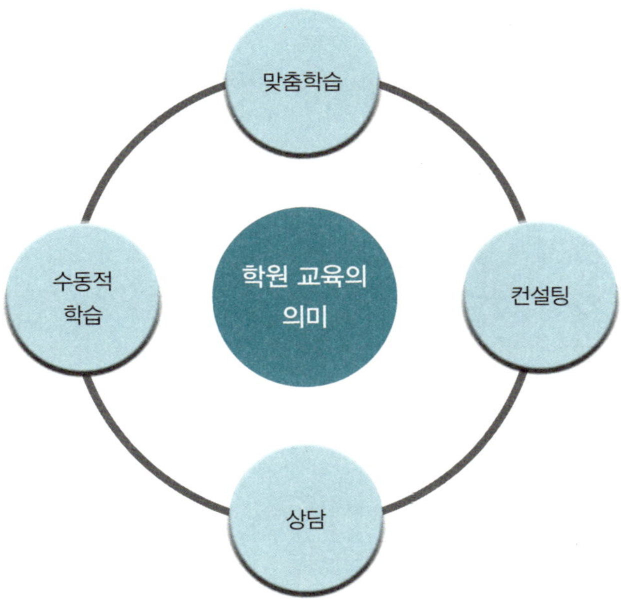

그림_ 고등학생들에게 학원 교육의 의미

맞춤학습: 학원은 내가 선택한 곳

가장 먼저 이야기하고자 하는 부분은 학생들이 학원을 선택하고 있다는 점이다. 고등학생들이 학원을 다니는 이유는 시험 점수를 올리기 위해서였다. 연구에 참여한 고등학생들은 학원에 가게 된 계기를 각각 다르게 이야기하였다. 그러나 담화를 여러 번 듣고 그 속에 숨어 있는 의미를 분석한 결과는 명확하게 드러났다. 즉, 고등학생들이 학원에 대해 갖고 있는 가장 선명한 의미는 바로 학원은 내가 직접 선택한 성적 향상의 공간이라는 점이다. 좀 더 세부적으로 이야기하면, 고등학생들은 학원에서 내신 성적의 향상과 수능 성적(모의고사 점수)을 올릴 수 있다고 굳게 믿고 있다. 물론 이것은 전혀 새로운 사실은 아니다. 당연한 것이다. 학원은 시험 점수를 높이지 못하면 존재할 가치가 없는 곳이기도 하다.

그러나 중요한 것은 학원은 학교와 다르게 학생들로 하여금 성적 향상의 경험을 제공하고 있다는 점이다. 이것이 바로 학생들이 학원 속에서 성취감을 느끼고, 만족하고, 학원을 믿고 따르는 근본적인 원인이다. 즉, 학원은 정말로 학생들의 시험 점수를 높여주고 있다. 본 연구에서는 그들이 어떻게, 왜 이러한 경험을 하고, 학원을 믿게 되는지에 대한 과정을 파악하는 것이 중요하였다. 왜냐하면 그러한 방법들은 학교에서 실시하지 못하고 있는 것일 가능성이 높으며, 학교와 학원의 교육 원리를 규명하는 데 가장 큰 실마리가 될 것이기 때문이다.

사실 학원이 고등학생의 성적을 높여줄 수 있는 근본적인 원인은 학생의 공부에 대한 자유의지에 있었다. 학생들은 다양한 학원의 시스템에 대해 이야기하고, 학원에서 실시하는 여러 독특한 학습 프로그램에 대해서 만족하고 있었다. 그러나 그 이면에서 연구자들이 발견할 수 있었던 것은 바로 학생들이 '스스로' 공부를 한다는 사실이었다. 왜 학생들은 학교 수업 시간에는 잠을 보충하고, 장난을 치고, 심지어 학원 숙제를 하다가 학원에 가면 드링크제를 마시고, 졸리면 서서 수업을 듣고, 자신이 모르는 것 하나라도 더 알기 위해 뛰어다니는가? 즉, 학원은 '의무'가 아닌 '선택'의 장소였다. 학교와 학원의 근본적인 차이점은 바로 이 원리에 있다. 학원을 다니는 것은 부모의 강요와 같은 예외적인 경우를 제외하면 자신의 선택에 따른다. 선택은 학생들이 공부에 대해 동기와 의지를 갖도록 만든다. 더군다나 학원비는 경제적으로도 상당히 부담이 된다. 대부분의 착한 고등학생들은 학원비만 생각하더라도 학원 수업을 대충 듣고 넘길 수 없게 된다. 선택의 원리는 학습의 효율성이라는 또 다른 긍정적인 결과를 도출하고 있었다. 학원은 무조건 전 과목 수강이라는 법칙이 없다. 과목, 강사, 교재 등을 대부분 자신이 원하는 대로 선택할 수 있다. 이러한 선택의 결과는 학원 수업에서 잘 드러난다. 학원에서는 학생의 요구와 만족감을 이끌어내기 위해 수준별 수업, 개념과 문제풀이의 비중을 학생의 이해도에 따라 조절해서 진행하였다.

심지어 학생들은 성적을 올리기 위해 선생님도 '선택'하고 있었다. 이것은 학교에서는 상상하기 힘든 장면이다. 그러나 고등학생에게 선생님은 단순히 좋고 싫고의 문제를 떠나 학습에 절대적인 영향을 주는 존재이다. 학생들은 선생님의 영향을 매우 많이 받는다. 따라서 선생님의 교수 능력과 열정, 스타일은 학생들과 잘 맞아야만 한다. 즉, 한정된 시간 동안 성적을 향상시켜야 하는 고등학생들에게 선생님을 선택할 수 있는지 없는지 여부는 중요할 수밖에 없는 문제이다.

> 수연이는 고등학교 1학년과 2학년 연속 반장을 하며 국어를 담당한 담임선생님이 잘 챙겨주셔서 국어 성적이 오를 수 있었다. 그래서 굳이 학원에 다니지 않아도 국어에 흥미를 가지고 열심히 하게 되어 내신이나 모의고사 점수가 괜찮게 나왔다. 반면에 수학 선생님의 경우 나이가 많으시고, 의사소통도 잘 되지 않아 수학에 대한 흥미를 잃고, 성적이 떨어졌다. 결국 수학 성적을 올리기 위해 수학 단과학원에 다니게 되었다.
>
> (장수연 학생. 면담일지. 2015.5.10.)

어쩌면 이러한 현상은 너무나도 당연한 것이다. 우리 모두는 시험에서 높은 점수를 받기를 원한다. 그리고 성적을 향상시키기 위해 자신만의 학습 방법을 가지려고 한다. 우리는 공부가 잘되는 장소도 서로 다르다. 잘 맞는 선생님도 다르다. 이처럼 한 개인의 학습에서는 선택이 당연한 문제가 된다. 그러나 수많은 욕구가 충돌하는 학교에서 자신의 학습 방법을 개발하고 적용하기는 상당히 어렵다. 이에 따라 많은 고등학생들이 단과학원, 종합학원, 인터넷 강의 등 자신이 원하는 학습을 찾기 위해 학원으로 향하고 있었다.

컨설팅: 학원은 학습을 책임져주는 곳

그 다음으로 학원 교육에 대해 생각해볼 점은 학생의 학습부터 시작해서 입시 결과까지 모든 것을 책임지는 현상에 관한 것이었다. 사실 학생의 학습은 학교에서 책임져야 하는 것이 아닌가? 그러나 현재 학교는 학생들의 학습을 책임지고 있다는 인식을 심어주지 못하고 있었다. 오히려 학생들은 학교는 생활하고 친구를 사귀는 곳이며, 진정한 학습은 학원에서 하고 있다고 믿고 있다.

실제로도 고등학생을 위한 학원은 애초에 교육 목표가 대학 입시에 맞추어져 있다. 학생들의 학습 결과를 보장하기 위해서이다. 모든 학습은 결과를 만들어 내기 위해 이루어진다. 결과는 그냥 만들어지지 않는다. 학원에서는 학생들이 입시에서 성공할 수 있도록 철저한 준비를 한다. 고등학생을 위한 학원에서는 철저하게 대학 입시에 맞춘 교육과정을 운영한다. 현재 대학 입시의 특성을 파악하고, 수시와 정시 전형에서 모두 우수한 성적을 거둘 수 있도록 전략을 세운다. 이에 따라 학원에서는 3학년 과정을 2년 안에 끝내도록 교육과정을 구상하는가 하면, 수능에 연계되어 출제되는 EBS 강의 내용을 모두 분석해서 학생들이 짧은 시간 안에 EBS에서 강조하는 수업 내용을 모두 파악할 수 있도록 강의를 제작하기도 한다. 즉, 이러한 학습 전략들 하나하나가 모두 다 학생들의 학습을 책임지기 위한 학원의 노력이자 연구의 결과물인 것이다.

학생들의 입시를 책임지기 위한 학원의 또 다른 장치는 바로 진로 · 진학 컨설팅 시스템이다. 학교에서 대학 입시와 관련하여 컨설팅을 실시하지 않는 것은 아니다. 그러나 컨설팅의 의미가 다르다. 학교에서 사용하는 컨설팅의 의미는, 수능을 실시하고 난 뒤에 학생이 받은 점수를 갖고 어느 대학에 갈 수 있을 것인지를 예상하여 원서를 써주는 일련의 과정을 뜻한다. 즉, 상당히 결과론적이고 수동적인 의미의 컨설팅이다. 이 시기가 되면 학생이든, 선생님이든 할 수 있는 일이 별로 없다. 그러나 학원의 컨설팅은 수능을 치르기 전에 이루어진다. 최소 6개월, 1년의 기간을 두고 컨설팅이 실시되는 것이 일반적이다. 학원에서의 컨설팅 의미는 다양하지만 주로 고등학교 학교생활에 대한 전반적인 계획을 세워주는 것이 목표가 된다. 목표 대학 입시를 위한 전략, 각 학년별로 무엇을 공부해야 하는지에 대한 자세한 계획을 세워준다. 학습뿐만 아니라 봉사활동, 동아리 활동 정보 등도 제공한다. 대학 입시에서 필요한 것은 모두 지원하는 것이다. 단계적이고 다양한 상담을 통해 학생들은 자신감, 목표의식, 학습 동기를 얻는다. 한편, 대학 입시 직전에 이루어지는 컨설팅은 좀 더 치밀하고 전략적이다. 이것은 대학들의 입시 현황과 학생의 성적, 성향, 고등학교 활동 등을 세밀히 분석하여 학생의 수준에서 갈 수 있는 최선의 대학을 선택하는 데 도움을 주는 컨설팅이다. 따라서 학생들은 다양한 정보와 자료를 토대로 자신에게 가장 적합한 대학에 지원할 수 있게 된다.

즉, 학원은 학생들의 학습뿐만 아니라, 수능과 입시 결과를 책임지는 장소가 되고 있다. 학생들이 학원을 떠나는 경우는 본인이 원하는 대학에 진학한 경우 한 가지밖에 없다. 즉, 학원은 학생들을 책임지기 위해 노력하고 그 노력의 결과는 학생들이 피부로 느낀다. 학습과 대학 입시 지도 과정에서 만족하고 기꺼이 학원비를 지불한다. 즉, 학생들은 변화에 발 빠르게 대응하는 학원에 더 큰 신뢰감을 느끼고 학원으로 향하고 있다.

상담: 학원은 내 마음을 알아주는 곳

고등학생들이 학원에 부여하는 또 다른 의미는 바로 심리적 안식을 얻는 장소였다. 사실 이 의미를 이해하기 위해서는 학교와 학원을 연관 지어 생각해야만 한다. 앞에서도 논의했듯이, 우리는 일반적으로 학교는 학생들의 생활과 인성, 교우 관계를 책임지고 학원은 학습을 책임진다고 생각한다. 그러나 실제로 고등학교는 학생들이 하루 10시간 넘게 생활하는 장소임에도 불구하고, 학원보다 학생 상담을 하는 시간이 부족하다. 여기에는 몇 가지 원인이 있었다. 우선 학교에서는 선생님들의 추가적인 업무 때문에 학생들과 상담을 하는 시간이 부족하였다. 그리고 대부분의 학생들은 선생님을 좋아하고 믿고 따르는 동시에 그들이 권위주의적이라는 생각도 가지고 있었다. 선생님은 학교 교실의 모든 일을 지시, 처리하고 책임지는 높은 존재였던 것이다. 즉, 고등학생들은 학교 선생님과의 상담 시간이 부족할뿐더러, 고민을 솔직하게 털어놓지 못하는 경우가 많았다.

반면에 학교 선생님에게 하지 못한 이야기를 학원 선생님에게는 편하게 말할 수 있었다. 이것이 가능한 이유는 학원에서는 상담을 학원 운영에 필수적인 요소로 선정하고 적극 활용하기 때문이다. 더군다나 학원 상담 과정은 체계적이고, 모든 상담 기록은 자료화되어서 학생들을 담당하는 모든 선생님들에게 공개된다. 학생들은 일대일 상담을 하면서 자신들이 겪을 수 있는 학습에 대한 어려움과 생활적인 고민들을 해결하는 데 적절한 도움을 받는다. 이처럼 학원에서 상담이 활성화된 이유는 고등학생들이 학원에서 즐겁게 생활하고 열심히 공부하는 것이 장기적으로 학생이 학원에 다니는 이유 중 하나가 되기 때문이다.

> 학교 선생님이랑도 상담해요. 근데 학원하고는 좀 달라요. 학교 선생님은 성적이 떨어지면 너 대학 안 갈 거냐고 다그치거나 그냥 열심히 하라고만 해요. 사실 더 할 말도 없긴 해요. 교무실 가면 약간 조용히 해야 할 것 같고 그렇잖아요. 근데 학원에서는 선생님이 좀 끈질기게 물어봐요. 이번에 공부할 때 항상 밤 11시 넘게 자습 잘 하고 그랬는데 집에 무슨 일이 있는지, 친구들이 방해하는지, 이야기를 듣고 있으면 학원 선생님이 나를 꾸준히 지켜보고 있었다는 게 좀 느껴져요.
>
> (고승욱 학생. 2015.2.11.)

학원에서의 상담 시 선생님은 학생의 실제 행동을 관찰한 결과를 바탕으로 성적이 하락한 또 다른 이유에 대해서 철저하게 알아보려고 한다. 선생님이 학생의 공부하는 모습을 오랫동안 관심 있게 지켜보고 그 학생의 장단점을 알고 있다는 것은 단순하지만 중요한 의미를 가진다. 학생들은 자신의 모습을 객관적으로 파악하고 무엇이 문제인지 잘 간파하지 못하는 경우가 많기 때문에 상담 과정에서 선생님이 자신의 모습을 이야기해주면 놀라는 경우도 있다. 즉, 학생들은 자연스럽게 학원의 상담 방식을 더 좋다고 느낀다.

학원의 상담은 학습에만 국한되지 않는다. 학습에 큰 영향을 주는 것에는 학생 자신의 문제도 있지만 학생 주변을 둘러싼 가정과 학교생활에서의 문제가 훨씬 더 크기 때문이다. 따라서 학원에서는 상담을 하면서 학생의 생활에 대해서도 적극적으로 질문한다. 학교에서와 마찬가지로 학원에서도 친구들 사이의 문제는 항상 발생한다. 학원에서는 이러한 문제를 조기에 파악하고 갈등이 심해지기 전에 의견을 들어보고 문제를 조율한다. 학원에서는 관심을 가지고 때로는 절실하게 생활지도를 하는데, 왜냐하면 친구 관계의 문제가 있으면 당연히 학생의 성적이 떨어지게 되고 심지어는 학생이 퇴원하는 경우도 생기기 때문이다. 물론 학원에서 상담을 받는다고 하여 학생들의 모든 문제가 다 잘 해결되는 것은 아니지만 적절한 시기에 상담을 하면서 학생들의 관계가 더 벌어지기 전에 적절한 조치를 취할 수 있다. 따라서 학원에서 고등학생들이 일상생활에 대한 상담과 생활지도를 받는 모습은 낯설지 않다.

이처럼 고등학생들은 생각보다 학원에 와서 자신의 이야기를 많이 털어놓는다. 학생들이 학습뿐만 아니라 생활 문제를 해결하는 데도 학원을 많이 활용한다는 사실은 분명 주목할 만한 현상이다. 학원은 학생의 학습 지도와 더불어 생활적인 측면까지 다루고 있고, 학생들은 이러한 학원을 더욱 믿고 따르고 있다.

수동적 학습: 학원은 나를 의존적으로 만드는 곳

이것은 학원 교육에 대한 비판 중 하나이다. 물론 의존적인 학습이라고 해서 학원이 학생들에게 학습을 강압적으로 실시한다는 의미는 아니다. 한국의 학생들과 학부모들이 학원의 주장에 열광하고, 오히려 학교보다 학원을 신뢰하며 그들의 말이 무엇이 되었든 맹목적으로 따르고 있는 현실을 비판하고자 하는 것이다. 사실 이러한 현상이 하루아침에 이루어진 것은 아니다. 대부분의 고등학생들은 초등학생 때부터 습관적으로 학원을 다니며 공부하는 것에 익숙해져 있다. 그래서 고등학교에 가서도 학원을 다니는 것을 당연하게 여긴다. 즉 이미 '공부=학원'라는 생각이 머릿속에 박혀 버린 것이다. 심지어 몇몇 학생들은 단지 의무교육이기 때문에 그냥 졸업증을 따기 위해 학교 수업에 참여한다고 생각하는 경우도 있다.

물론 학원은 겉으로 보기에는 자율적이며 학생들을 도와주는 효율적인 학습방식을 활용하고 있어 학생들에게 믿음을 심어주기에 학교보다 유리하다. 그러나 학생들이 계속해서 학원을 찾지 않으면 공부를 할 수 없다는 생각을 갖게 만든다는 점에서 이러한 비판에서 벗어날 수는 없다. 연구에 참여한 학생들이 모두 학원 교육을 믿고 따르면서 스스로 자료를 찾아보거나 방법을 탐구하려는 노력을 하지 않고 있었기 때문이다.

학생들의 이러한 의존적 학습의 직접적인 원인은 분명 학원에서 제공하고 있다. 학원에서는 학교 시험지, 학교에서 나눠준 유인물과 교과서, 과거에 나온 기출문제, 출제자 선생님의 성향 등 다양한 정보들을 수집하고 분석한다. 그리고 그 다양한 정보를 한눈에 보기 쉽게 출력물로 제공해주고, 그것을 학생들이 전부 외울 수 있도록 매일 쪽지시험을 보는 등 다양한 방법을 사용한다. 이것은 학생들에게 대단히 매력적이고 마음을 끌리게 한다. 학생들은 쉽게 점수를 올릴 수 있다. 그러나 학원에서 제공해주는 편의에 익숙해진 학생들은 혼자 공부하는 방법을 체득하지 못하고 있었다. 몇몇 학생들은 이제 학원 없이는 스스로 공부할 엄두도 내지 못하는 지경에까지 이르기도 한다.

물론 이 모든 상황의 책임을 학원에만 돌릴 수는 없다. 요즘에는 교육정책이 너무나 빠르게 바뀌고 있는 실정이기 때문에 고등학생들이 스스로 정보를 찾고, 자신에게 유리한 부분을 선택하기에는 변화의 폭이 너무나도 크다. 따라서 그냥 마음 편하게 학원에서 가르쳐주는 대로 공부하고, 컨설팅해주는 대로 입시를 준비하는 것이 마음 편하다고 느끼는 것이 어쩌면 당연하다. 학교에서도 수능의 변화를 따라가려고 노력하고 있지만, 선생님 개인의 업무와 수업 외적인 학생 관리 때문에 모든 선생님들이 때마다 바뀌는 교육정책에 민감하게 대응하는 것이 불가능하다. 결국 학생 입장에서는 학교 수업만을 듣고 학교 선생님만 따라가기에는 불안한 것이다. 그렇다고 스스로 공부하고 정보를 수집하자니 시간적인 여유가 없기 때문에 능동적으로 공부하고자 하는 마음을 애초에 접고, 학원을 찾아가게 되는 것이다.

결국 학생들은 수동적인 태도와 불안감의 지속으로 학원을 끊지 못한다. 그리고 학원에서는 학생들이 느끼는 불안감이나 걱정을 해소해주기 위해 학생들에게 많은 정보와 학습 방법 관리, 상담 등을 통해 그들을 관리해준다. 학생들은 이러한 일련의 과정들에서 학원에 상당한 믿음을 갖게 되고, 결국 이런 불안감을 해결해주는 학원을 신뢰하게 되는 것이다. 학생들은 학원 선생님들이 중요하다고 말해주는 부분을 열심히 공부하는 것이 마음 편하다고 느낀다. 따라서 한국의 고등학생들은 자기 스스로 공부해서 성적이 어떻게 나오는지 모험을 하기보다는 안전하게 학원의 지도를 받기 원하는 심리가 있다. 결국, 능동적으로 공부하는 방법을 모르는 것, 학원을 그만두는 것에 대한 불안감, 수시로 바뀌는 교육정책이 학생들로 하여금 수동적인 학습 태도를 버리지 못하게 하고 있다. 이러한 수동적인 학습 태도는 스스로 공부하는 습관을 기르지 못한 채 대학에 입학한 학생들을 자괴감에 빠뜨릴 수 있다는 점에서 학교와 학원 모두 주목해야 할 것이다.

제7장

향후 과제

앞서 언급한 것처럼 한국형 질적자료 분석 소프트웨어인 파랑새가 주는 의미와 시사점은 상당히 크다고 할 수 있다. 점진적으로 양적 및 질적으로 성장하고 있는 CAQDAS의 세계 시장에 세계 최초 한국형 CAQDAS를 내놓음으로써 국내의 질적연구자들의 원활한 연구 수행을 촉진하였다. 특히, 한국형 CAQDAS의 개발이라는 측면에서 볼 때, 질적연구의 탈서구화를 구현하였다는 점에서 한국 질적연구의 역사에 한 획을 마련하였다. 더불어, 파랑새2.0은 어려운 인터페이스로 인한 접근의 어려움, 본격적인 질적연구 수행 이전에 또 하나의 연구로 부각되었던 CAQDAS 마스터의 문제, 고액의 구입 비용으로 인한 외화 유출 등의 문제를 해소하는 데 기여하였다. 실제 연구 수행의 측면에서는 친숙한 사용자 중심의 인터페이스, 다양한 질적연구 전통의 방법들을 통합함으로써 연구자들의 연구 효율성을 증진하였을 뿐만 아니라 체계적인 과정이 연구에 반영됨으로써 질적연구의 커다란 이슈로 부각되고 있는 타당화와 신뢰도의 문제를 극복할 수 있는 대안이라는 평가도 받았다. 전사 및 자료입력, 코딩, 주제 생성으로 이어지는 질적연구의 과정을 파랑새 메뉴로 전환함으로써 질적연구방법의 습득과 질적연구의 수행이라는 일석이조의 효과를 구현하였다는 평가도 부각되었다.

그러나 이와 같이 파랑새가 가진 의의와 시사점에도 불구하고 서구의 다양한 CAQDAS들과 견주어 더욱 매력적인 질적연구 수행의 유용한 도구로 거듭나고 연구자 편의 중심의 파랑새가 더 높이 비상하기 위해서는 아래와 같은 질적 성장을 극복해야 할 것이다.

1. 사용자 중심의 인터페이스 극대화

최상의 CAQDAS를 개발하였더라도 사용자들의 접근이 용이하지 않으면 무용지물이 될 가능성이 농후하다. 사용자 중심의 친숙한 인터페이스를 구현하기 위해 서구의 다양한 CAQDAS는 개발 초기 단계에서뿐만 아니라 업그레이드 과정에서 사용자들의 직접적인 요구를 반영하려는 노력을 병행하고 있다. 파랑새 역시 사용자들의 요구를 반영하고 연구 수행의 효율성, 효과성, 매력도를 높이기 위한 다각도의 노력과 연구를 지속할 필요가 있다. 이에, 파랑새 연구진은 다음과 같은 질문을 새기면서 더욱 친숙한 인터페이스를 구현하기 위해 노력할 것이다.

- 한국의 질적연구자들이 파랑새 사용을 통해 직면하는 어려움은 무엇인가?
- 파랑새 사용자들이 요구하는 기능적인 측면에서의 개선 사항은 무엇인가?
- 어떻게 하면 파랑새를 질적연구와 테크놀러지가 결합된 최상의 통합체로 구현할 수 있는가?
- 파랑새 사용자들의 매력도를 높이기 위해 필요한 기능은 무엇인가?
- 다양한 질적연구의 전통과 방법을 어떻게 구현할 것인가?

2015년 4월 파랑새1.0이 탄생한 이후, 전국의 질적연구자들이나 질적연구에 관심 있는 석·박사 대학원생들을 대상으로 총 7회에 걸쳐 파랑새 워크숍을 실시해왔다. 질적연구에 관심 있는 대학들과 학회의 요구로 개최된 다양한 워크숍을 통해 파랑새1.0을 활용하여 질적연구를 수행하는 구체적인 방법을 제공하였다. 우리는 이때 만난 파랑새 사용자들에게서 다양한 반응과 요구들을 확인할 수 있었다. 질적연구 수행에서의 자료 수집과 분석에 어려움을 가졌던 사람들, 외국에서 개발된 CAQDAS를 마스터하여 질적연구에 활용하는 데 어려움을 겪었던 사람들에게 파랑새는 그 상징성이 의미하는 것처럼 희망 그 자체였다. 그들의 희망은 파랑새 시스템의 쉬운 논리적인 구조와 사용자 중심의 쉬운 인터페이스에 기인한 것임을 확인할 수 있었다. 이러한 장점들은 질적연구 수행의 강한 의지로 직결되고 있었다. 더불어, 그들이 파랑새에 요구하는 것이 무엇인지에 대한 민감성을 가지고 귀를 기울였다. 왜냐하면 파랑새에 대한 요구에는 현재의 파랑새가 가진 개선 사항이나 문제점, 혹은 더욱 좋은 모습에 대한 기대 등이 담겨 있기 때문이다. 따라서 파랑새 사용자들의 다양한 요구를 수렴하고 반영하는 체계적인 장치를 통해 사용자 편의성, 사용자 중심의 친밀한 인터페이스를 구현하는 데 지속적인 노력을 기울일 필요가 있다.

2. 다양한 질적연구 전통 구현

질적연구는 그 전통이 가진 고유의 방법에 따라 연구방법 및 절차, 타당화 방법, 자료 수집의 방법과 분석, 글쓰기 등의 측면에서 차별적인 모습을 보이고 있다. 그러나 현재의 파랑새는 이러한 질적연구의 전통들을 다양하게 구현하지 못하는 한계를 가지고 있다. 따라서 파랑새는 이러한 한계를 극복하고 보다 다양한 질적연구의 전통을 담아낼 수 있는 지능화된 적응적 시스템(adaptive system)을 위해 더 높이 날아오를 필요가 있다.

Creswell(2007)은 질적연구방법론의 다섯 가지 전통을 전기, 현상학, 근거이론, 문화기술지, 사례연구로 구분하여 제시한 바 있다. 질적연구를 통해 드러나지 않은 현상을 규명하기 위해서는 이를 부각시킬 수 있는 효과적인 연구방법이 필요하다. 즉, 연구방법은 현상을 효과적으로 바라볼 수 있게 하는 렌즈와 같은 것이다. 멀리 있는 대상을 바라보기 위해서는 망원경이 필요하고 눈에 보이지 않는 아주 작은 대상을 관찰하기 위해서는 현미경이 필요한 것처럼, 어떠한 현상을 밝히려는지에 따라 연구방법이 달라질 수 있다. Creswell(2007)이 제시하고 있는 다섯 가지 전통에 대한 윤곽은 다음 그림과 같다(그림 7.1).

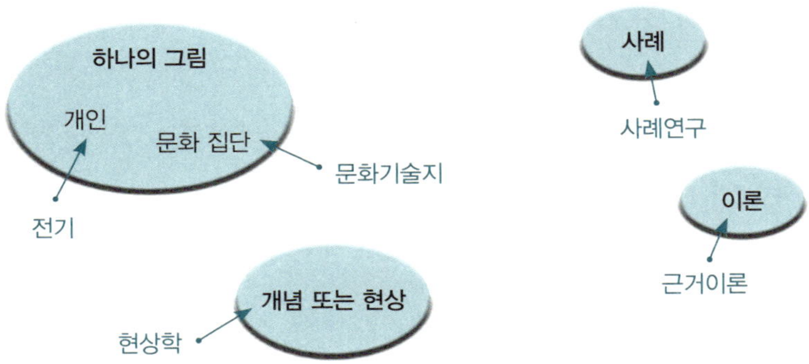

그림 7.1_ 초점에 따른 전통의 구분

전기의 초점은 한 개인의 인생에 맞추어져 있으며, 현상학의 초점은 개념 또는 현상을 이해하는 데 있다. 근거이론에서는 하나의 이론을 개발하는 반면에, 문화기술지에서는 문화 집단이나 사람들에 대한 그림을 그리게 된다. 사례연구에서는 구체적인 사례를 검토한다.

반면, 김영천(2006)은 자신의 저서『질적연구방법론 I』을 통해 질적연구의 아홉 가지 지적 전통을 시카고 사회학, 현상학, 상징적 상호작용, 생태학적 심리학, 민속방법론, 문화기술지, 비판문화기술지, 페미니스트 질적연구, 포스트모더니즘으로 제시한 바 있다. 아홉 가지 지적 전통에 따른 주요 연구 개념과 강조점은 다음 표에 정리하였다(표 7.1).

다양한 질적연구의 전통에 대한 질적연구자들의 요구를 충족시키기 위해서는 파랑새 역시 다양한 질적연구방법을 수용할 수 있어야 할 것이다. 이를 위해서는 질적연구의 전통에 정통한 전문가뿐만 아니라 이를 컴퓨터 시스템으로 설계하고 개발할 수 있는 전문가들과의 유기적인 협력이 있어야 할 것이다.

표 7.1_ 질적연구의 아홉 가지 지적 전통

지적 전통	주요 연구 개념과 강조점
시카고 사회학	도시 연구, 현장작업, 다양한 질적 방법의 실천
현상학	살아있는 경험, 생활세계, 행위자의 의도, 의미, 판단중지, 경험의 본질
상징적 상호작용	사회적 상호작용과 상징, 상징으로서 언어, 사회세계
생태학적 심리학	인간발달에서 환경의 중요성, 다양한 환경 세계
민속방법론	사회실재의 성취, 언어적 상호작용, 질서의 생산, 대화분석
문화기술지	문화, 일상생활, 내부자적 관점, 심층적 묘사
비판문화기술지	억압, 저항, 헤게모니, 차별과 권력의 문제(계층, 인종, 젠더, 성취향), 불평등, 해방, 사회정의, 연구(이론)와 실천 간의 관계
페미니스트 질적연구	남성적 이데올로기로서 사회과학 연구와 결과에 대한 비판, 여성 해방적 연구 방법론, 연구윤리
포스트모더니즘	절대적 지식과 메타내러티브의 거부, 권력과 지식, 지식 생산 방법으로서 언어의 불완전성, 타자에 대한 글쓰기, 연구방법에 대한 해체적 반성, 탈식민주의 질적연구

3. 최신 테크놀러지와의 통합

파랑새의 질적 성장과 정선을 위해 사용자들의 활용도가 높은 최신의 테크놀러지와 통합함으로써 질적연구 수행 과정의 효과성과 효율성을 증진시킬 필요가 있다. 오늘날 테크놀러지 기술은 나날이 발전을 거듭하고 있다. 이러한 기술들은 다양한 사람들의 요구와 맞물리면서 생활의 편의를 제공해주고 있다. 따라서 새롭게 등장하는 기술들을 파랑새와 어떻게 결합할지에 대한 지속적인 연구가 필요하다. 파랑새와 테크놀러지의 통합 가능성 방안 중의 하나는 스마트폰을 파랑새와 연계 혹은 통합하는 것이다. 스마트폰은 질적연구자의 민감성과 순간적으로 떠오르는 아이디어를 포착하는 데 유용한 도구로 부각되고 있다. 예를 들어, 연구와 관련된 주요 장면을 목격하였을 때, 연구자는 스마트폰을 활용하여 현장의 생생한 장면을 사진 자료로 변환하거나 유용한 메모 기능을 활용하여 기록으로 남길 수 있다. 또한 연구 목적을 달성하는 데 필요한 주요 제보자를 마주하였을 때 스마트폰의 녹음 기능을 활용하여 대화 및 인터뷰 내용을 녹음해 두었다가 질적자료화함으로써 질적연구 수행의 효율성을 높일 수 있다. 이처럼 스마트폰이 가진 유용성을 파랑새와 통합함으로써 질적연구자들의 연구 수행의 효율성을 증진함으로써 더욱 매력적인 질적자료 분석 소프트웨어로 거듭날 필요가 있다.

참고문헌

강용원, 임창호, 이현철(2010). 한국 사회 내 북한이탈주민의 삶. 기독교교육논총, 24, 459-490.

강인애, 정은실(2010). 팀 구성 방식에 따른 학습활동 만족도: 질적 자료 분석에 의한 사례연구. 교육방법연구, 22(3), 67-95.

김영숙(2013). 결혼이민여성들의 강점발현에 대한 근거이론 연구: 실천연구 접근. 사회복지정책, 40(4), 267-291.

김영천(2012). 질적연구방법론 Ⅰ: Bricoleur(2판). 아카데미프레스.

김영천(2013). 질적연구방법론 Ⅱ: Methods. 아카데미프레스.

김영천·김진희(2008). 질적연구방법론 II. 아카데미프레스.

박종원(2005). 질적 연구자료 분석의 혁명. 형설출판사.

박종원(2014). 질적 자료 분석: Nvivo 10 응용. 부경대학교 출판부.

이근호(2001). 현상학과 교육과정 연구. 김영천 편. 교육과정 이론화: 역사적 동시대적 탐구. 아카데미프레스.

이동성, 김영천(2014). 질적 자료 분석을 위한 포괄적 분석절차 탐구: 실용적 절충주의를 중심으로. 교육종합연구, 12(1), 159-184.

이재용, 천지애(2012). NVivo 10을 사용한 초등체육 교육실습 분석 사례. 한국초등체육학회지, 18(3), 83-93.

이채문, 이현철(2014). 한인 디아스포라의 생활사에 대한 국가별 비교 연구: 중국·일본·독립국가연합을 중심으로. 다문화와 평화, 1-41.

이현철(2009). 한국사회의 가정 내 사회적 자본의 본질과 가변성. 경북대학교 대학원 박사학위논문.

이현철·김영천·김경식(2013). 통합연구방법론: 질적연구+양적연구. 아카데미프레스.

정상원(2014). 초등학교 학생들의 평가와 성적 기록하기: 교사의 현상학적 체험들. 진주교육대학교 교육대학원 석사학위논문.

정상원(2015). 초등학교 교사의 부진아 지도 경험에 대한 현상학적 연구. 내러티브와 교육연구, 3(3), 5-42.

정상원, 김영천(2014). 질적 연구에서의 현상학적 글쓰기의 전략과 방법의 탐구. 교육

문화연구, 20(3), 5-42.

조재성, 최성호(2015). 클라이맥스(Climax): 한국 고등학생의 학원에서의 학습경험에 대한 질적 연구. 질적탐구, 1(2), 57-97.

최희경(2005). 질적 자료 분석 소프트웨어(Nvivo2)의 유용성과 한계: 전통적 분석방법과 Nvivo2 분석방법의 비교. 정책분석평가학회보, 18(1), 123-151.

한국교육공학회(2005). 교육공학 용어사전. 교육과학사.

허균(2006). NVivo를 활용한 전문가 교사와 예비 교사의 시각화 과정 특성 비교 분석 연구. 한국교원교육연구, 23(3), 209-230.

홍은진(2015). 세 마을평생교육지도자의 삶과 마을평생교육 실천전략. 대구대학교 대학원 박사학위논문.

Benedict, R.(2005). The Chrysanthemum and the Sword: Patterns of Japanese Culture. Mariner Books. 노재명 역(2006). 국화와 칼: 일본 문화의 틀. 북라인.

Bevan, N., & Macleod, M.(1994). Usability measurement in context. Behavior & Information Technology, 13(1&2), 132-145.

Boger(2011). Teacher Watching Students Electronically. Phenomenologyonline. http://phenomenologyonlin.com

Charmaz, K. (2006). Construction grounded theory : a practical guide through qualitative analysis. Sage. 박현선, 이상균, 이채원 공역(2013). 근거이론의 구성: 질적 분석의 실천 지침. 학지사.

Charmaz, K.(2011). A Constructivist Grounded Theory Analysis of Losing and Regaining a Valued Self. Five Ways of Doing Qualitative Analysis. The Guilford Press. NY.

Clarke, N. J. & Harwood, C. G.(2014). Parenting experiences in elite youth football: A phenomenological study. Psychology of Sports and Exercise, 15, 528-537.

Creswell, J. W.(2007). Qualitative Inquiry & Research Design: Choosing Among Five Approaches. Thousand Oak, CA. 조홍식, 정선욱, 김진숙, 권지성 공역(2010). 질적 연구방법론: 다섯 가지 접근. 학지사.

Crotty, M.(1996). Phenomenology and Nursing Research. W. B. Saunders

Company. 신경림, 공병혜 공역(2001). 현상학적 연구. 현문사.

Dowling M. (2005). From Husserl to van Manen. A Review of Different Phenomenological Approaches. International Journal of Nursing Studies, Volume 44, Issue 1, January 2007, pp. 131-142.

Durkheim, E. (1897). Suicide: A Study in Sociology. 황보종우 역(2008). 자살론. 청아출판사.

Fielding, N. & Lee, R. (2007). Honouring the past, scoping the future. plenary paper presented at CAQDAS 07: Advances in Qualitative Computing Conference, University of London. 18-20 April.

Gaillet, L. L. (2010). Archival Survival: Navigating Historical Research. Working in the Archives. Southern Illinois University.

Glaser, B. G. & Strauss, A. L. (1999). The Discovery of Grounded Theory: Strategies for Qualitative Research. Aldine. 이병식, 박상욱, 심사훈 역(2011). 근거이론의 발견: 질적연구 전략. 학지사.

Glaser, B. G. (1978). Theoretical Sensitivity: Advances in the Methodology of Grounded Theory. University of California.

Glassner, B. (1986). Introduction: ask what you can do for AII, Qualitative Sociology, 9(3), 213-214.

Holbrook, A. & Butcher, L. (1996). Uses of Nudist software in educational research: the literature, the hard questions and some specific research applications. paper presented at the ERA and AARE conference, Singapore. 25-29 November.

Li(2002). Classroom Conversation. Writing in the dark. The University of Western Ontarino, Canada.

Mostakas, C. E. (1994). Phenomenological Research Methods. Sage. Thousand Oaks, CA.

Park, C. W. (2012). Analyzing qualitative data with the aid of computer-based software program(NVivo 9). Journal of the Korea English Education Society, 11(1), 203-222.

Patton, M. Q. (2000). Qualitative research & evaluation methods. (3rd.).

London: SAGE Publications.

Richards, L. (2002). Nvivo 2. CA: Sage Publications Software.

Salda a, J. (2009). The Coding Manual for Qualitative Researchers. Sage.

Seidel, J. (1991). Method and madness in the application of computer technology to qualitative data analysis. In N. G. Fielding & R. M. Lee (Eds.), Using computers in qualitative research (pp. 107-116). Thousand Oaks, CA: Sage.

Siemens, G. (2002). Instructional design in elearning. Retrieved May 21, 2013 from http://www.elearnspace.org/Articles/InstructionalDesign.htm

Smith, J. A. & Flowers, P. & Larkin, M. (2009). Interpretative Phenomenological Analysis: Theory, Method and Research. SAGE.

Spradley, J. P. (1980). Participant Observation. Wadsworth Publishing Compony. 신재영 역(2009). 참여관찰법. Cengage Learning.

Strauss, A. L. & Corbin, J. M. (1998). Basics of Qualitative Research: Techniques and Procedures for Developing Grounded Theory(2nd ed.). 김수지 역(2008). 근거이론의 이해. 한울.

Teddlie, C. & Tashakkori, A. (2008). Foundation of Mixed Methods Research: Intergrating Quantitative and Qualitative Approaches in the Social and Behavioral Sciences. SAGE. 강현석, 김경식, 박창언, 백상수, 조영남, 주동범, 황윤세 역(2015). 통합방법 연구의 기초: 사회 행동과학에서의 양적 접근과 질적 접근의 통합. 아카데미프레스.

Thomas, W. I. & Znaniecki, F. (1958). The Polish Peasant in Europe and America. New York: Dover.

van Manen, M. (2002). The Tone of Teaching. University of West Ontario. London. 정광순, 김선영 공역(2012). '가르친다는 것'의 의미. 학지사.

van Manen(1990). Researching Lived Experience. The University of Western Ontario, Canada. 신경림, 안규남 공역(1994). 체험연구. 동녘.

van Manen(2011). http://www.phenomenologyonline.com

van Manen(2014). Phenomenology of Practice. Left Coast Press, Walnut Creek, CA.

van Manen, M. (1990). Researching Lived Experience. the University of Western Ontario, Canada. 신경림, 안규남 공역(1994). 체험연구. 동녘.

Weitzman, E. & Miles, M. (1995). Computer programs for qualitative data analysis. Thousand Oaks, CA: Sage.

Weitzman, E. A. (2000). Software and qualitative research. In Denzin, N. K & Linconln, Y. S. (2000). Handbook of qualitative research (2nd). Thousand Oaks, CA: Sage.

Wertz, F. J. (2011). A Phenomenological Psychological Approach to Trauma and Resilience. Five Ways of Doing Qualitative Analysis. The Guilford Press. NY.

Wolcott, H. F. (1994). Transforming qualitative data : description, analysis, and interpretation. Thousand Oaks: Sage.

Dedoose의 홈페이지 http://www. dedoose. com

QDA MINER의 홈페이지 http://provalisresearch. com

The Ethnograph의 홈페이지 http://www. qualisresearch. com

QSR International의 홈페이지 http://www. qsrinternational. com

ATLAS. ti의 홈페이지 http://atlasti. com

MAXQDA의 홈페이지 http://www. maxqda. com

저자 소개

오영범 | 부산대학교 교육학과 강사

진주교육대학교 학사, 한국교원대학교 교육공학 석사(M. A.), 부산대학교 교육과정 및 교육방법 박사(Ph. D.). 현재 부산대학교 강사이다. 수업분석과 수업컨설팅에 대한 연구 활동을 축적하여 『체계적 수업분석을 통한 수업컨설팅』(공저)을 출판하였으며 수업, 수업분석, 수업컨설팅과 관련한 교사교육과 질적연구 활동에 주력하고 있다.

이현철 | 고신대학교 기독교교육과 교수

고신대학교 기독교교육과 학사, 경북대학교 대학원 교육학석사(M. A.) · 박사(Ph. D.), 미국 펜실베니아주립대학교 교육학과(EDTHP) Post-doctoral research, 고신대학교 신학대학원 목회학석사(M. Div). 현재 고신대학교 신학대학 기독교교육과 교수이다. 질적연구를 활용한 다양한 국책 연구과제들을 수행하여 많은 질적연구 논문들을 출판하였으며, 『통합연구방법론: 질적연구+양적연구』의 저자이다.

정상원 | 진주교육대학교 교육학과 강사

진주교육대학교 학사, 진주교육대학교 대학원 교육방법과 수업 전공으로 교육학 석사(M. A.), 경북대학교 대학원 교육학과 박사과정 수료. 현재 진주교육대학교 강사이다. 현상학적 질적연구방법에 대하여 연구하고 있으며, 이 분야의 다양한 국내 학술대회 워크숍을 수행하였다.

질적자료분석

파랑새 2.0 소프트웨어

발행일 2016년 4월 22일 초판 발행
저자 오영범, 이현철, 정상원
발행인 홍진기 | **발행처** 아카데미프레스 | **주소** 413-756 경기도 파주시 문발동 출판정보산업단지 507-9
전화 031-947-7389 | **팩스** 031-947-7698 | **이메일** info@academypress.co.kr
웹사이트 www.academypress.co.kr | **출판등록** 2003. 6. 18 제406-2011-000131호

ISBN 978-89-97544-84-4 93370

값 15,000원